테필린
Tefillin

히브리 사고 시리즈 ①
테필린

2014년 9월 25일 초판 1쇄 발행
2014년 10월 2일 초판 3쇄 발행

지은이 | 김형종
펴낸이 | 박영호
펴낸곳 | 도서출판 솔로몬

주소 | 서울시 동작구 사당로 155, 신주빌딩 B1
전화 | 599-1482
팩스 | 592-2104
직영서점 | 596-5225

등록일 | 1990년 7월 31일
등록번호 | 제 16-24호

ISBN 978-89-8255-525-1 03230

2014 ⓒ 김형종
Korean Copyright ⓒ 2014
by Solomon Publishing Co., Seoul, Korea

저작권법에 의하여 한국 내에서 보호를 받는 저작물이므로
무단전재와 복제를 금합니다.

히브리 사고 시리즈 ①

유대인 생존비밀 이야기, 3500년의 성경암송 비결

테필린
Tefillin

김형종 지음

유대인들의 삶은 다양한 각도에서 조명된 것도 사실이다. 그 이유는 만일 우리가 그들의 유일신관, 종교적인 전통, 탈무드와 지혜문서, 자녀 교육방법, 그들만의 독특한 삶의 비밀을 구체적으로 찾을 수 있다면, 그것은 우리도 역시 그들처럼 성공적인 삶과 세계의 주인공이 될 수 있다는 단서를 찾기 위함 기대치가 있었기 때문이다. 그러나 아침까지도 그 어떤 연구도 그들이 가지고 있는 비밀을 공개하여 그것을 실제로 적용할 수 있는 책이 없다는 것이 도리어 더욱 더 간절한 마음이 있다고 보였다. 우리가 유대인들을 이해하기 위해서는 한 개인을 연구해서는 되는 일이 아니라, 한 걸음 더 나아가 한 회중으로서 유대 민족 혹은 이스라엘이라는 한 국가를 연구하는 것으로도 그 목적을 달성하는 것은 불가능하다. 이 책은 바로 유대인의 공동체의 중심이 되는 가정에서의 자녀교육을 통해서 어떻게 신앙이 전수되고 대대로 자녀에게 하나님의 말씀이 전수되는가를 구체적으로 적용해서 설명하고 있다.

솔로몬

To Reader

When we go to library, we may find thousands of books on the Jewish study. But I have to say most of the books are written in the gentile's perspective that describe Jews from the outside of the Jewish community. In other works, the books approached the Jewish culture, society, religion, and philosophy just like a tourist describe the city excellently. But inevitably the description remains at certain level. This is caused though not his faults but his limitation.

Although these books describe very well about the Jewish life, through this gentile's approach it was almost impossible to touch the real heart of Jewish life because of their general limitation. I strongly believe that anybody who wants to understand the real Jewish life, he should enter into the Jewish family life. The family is the core of the Jewish heritage.

As a Messianic Jew, I recommend this book as a primary resource to understand Real Jewish life. Dr. Hyung Jong Kim is my fellow professor. He has spent a lot of time to prepare this book. During the period, I supported them in many ways offering my Jewish perspective.

This book reveals the essence of the Jewish education and

religious teaching. When you read this book, you will understand how Jews have received such a blessing from God almighty.

Do you want to be blessed like Jewish people? In this book you can find also very practical suggestions so that you can easily apply these totally new findings on Jews into your daily life in you family and in your church.

I give my sincere appreciation to Dr. Hyung Jong Kim for his ambitions and courageous challenge. And I must say his hard work is rewarded by this book.

April 10. 2013

Dr. Gary Cohen

_____ 추천의 글

    도서관에 가면 우리는 수천 권 이상의 유대인에 관련된 책들을 발견할 수 있다. 그러나 대부분의 책들이 유대인 공동체의 바깥에서 유대인들을 서술하는 방식, 즉 이방인의 관점으로 쓴 것이 객관적인 사실이다. 이런 책들은 유대인들의 문화, 사회, 종교, 그리고 철학들을 마치 어떤 관광객이 일주일 동안 미국을 관광한 후에 그 도시에 대하여 자신의 관광에 대한 소감을 기술하는 것과 같다고 말할 수 있다. 그 관광객은 아마도 뉴욕을 아주 멋있게 묘사할 수 있을지 모른다. 하지만 그 서술이 어떤 한계를 가질 수밖에 없는 것은 불가피하다. 이것은 그의 잘못이라기보다는 도리어 그 스스로가 가지고 있는 한계라고 보아야 마땅하다.

    비록 이런 책들이 유대인의 삶에 대해 매우 잘 묘사한다고 할지라도, 이런 이방인의 접근 방식으로는 진정한 유대인들의 삶의 핵심에 도달하는 것은 거의 불가능한 것임을 우리는 모두 알고 있다. 문제는 이런 근본적인 한계를 가지고 있는 사람들에 의해서 집필된 책이 대부분이라는 것이 더 큰 문제라고 본다.

    나는 진정한 유대인의 삶을 이해하기 원하는 사람이라면 반드시 유대인들의 가정 생활 속으로 들어가야 한다고 믿는다. 그 이유는 유대인의 가정은 유대 전통의 핵심적인 모든 것들이 그들의 삶 안에 담겨있기 때문이다. 나는 예수를 믿는 유대인으로 이 책이야말로 진정한 유대인의 삶을 이해하기 위한 최고의 자료로 추천한다. 이 책의 저자 김형종 박사는 나와 오랜 시간 교제를 하면서 가장 나에 대하여 잘 알고 있는 한국사람이며, 우리 학교의 동료 교수이기 때문이다. 그는 이 책을 집필하기 위해 정말 많은 시간을 투자했다. 이 책은 그 기간 동안 유대인의 관점으로 많은 부분이 나의 조언을 통해서 출간된 책이라고 말할 수 있다.

 이 책은 유대인들의 교육과 종교적 가르침의 정수를 알려주기에 충분하다. 한국의 독자들이 이 책을 읽는다면 그들은 유대인들이 어떻게 전능하신 하나님으로부터 그와 같은 삶을 살아왔는가에 대하여 잘 이해하게 될 것이다. 당신은 유대인들이 왜 역사의 주인공이 되었는지에 대하여 알고 싶다면 이 책을 자신 있게 권하고 싶다. 이 책은 당신에게 매우 실제적인 유대인들이 자신의 가정에서 어떻게 수천 년간 그들의 자녀에게 말씀을 전수했는지에 대한 구체적인 내용을 알게 될 것이다.

 나는 김형종 박사의 용기 있는 도전에 대하여 이 책을 통해 자랑스럽게 생각하고, 우리 주님으로부터 충분한 보상을 받을 것이라고 믿는다.

2013년 4월 10일
코헨대학교 총장 게리 코헨 박사

———————— 추천의 글

    지금까지 유대인만큼 하나의 민족으로 연구되고 토론되어진 민족은 없었다고 해도 결코 과언이 아니다. 그들의 고난과 축복, 끈질긴 생명력과 우수한 두뇌, 오늘날 다양한 분야에서 세계 경영의 핵심을 차지하고 있는 유대인들의 파워 등등, 그들의 이러한 독특한 특성은 역사적으로 지금까지 많은 사람들로 하여금 그들만의 비밀을 찾고자 노력했던 것이 사실이다.

    유대인들의 삶은 그동안 다양한 각도에서 조명된 것도 사실이다. 그 이유는 만일 우리가 그들의 유일신관, 종교적인 전통, 탈무드와 지혜문서, 자녀교육방법, 그들만의 독특한 삶의 비밀을 구체적으로 찾을 수 있다면, 그것은 우리도 역시 그들처럼 성공적인 삶과 세계의 주인공이 될 수 있다는 단서를 찾기 위한 기대가 있었기 때문이다. 그러나 아직까지 그 어떤 연구도 그들이 가지고 있는 비밀을 공개하여 그것을 실제로 적용할 수 있는 책이 없다는 것이 도리어 더욱 더 간절한 마음이 있다고 보여 진다. 우리가 유대인들을 이해하기 위해서는 한 개인을 연구해서 되는 일이 아니라, 한 걸음 더 나아가 한 집단으로서 유대 민족 혹은 이스라엘이라는 한 국가를 연구하는 것으로도 그 목적을 달성하는 것은 불가능하다. 우리가 이런 소정의 목적을 달성하기 위해서는 유대 공동체의 최소 단위인 그들의 가정을 연구할 때 가능한 일이 된다. 이 책은 바로 공동체의 중심이 되는 유대인 가정에서의 자녀교육을 통해서 어떻게 신앙이 전수되고 대대로 자녀에게 하나님의 말씀이 전수되는가를 구체적으로 적용해서 설명하고 있다.

  이 책은 유대인 자녀교육의 핵심인 테필린이라는 독특한 종교 교육의 전통이 어떻게 그들의 사고의 중심, 말의 중심, 행위의 중심이 되었는가에 대하여 적절한 설명과 함께 구체적으로 알려주고 있다. 테필린은 단순히 종교적인 형식이 아니라 유대인 자녀교육의 전부이며 하나님이 가르쳐 주신 유일한 말씀전수의 방법이다. 우리가 알기에 테필린은 그들의 삶의 총체적인 시스템으로 그 안에 그들의 종교, 문화, 철학, 그리고 자녀교육과 사회의 모든 제반 시스템이 그 속에 녹아 들어가 삶이 체질화되었다는 사실이다. 그러므로 이 책은 그동안 유대인에 대하여 소개하는 그 어떤 책과 다른 것이라고 말할 수 있다.

  기존의 연구들이 유대 민족의 현상을 탐구하여 그 본질을 파악하려 했던 것과는 달리, 이 책은 정반대로 그들의 삶의 핵심인 테필린 교육을 시작점으로 하여 이것이 어떻게 유대인들의 문화, 철학, 종교, 사회 등의 바깥으로 영향을 미쳤는가에 대한 설명을 하고 있다. 이 책의 독자들은 테필린의 시스템이 어떻게 가정의 자녀교육에 적용되면서 그것이 삶에 어떤 영향을 미치게 되는지를 추적하여 구체적으로 설명하고 있는 것을 배운 다음에 자신의 가정에 어떻게 적용할 수 있는지를 배울 수 있다는 장점이 있다. 마찬가지로 이 테필린 시스템이 오늘 한국교회의 현실에 어떻게 적용할 수 있는지에 대한 문제도 심도있게 설명하고 그 임상의 결과도 공개하고자 하는 마음으로 이 책을 썼다.

유대인들의 삶의 시스템 속에서 그 핵심 원리를 찾아 우리의 현실과 상황에 적용할 수 있는 구체적인 방법을 소개하는 최초의 책이라는 점에서 이 책의 가치를 모든 사람이 알 수 있기를 원해서 이 책을 추천하고 있다. 우리는 이 책을 통해서 테필린이라는 유대인들의 축복의 기본적인 원리를 배워 그것을 우리의 가정에 접목시키는 방법을 배우게 될 것이다. 우리의 가정이 바뀌면 당연히 자녀의 미래도 달라지기 때문이다. 그러면 테필린의 교육의 원리로 만들어진 아이들이 많아질 때 한국교회는 세계 속에 영적 거인들의 모판이 될 것이라고 확신하고 있다.

나는 이 책을 통해서 한국교회가 변화될 것을 기대하고 있다. 지금까지 우리의 신앙이 이론적이고 추상적인 측면이 강했다고 한다면, 이제부터 이 책으로 개인의 삶이 더 거룩해지고 가정이 좀 더 생명력이 있어질 것을 기대한다. 마지막으로 이 책은 한국의 기독교의 가정마다 자녀교육의 방법이 구체적이고 실제적으로 말씀 중심의 교육으로 변화되어 시간이 지나면서 이들로 하여금 세계를 변화시키는 하나님의 사람들이 많아져 결국은 유대인을 넘어서는 계기가 될 것을 기대한다.

이 책을 손에 잡은 당신은 정말 축복받은 사람이 될 것을 확신한다. 이 책은 한국과 더 나아가 세계를 변화시키는 동기부여를 할 것을 기대하면서 추천의 글을 마친다. 나의 가장 사랑하는 제자인 김형종 박사가 이 책을 통해서 한국교회와 세계교회를 섬기는 귀한 종이 되길 기대한다. 이 책의 많은 내용은 내가 저자에게 강의하고 개인적으로 사사해준 내용을 그의 필력으로 더 알차고 귀한 책으로 내준 것에 더 감사한다.

2013년 4월 10일
피드몬트 대학교 총장 강신권 박사

차례

추천의 글 6

1장 서론 - 유대인의 생존기적과 테필린 14
2장 하나님이 친히 가르치신 성경암송 62
3장 유대인이 하나님께 버림받은 이유 68
4장 세계의 주인공 유대인 84
5장 하나님이 가르친 성경암송 방법, 테필린 100
6장 테필린, 하나님이 가르친 성경암송 사례 182
7장 구약의 율법과 신약의 관계 208
8장 유대인의 현대 교육 228
9장 현대의 유대인은 세계의 주인공 258
10장 축복의 현장에는 반드시 유대인 274

맺는말 322

tefillin

이스라엘 백성들은 나라 없이 수천 년을 남의 나라에서 서러움과 박해 속에서 살면서도 지금까지 그들의 고유의 문화와 신앙을 지킬 수 있었던 비밀은 바로 테필린에 들어 있는 말씀 때문이었다. 이것이 그들이 역사 속에서 생존한 비밀이다. 그 비밀은 이제 자유로운 세상에 살아가고 있는 유대인들의 삶이 드러나면서 서서히 밝혀지고 있다. 그들은 일어나서 잘 때까지 테필린 안에 들어 있는 말씀을 가지고 반복해서 외우고 실천하는 신앙생활을 하고 있다. 그들이 어떻게 수천 년간 이 말씀을 붙들고 살 수 있었는가? 그것은 바로 이 말씀이 가지고 있는 소망과 축복의 말씀이기 때문에 험악한 세상을 살아가는 생존의 최후의 버팀목이 되었다.

1 *tefillin*

서론

황금사원과 통곡의 벽

유대인의 생존기적과 테필린

수천 년 만의 독립, 성경 예언의 성취

당신은 이 땅에서 일어나는 사건 중에 무엇을 가장 큰 기적이라고 생각하는가? 우리가 살고 있는 이 땅에 2500년 만의 기적이 일어났다. 그것은 바벨론의 느브갓네살 왕에 의해 나라가 망하고(BC 586년) 온 이스라엘 백성들이 전 세계에 흩어지는 사건이 발생했다. 그들이 각 나라에 흩어져 살다가 2500년 만에 다시 나라를 세우게 된 것이다. 그들은 거의 2500년 만에 1948년 5월 14일에 유엔으로부터 독립을 인정받았다. 즉시로 그들은 수천 년 전 과거에 자신들의 조상들이 살았던 그 땅에 이스라엘이라는 나라의 이름으로 역사적인 독립의 기적을 만들었다.

이와 같이 수천 년 만에 일어난 이스라엘 나라의 독립은 역사 이래로 처음 있는 일이었다. 나라가 망하고 100년만 지나면 그 나라는 역사에서 사라지고 만다. 이것이 역사가 기록된 이래 수천 년간 깨지지 않는 불변의 진리와 같은 사실이었다. 그런 역사에 새로운 기적이 만들어진 것이다. 이제 우리는 하나님의 선택된 특별한 민족이 어떻게 기적을 만들어 왔는지에 대한 이야기를 하려고 한다. 이것이 바로 하나님이 영원히 살아계시고 성경이 살아 있다는 가장 좋은 증거가 된다. 이스라엘 나라의 회복은 바로 주님의 재림 전에 성취되어야할 예언 중의 하나로 이미 65년 전에 성취된 과거의 사건으로 증명되었다. 이제 우리는 그 예언이 어떻게 성취되었는지에 대한 구체적인 사실을 이 책을 통해서 배우길 원한다.

약 2500년 전에 전 세계에 흩어져 살던 유대인 디아스포라Diaspora가 각 나라에서 그 나라에 동화되지 않고 그들만의 전통과 문화를 고수하며 살았다. 그렇다고 해서 그들이 자신들이 살아가는 나라에 동화되기보다는 도리어 그 문화에 적응하며 살았다고 할 수 있다. 한편 그들이 그렇게 살았기 때문에 각 나라들로부터 수많은 핍박과 고난을 받아야만 했다. 만약 그들이 각자가 살아가는 민족들과 동화되어 살았더라면 더 이상 핍박이나 어려움은 없었을 것이다. 하지만 그들은 그 나라의 문화에 철저하게 적응하며 살면서도 정작 놀라운 것은 자신의 신앙과 전통을 이어 왔다. 그렇게 그들은 수천 년 후 다시 독립하는 기적을 만들었다. 이것은 하나님의 전폭적인 은혜이고 기적적인 간섭으로 이루어진 사건이 아닐 수 없다. 이 기적은 하나님 아니고는 설명할 길이 없기 때문이다.

히브리어의 회복의 기적

또한 수천 년 만에 유대인이 이스라엘 나라로 독립된 것도 기적이지만, 더 큰 기적은 수백만 명의 유대인들이 이스라엘 땅에 모여 왔을 때 일어났다. 이 때 각각의 나라에서 가나안 땅으로 돌아올 때 세계의 약 50여 개국에서 몰려왔다. 그 나라가 독립이 되는 한 해에 약 250만 명이 이스라엘인 약속의 땅으로 돌아왔다. 유대인이 수천 년을 디아스포라로 살다가 돌아온 나라들은 소련, 독일, 인도, 중국, 미국, 그리고 아프리카와 유럽의 여러 나라에서 몰려왔다. 한편 그들이 디아스포라로 살았던 나라마다 수천 년간 써왔던 언어가 달라 한꺼번에 몰려온 유대인들에게 많은 혼란이 있을 것으로 대부분의 사람들이 생각했다. 이런 혼란은 적어도 몇 년이 흘러야 해결될 것으로 판단했다.

비록 유대인들이 디아스포라로 세상 끝까지 흩어졌을지라도 끝까지 포기하지 않았던 것은 자신들의 언어였다. 그들이 주후 70년 예루살렘과 성전이 무너지고 각 나라에 흩어져 살았으나 종교적 전통을 지키기 위하여 가족별로 안식일을 지키고 절기를 지키면서 한 가지 포기할 수 없었던 것은 자신들의 종교의 기본이 되는 모든 것들이 히브리어로 기록되었기 때문에 히브리어를 계속해서 사용할 수밖에 없었다. 당연히 그들은 히브리어로 된 성경과 탈무드를 읽고 자녀들에게 가르치기 위해 가정별로 히브리어로 예배를 드렸다. 또한 자녀들에게 히브리어를 가르쳐야 자신들의 종교적인 전통을 지키고 자신의 정체성을 유지하는 최선의 길이라고 믿었기 때문이었다.

비록 다른 나라에 흩어져 살더라도 그들은 무리를 지어 살면서 회당을 중심으로 신앙생활을 계속했다. 자신이 사는 나라의 언어로 기본적인 모든 생활과 생존을 해야 했음에도 불구하고, 그들은 또 한 가지 종교적인 전통을 지키고 사수하기 위해 생명을 걸고 히브리어를 붙잡는 것이 최선이라 여겼던 것이다. 디아스포라의 삶이지만 하나님을 믿는 것만이 생존하는 유일한 길이라고 믿었던 것이다. 이 시기에 방대한 문학이 형성되어 종교, 철학, 자연과학, 희곡, 역사 등에 관한 서적을 히브리어로 기록하는 것이 자연스런 전통이 되었다. 또한 유대인들은 개인적인 편지나 문서들도 모두 히브리어로 기록하여 먼데 있는 사람들끼리 주고 받았다. 자연스럽게 히브리어는 그들의 종교적인 삶을 교류하는데 중심이 되었고 가족들과 생활하면서도 히브리어를 쓰는 일이 당연했다. 심지어 세계의 상권을 쥐고 있는 유대인들이 다른 사람들이 듣지 못하도록 자신들의 대화는 히브리어를 사용했다.

하지만 성경의 히브리어가 그대로 사용된 것이 아니라 각 나라의 언어와 혼합되면서 각 나라마다 특징들이 조금씩 달라졌다. 가령 히브리어와 독일어가 혼합되어 사용한 것을 이디쉬 Yiddish 라고 했으며 이들은 주로 북부 유럽 유대인들로 거의 다 이디쉬 히브리어를 사용했고 그들을 아쉬케나짐 Ashkenazim 이라고 부른다. 또한 아랍어나 스페인어를 쓰는 남부 유럽의 유대인들은 스파라딤 Sparadim 이라고 불렸다. 하지만 그들이 무역을 하면서 대화를 하면 의사소통에 별 문제가 없었다. 그렇게 2000년이 흐르고 다시 팔레스타인에 모이기 시작한 유대인들에게 통일된 현대 히브리어의 필요성이 제기 되는 것은 당연하다.

구체적으로 현대 히브리어가 만들어지고 사용하기까지 말하자면 그것은 하나님께서 준비하신 마지막 시대의 기적이라고 불리는 예언의 성취라고 볼 수 있다. 이렇게 하나님은 성경의 예언이 성취되기 위한 사전의 준비를 철저히 하셨다. 이스라엘이 독립이 되기 백여 년 전에 히브리어를 사용할 수 있는 한 사람을 준비하셨다. 1881년 러시아어를 사용하는 준비된 하나님의 사람 리투아니아 유대인 엘리에젤 벤 예후다(Eliezer Ben Yehuda, 1857-1922년)가 유대 땅으로 이민을 와서 현대 히브리어를 만들었다. 그는 유대인이라면 마땅히 일생생활에서까지 히브리어를 사용해야 할 것을 주장하고 현대 히브리어의 문법을 완성하기에 이르렀다. 그는 자신이 알고 있던 고대 히브리어를 누구나 배우고 익힐 수 있도록 현대 히브리어를 처음으로 말하고 읽고 듣고 쓸 수 있는 사전을 편찬하고 완성한 사람이다. 첫째 아들 이타마르 벤 예후다는 그 당시 영국령으로 지금의 이스라엘 땅인 팔레스타인에서 현대 히브리어로 쓴 신문사를 경영해서 모든 사람들이 언어를 배울 수 있도록 했다. 둘째 아들은 이스라엘 건국이후 교육부 차관을 역임하면서 아버지의 대를 이어 현대 히브리어 보급에 온전히 힘을 쏟은 집안으로 이는 분명히 하나님께서 마지막 시대를 예비한 사람들이기 충분했다.

좀 더 자세히 언급하자면 벤 예후다는 러시아령 리투아니아에서 태어나 다른 유대인 아이와 마찬가지로 가정에서 종교교육을 받으며 고대 히브리어를 습득했다. 가족들이 그가 랍비가 되기를 원했으나 그의 관심은 종교가 아닌 일반 세상에 있었다. 벤 예후다가 20세 되던 해에 발칸반도에서는 독립운동이 일어났다. 그는 이에 자극을 받아 유대인도 그들의 조상의 땅에서 살아야 한다는 생각을 하게 되었다. 유대인도 다른 민족처럼 그들 조상의 땅과 언어가 있었다. 유대인들은 이제 조상의 땅과 언어를 회복해야만 한다는 생각에 벤 예후다는 흥분을 감추지 못했다. 그러기 위해서는 자신부터 팔레스타인 땅으로 가야 했다. 1878년 벤 예후다는 의학을 공부하기 위해 파리로 떠났다. 팔레스타인의 유대인 공동체를 위해서 일하려면 의사가 되는 것이 좋을 것 같았다. 그러나 벤 예후다는 폐결핵 때문에 소르본 대학에서 의학 공부를 중단해야 했다. 그후 소르본 대학에서 중동의 지리 및 다양한 과목을 따로 공부했는데, 그가 가장 관심을 가지고 공부한 것들은 모두 고대 히브리어 강의였다고 한다.

그는 생각하기를 "성경에 예언대로 하나님께서 우리나라를 기적적으로 다시 세우신다면, 우리는 다시 고대 히브리어를 쓸 수 있을 것"이라는 강의를 들으면서 확신을 가졌다고 한다. 그후 그는 프랑스 식민지인 알제리로 가서 장사를 하면서 그 도시에 살고 있는 유대인들과 고대 히브리어로 의사소통을 해보니 일상 생활에서도 사용할 수 있다는 확신을 가지고 그때부터 현대 히브리어 사전을 만들기 시작했다. 그런 후 이스라엘이 독립될 것을 확신하며 1881년에 온 집안이 현재의 이스라엘 땅인 팔레스타인의 땅에 정착하며 자기가 할 수 있는 모든 것을 동원하여 사람들이 공통적으로 사용할 수 있는 히브리어를 통일하는 준비를 했다.

그는 고대 히브리어의 부활을 준비하기 위하여 다음과 같은 세 가지 구체적인 실천 목표를 정해 놓고 준비를 했다.

"모든 가정에서 히브리어를, 모든 학교에서 히브리어를, 현대 히브리어 사용할 모든 준비를"

그는 자신의 이름을 옛 러시아식 이름인 엘리에젤 페를만에서 온전히 히브리어 이름인 엘리에젤 벤 예후다로 바꾸었다. 그후 그는 팔레스타인 지역에 정착하기 위해 오는 모든 사람들과 히브리어로 말하기를 시도했다. 물론 먼저 가정에서 히브리어로만 말하는 것을 실천했다. 지금까지는 리투아니아어를 주로 사용하고 유대적인 절기와 안식일과 토라를 읽을 때만 히브리어를 했지만 팔레스타인에 정착한 직후부터 온 가족이 히브리어가 아니면 말대꾸를 하지 않는 최초의 현대 히브리어를 말하는 가정이 되었던 것이다. 그의 아들들에게 히브리어로 말하고 쓸 수 있는 아이들로 첫 사람들이 되도록 교육시키고 이런 임상이 끝난 후에는 다른 유대인 가정들이 할 수 있도록 교재를 만들고 사전을 만들어서 누구나 쉽게 현대 히브리어를 사용할 수 있게 되었다. 한 걸음 더 나아가 벤 예후다는 자기 자녀들이 히브리어가 아닌 다른 언어는 듣지도 못하도록 했다.

만일 그의 집에 히브리어를 할 줄 모르는 방문객이 찾아 올 경우 그는 아들을 방으로 들여보낼 정도로 철저했다. 심지어 부인이 어린 아들에게 리투아니아어로 자장가를 가르쳤다고 심하게 질책하기도 했다. 어떤 때는 벤 예후다의 친척들이 러시아 제국의 리투아니아 우체국에서 팔레스타인 우체국으로 어마어마한 액수의 외환현금을 소포로 보냈는데, 히브리어가 통하지 않는다는 이유로 우체국에서 수령을 포기하고, 그의 아내가 우체국으로 달려가 수령 받을 정도로 철저했다.

특히 학교에서 젊은이들에게 히브리어를 가르치는 것보다 중요한 것이 없다는 것을 깨달은 벤 예후다는 예루살렘의 알리앙스 학교에서 교사직을 제안했을 때 기회를 놓치지 않았다. 사실 다양한 나라에서 온 어린 학생들이 한 교실에서 쓸 수 있는 공통의 언어는 없었다. 벤 예후다는 건강이 악화되어 오랜 기간 가르칠 수는 없었지만 그의 히브리어 교습은 성공적이었고 이것은 다른 교사들에게 영향을 미쳤다. 당시에는 히브리어를 가르칠 교재도 교육법도 숙련된 교사도 모두 부족했다. 이런 사실들을 인지한 그는 좀 더 체계적인 히브리어를 배우고 습득할 수 있는 어떤 획기적인 것이 필요하다는 사실을 깨달았다. 그는 어른들이 히

최초 히브리어 신문 하쯔비 (HAZEWI)

브리어를 일상생활에서 사용할 수 있도록 신문 하쯔비를 1884년에 창간하여 발행했다. 이 일이 가능했던 이유는 19세기말 지역적인 차이는 조금 있지만, 어린 시절부터 종교적인 히브리 교육을 받았기 때문에 전 세계 유대인 남자의 50%는 고대 경전, 중세 탈무드를 고대 히브리어로 읽을 수 있었다. 그가 만든 히브리어 신문은 현대 히브리어가 종교적인 언어일 뿐 아니라 일상의 이야기를 기록할 수 있는 언어라는 것을 보여주었고, 팔레스타인에 거주하던 대부분의 유대인 남자들은 어려움 없이 히브리어 신문을 소화할 수 있었다. 신문은 새로운 히브리어 단어를 소개하는 공간이기도 했다. 그리고 그는 1910년 히브리어 위원회를 만들고, 현대 히브리어 사전을 편찬하기 시작해서, 방대한 이 사전은 그의 사후 부인과 아들에 의해 완성되었다.

　벤 예후다가 가지고 있던 히브리어 부활의 꿈은 당시 유대인 사회 분위기와 부합했기에 실현 가능했다. 그가 팔레스타인에 이민을 온 1881년은 초기 유대인 이민자의 물결이 시작되던 해이기도 하다. 그와 같이 젊고 교육받은 이상주의자들은 약속의 땅 팔레스타인에서 새로운 유대인 사회를 건설하려는 희망을 가지고 있었다. 그들은 아이들이 탈무드

학교에서 이디쉬로 공부하기를 원치 않았다. 동유럽에서 온 이민자들이 늘어나자 아이들을 가르치기 위한 학교가 예루살렘, 모디인, 텔 아비브, 하이파 등 해안 유대인 이주지역을 중심으로 생겨났다. 팔레스타인에서 공통의 언어로 히브리어를 사용하는데 주저하지 않았던 젊은 이민자들은 가정과 학교에서 히브리어 사용을 확산시켰다. 이들의 노력으로 히브리어는 유대 민족주의의 상징이 되었고 영국 정부는 1922년 11월 29일 히브리어를 영국령 팔레스타인의 공식 언어로 지정했다. 그러나 안타깝게 그 결실을 보지 못하고 그는 한 달 뒤 결핵으로 세상을 떠나고 말았다.

비록 그는 죽었지만 그의 노력에 의한 현대 히브리어의 결실은 팔레스타인 땅에 더 큰 기적으로 일어났다. 수십 개국의 나라에서 수천 년을 살다가 왔으면 엄청난 언어적인 혼란이 와야 하는데, 수백 만의 사람들이 언어적으로 통일되는 데에는 몇 년이 걸리지 않았다. 그 이유는 각 국에서 몰려온 유대인들 중에 많은 사람들이 나라마다 조금씩 변하기는 했지만, 수천 년 전에 사용하던 히브리어인 자신의 언어를 잊지 않고, 테필린의 성경암송을 통해서 자손대대로 배우고 익히며 살아왔기 때문이었다. 단지 유대인들 중에 많지 않는 사람들만 언어적인 문제가 있었을 뿐이었다.

그들은 수천 년간의 언어적인 간격을 뛰어 넘는데 걸린 시간은 현대 히브리어를 사용한다는 공식적인 정책으로 확정하는 시간외에는 더 많은 시간이 필요치가 않았다. 정말 놀라운 것은 몇 나라에서 온 사람들을 제외하고는 그들이 가정별로 각 나라에 살면서도 자신들의 언어를 잊지 않도록 가르치고 익혀 왔다는 점이다. 유대인들은 자신들의 성경의 언어인 히브리어를 나라의 공식어로 확정하고 지금까지 사용하고 있다는

현대 히브리어 사용 선포

모디인 회당 앞에서 제사장과 저자

사실이다. 이런 일들은 자신들도 서로 의사소통을 하면서도 깜짝 놀랐다고 전하고 있다.

실제로 유대인들만은 모두 자신의 나라의 독립을 생각하며 수천 년을 자녀들에게 모국 언어를 가르치고 교육했던 비밀을 알고 있었다. 비록 자신들은 약속에 땅에 못 들어가 모국어로 대화를 나누지 못하고 외국 땅에서 죽었지만, 자기 자녀들만은 언젠가 약속의 가나안 땅에서 하나님의 언어인 히브리어로 대화할 날을 기대하며 수천 년 동안 자국의 언어를 자녀들에게 전수해서 이어온 전통 때문에 이런 기적이 가능했다. 그들이 더 놀란 것은 유대인들이 약속에 땅에 모여 보니 피부색이 제각각이었다. 어떤 사람은 백인의 피부를 가지고 있고 또한 동양적인 피부색을 가지고 있는 사람도 많았다. 더 기가 막힌 것은 검은색 피부를 가진 유대인도 적지 않았다. 그렇지만 그들의 삶의 방식과 문화적인 전통과 생활 습관이 거의 동일했다. 심지어 음식 문화조차 같았다. 그들은 하나님을 믿는 믿음 때문에 선민의식으로 똘똘 뭉쳐있는 검은색의 피부를 가진 유대인도 신앙과 전통 그리고 하나님 중심의 생각들은 모두 같았다.

테필린 자녀교육의 기적

수천 년의 간격이 있는데도 불구하고 어떻게 이렇게 기적 같은 일이 일어날 수 있는가? 그 이유는 유대인들만이 가지고 있는 테필린이라고 불리는 말씀을 전수하는 방법으로 자녀들을 교육해 온 그들만의 비밀 때문이다. 정작 유대인이 아닌 다른 민족이 처음으로 테필린에 대한 구체적인 내용을 공개하는 것은 이 책이 가지는 공헌이라고 생각한다. 이 책에서 저자는 그 테필린 말씀의 수천 년의 유대인의 비밀을 이 책의 독자들에게 전하면서 신약의 성도들도 그들처럼 우리들의 자녀들에게 신앙을 전수하는 원리로 삼고 싶어서 이 책을 쓴다.

유대인은 세계 어디에 살아도 자신만의 성경에 입각한 공통된 습관과 종교적 전통을 고수하고 있다.[1] 유대인들은 어디에 살든지 그 나라의 문화와 전통을 존중하고 순응하면서 살아갈 것을 교육하고 있다. 이것이 유대인들이 수천 년간 생존할 수 있는 비밀이라고 할 수 있다. 그러면서도 유대인들은 어디서도 변하지 않는 그들만의 전통과 신앙을 그대로 보존하고 계승하고 있다. 이것 또한 유대인들의 세계 속의 생존을 위한 비밀에 해당한다. 구체적인 예를 들면, 대부분의 유대인들이 지키는 모든 의식의 근본은 어딜 가도 변치 않는 우주적인 성격을 지니고 있다. 그것은 하루에 세 번씩 기도하는 가운데 새벽에 테필린을 이마와 손에 붙이고 그 안의 말씀을 암송하는 것과 유월절에 누룩이 들지 않은 빵을 먹는 전통이다. 이러한 전통은 로마, 미국, 폴란드, 프랑스, 소련의 지역에서도 동일한 예식으로 지켜왔다. 유대인은 이런 신앙의 전통을 자신의 생명보다 더 소중한 의식으로 여긴다.

---

1. 최한구, 《유대인은 EQ로 시작하여 IQ로 승리한다》 도서출판 한글, p.304

하지만 유대인들이 근본적인 절기의 예식이나 신앙에 관한 것이 아닌 경우는 각 나라마다 처세하는 방법이 다를 수 있다. 유대인은 세계 어느 나라 어느 곳에 살든지 신앙의 전통을 지키는 일에는 기계적인 삶과 같이 동일하다. 단지 그들은 사는 나라만 다를 뿐이다. 그들은 모국어인 히브리어와 신앙적인 전통, 하나님의 말씀인 토라의 핵심인 테필린의 말씀을 중심으로 살아가기에 어느 곳에 살든 상관없이 세대 간에 어떤 차이나 갈등이 거의 없는 것이 특징이다.

또한 믿음 안에서 동일한 생각과 동일한 의식과 동일한 행동으로 시공간을 초월하여 하나의 기적을 이루며 살고 있다. 이것이 유대인들만이 가지는 신비한 삶이며 비밀이다. 이는 세계 유일의 유대인만이 공통적으로 나타나는 일이지 다른 민족에게는 전혀 생소한 문제이다. 이는 그들이 삶의 최우선으로 자신들은 하나님의 선택된 민족이라는 자긍심에서 나오는 결과의 산물이다.

저자가 알기로 이민 역사가 100년이 안 되는 한국의 디아스포라는 언어도 국적도 사라지고 전통도 사라져 가고 있다. 그들은 자신이 살고 있는 나라에 동화되어 한국적인 것은 피부색깔의 외적인 것 외에는 전혀 구별이 안 되는 것이 현실이다. 보편적으로 역사가들의 연구에 의하면 어떤 민족이 다른 민족에 동화되는 것은 100년의 시간이면 충분하다고 한다. 그러나 유대인은 수천 년을 남의 나라에서 눈치 보며 핍박 가운데 살면서도 같은 생각과 같은 비전과 같은 신앙과 같은 전통으로 생존한 것은 신비 중의 신비스런 사건이 아닐 수 없다. 이 신비스런 수천 년의 역사적인 유대인의 생존 비밀이 테필린 말씀 안에 있다는 사실이다. 이런 테필린의 비밀을 우리가 이제라도 구체적이고 실제적으로 알 수 있도록 공개하게 되어 천만 다행이라고 생각한다.

수많은 나라에 살면서도

현재 유대인은 전 세계에 약 1,500만 명이 흩어져(디아스포라) 살고 있다.[2] 이스라엘 땅에 약 650만 명이 살고 있고, 해외 거주하는 유대인(디아스포라)이 약 900만 명이 있다. 그중에 미국에 약 600만 명이 거주하고 있다. 그들이 세계 100여 나라에 분포되어 살아가고 있다. 현재 생존하는 민족 중에 외국에서 가장 많이 살고 있는 국민이 바로 유대인이다.[3] 그러나 그들은 신기하게도 각자 사는 나라는 달라도 한 하나님을 섬기고, 하나의 성경을 믿고 있으며, 한 언어와 한 민족의 의식을 가지고 살고 있다.

특히 이스라엘은 정책적으로 여러 나라의 국적을 인정하기 때문에 비록 자신이 현재 특별한 사정이 있어 살고 있는 나라의 국적을 당연히 이중으로 가진다. 하지만 그들은 조국이 어디냐고 묻는다면 100%의 대답이 자신은 유대인이며 모국과 국적은 이스라엘이라고 당당하게 밝힌다.

따라서 유대인들의 거의 대부분은 자신이 현재 살고 있는 국적과는 상관없이 자신들은 당연히 이스라엘 나라의 국민이며 이스라엘을 첫 번째의 나라로 생각하며 살아가는 것은 너무도 자연스러운 일이다. 실제로 외국에 살고 있는 유대인에게 자신이 어느 나라의 사람인가를 질문하면 당연히 자신은 이스라엘 사람이라고 대답한다. 그만큼 그들은 자신이 선민의식을 가진 유대인임을 자랑스럽게 생각한다.

---

2. 2004, 한민족 지오그래피(Korean Geography), 사단법인 한민족 공동체 발전위원회, p.272
3. 김형종, 코리안 디아스포라, 기독신문사, p.15

왜 테필린인가?

　이스라엘 백성들은 나라 없이 수천 년을 남의 나라에서 서러움과 박해 속에서 살아도 지금까지 그들 고유의 문화와 신앙을 지킬 수 있었던 비밀은 바로 테필린에 들어 있는 말씀 때문이었다. 이것이 그들이 역사 속에서 생존한 비밀이다. 그 비밀은 이제 자유로운 세상에 살아가고 있는 유대인들의 삶이 드러나면서 서서히 밝혀지고 있다. 그들은 일어나면서 잘 때까지 테필린 안에 들어 있는 말씀을 반복해서 외우고 실천하는 신앙생활을 하고 있다. 그들이 어떻게 수천 년간 이 말씀을 붙들고 살 수 있었는가? 그것은 바로 이 말씀이 소망과 축복의 말씀이기 때문에 험악한 세상을 살아가는 생존의 최후의 버팀목이 되었다. 이 테필린은 가로 세로 높이가 5cm 정도의 크기로 네 개의 방으로 구성되어 있다. 그 네 개의 방안에는 하나님께서 특별히 구별하여 말씀하신 성경 구절을 서기관들이 손수 적어 넣어 두었다.
　그리고 유대인들이 테필린을 부착하고 다니는 것도 중요하지만 좀 더 깊이 들어가면 영적의미가 더 큰 것을 알 수 있다. 그들이 테필린을 머리와 손에 부착하는 것은 하나님과 더불어 말씀과 함께 산다는 영적 의미가 있다. 또한 하나님의 말씀이 항상 내 몸과 마음에 붙어 있다는 것을 영적으로 느끼기 위해 테필린을 늘 부착하고 있다는 점이다. 유명한 유대인 신학자 밀톤 스타인버거 박사는 테필린 부착에 대한 그 의미를 이렇게 말했다.

　"유대인이 하나님의 말씀을 몸에 지님으로 자신의 모든 마음과 행동을 하나님의 뜻에 맡기고자 하는 헌신의 표시이다"[4)]

그리고 하나님께서는 그 말씀의 함을 이스라엘 백성들에게 항상 이마와 손목과 인방과 문설주에 붙이라고 하셨다. 그리고 본인은 물론 자녀에게 반복하여 가르치라는 명령과 함께 그 말씀대로 순종하며 살라고 만든 말씀의 도구함이다. 그 네 개의 성경 구절은 다음에 자세히 설명하기로 한다.[5]

그 테필린이 무엇이기에 그들은 자신의 생명보다 더 귀중하게 간직하고 이것으로 자녀를 교육하며 지금까지 수천 년을 이어 왔는가? 이 책은 그것을 구체적으로 설명하고자 한다. 테필린은 하나님이 말씀하신 것으로 이스라엘 백성들은 주님의 명령을 따라 그대로 순종하여 매일 이 말씀으로 삶의 기준으로 살았다. 테필린은 하나님이 주신 구약의 말씀의 엑기스에 해당한다. 따라서 이스라엘 사람들은 평생 이 말씀만 암송하고 반복하여 읽는다. 그들의 자녀들은 아침에 일어날 때부터 저녁에 잠들 때까지 이 테필린의 말씀을 암송하고 기도한 후 잠을 청한다.

새벽에 귀가한 자녀에게

어느 날 자녀가 밤을 새우고 새벽에 귀가를 했다면 다음과 같이 교육한다. 그 부모는 자녀가 들어올 때까지 자지 않고 기다렸다가 "아들아 아직 새벽은 멀었으니 지금이라도 테필린의 말씀을 암송하고 자거라"고 말한다. 이 말을 들은 자녀들은 반드시 부모의 말에 순종하여 테필린의 말씀 네 곳을 다 암송하고 잠을 청한다. 이것이 몇 천 년을 이어온 이

---

4. 최한구, p.244
5. 출 13:1-16, 신 6:4-9, 11:13-21

성경을 암송하는 유대인 아이들

스라엘 백성들의 자녀교육의 테필린에 얽힌 신비한 비밀이다.

이스라엘 부모는 하나님의 명령을 따라 자녀에게 반드시 하나님의 말씀을 가르쳐야 한다는 사명을 가지고 있다. 역사 속에서 유대인들은 누구든지 자기 자녀에게 하나님의 말씀을 반드시 가르쳐야할 교육의 사명이 있다고 확신한다. 그러기 때문에 자신이 부모로서의 책임을 다하는 길은 어떤 경우라도 자식에게 최우선적으로 하나님의 말씀을 가르치고 순종하며 살아가도록 만들기 전에 죽는 것은 부모로서 삶을 다하지 못한 결과라고 여긴다.

테필린을 암송해야 하루가 시작 된다

그러므로 한 부부가 자녀를 낳아 그 아이가 말을 배우면 제일 먼저 테필린 네 방안에 들어있는 말씀을 암송하도록 날마다 반복하여 가르친다. 이렇게 하는 것이 부모된 자의 사명으로 알고 순종하는 것이다. 따라서 아이들은 하나님과 테필린 안의 네 개의 성경의 말씀을 암송하는 일을 말과 함께 동시에 배우게 된다. 그러므로 유대인의 가정은 말씀으로 부모와 자녀가 하나가 된다. 이들에게 현대의 급변하는 문화적인 갈등이나 어떤 세대 간의 커다란 문제가 거의 발생하지 않는 것이 그들만의 고유한 민족적 특징이 있다. 이렇게 부모와 자식이 하나님의 말씀을 공유할 때 신기한 일은 세속적인 삶에 영향을 받지 않고 절대적인 신앙으로 인해 세대차이가 전혀 없다는 것이 특징이다. 따라서 유대인들은 부모와 자식 간에, 또 세대와 다음세대 간에 세대차이가 없는 것이 민족의 가장 큰 장점이다. 그들이 세대차이가 없기 때문에 세대 간에 갈등이 없다. 모두 하나님의 말씀으로 생각과 삶이 공유되기 때문이다.

유대인은 유구한 역사 속에서 나라와 거주지를 잃고 여섯 개의 문명의 발상지에서 터를 잡고 수천 년을 살아 왔다. 이러한 역사 속에서도 그들은 다른 나라에 전혀 동화되지 않았다. 유대인만의 특별한 사상과 민족적 동질성을 테필린 교육이라는 통일된 방법으로 자신들의 고유한 문화와 신앙을 지켜왔다. 다른 문명들은 모두 다 동화되고 없어지는 역사 속에서 유대인의 삶은 이러한 역사적인 법칙을 깬 정말 신비로운 민족이다. 그들이 수천 년간 살아낸 것만도 기적이다. 또한 그들이 역사 속에서 살아남은 비결은 세대 차이 없는 하나님에 대한 신앙과 말씀에 입각한 사상과 생활을 후손들에게 계속해서 전수한 사실에 비밀이 있다.

이 비밀이 바로 테필린 교육에 있다. 유대인은 수천 년 동안 테필린 교육을 통해서 자신들의 신앙과 말씀을 후손들에게 철저하게 전수했다. 그런 결과 현재도 정통파 유대인은 그들의 사상, 생활 습관, 생활 방법, 의식주, 절기 등에 세대차이가 거의 없다. 아무리 현재의 삶에 큰 변화가 온다고 해도 613가지의 율법이 그들의 삶의 기준이 되기 때문이다. 이스라엘 아이들은 부모로부터 무조건 테필린의 성경 말씀을 암송하면서 자란다. 그리고 점점 커가면서 부모로부터 그 말씀의 의미를 매일 매일 들음과 동시에 순종하는 법을 배우게 된다. 이것이 그들이 태어나면서부터 시작하는 일상생활이다. 그들은 일생동안 테필린의 말씀을 암송하고 그 말씀을 삶에서 적용하면서 살아간다. 테필린은 자신도 모르게 반복하고 암송하는 동안 머리에서 가슴으로 그리고 행동으로 옮겨가며 삶의 전부가 된다.

따라서 유대인들은 하나님의 말씀을 암송한 후 계속되는 가르침을 넘어 말씀에 순종하는 자에게 약속된 삶의 축복들을 구체적으로 경험하게 된다. 이렇게 말씀 중심으로 하루를 열고 마감하는 하나님의 사람들에

통곡의 벽에서 테필린을 부착하는 유대인들

게 하나님은 자신이 말씀에 축복하신 내용을 삶에서 부어 주신다. 그리고 그들은 말씀대로 살아 받은 축복들을 저녁에 서로 나누는 간증을 통해서 하루를 마감한다. 이렇듯 이스라엘이 수천 년간 축복 받은 원리가 바로 테필린의 말씀 안에 있다. 오늘날 우리가 유대인들이 받은 축복의 핵심이 테필린에 있기 때문에 주목하여 배울 필요가 있다. 또한 이 테필린은 이스라엘 사람들이 만들어낸 어떤 사상이나 성경에서 자신들의 의도대로 작성한 것이 아니기 때문이다. 테필린의 말씀은 바로 구약의 하나님의 말씀 자체이기 때문이다. 그러므로 우리도 테필린의 말씀과 그 내용에 관심을 가지고 반드시 배워 축복을 경험해야 하기 때문이다.

정작 문제는 이스라엘 사람들이 이 말씀대로 살았더니 놀라운 축복의 경험을 역사 속에서 다양하게 했다. 그러기 때문에 우리가 더욱 테필린의 비밀을 알아야 한다. 이제 우리와 우리 민족도 테필린의 말씀의 비밀을 하나씩 배우고 적용하여 이 시대에 하나님의 축복 받는 사람이 되어야 하기 때문이다.

유대인이 축복 받은 원리가 테필린

의사들은 어떤 약이 있거나 의학적인 논제가 있으면 그 가설을 가지고 그대로 환자에게 사용하는 것이 아니다. 그들은 그 약을 가지고 구체적이고 분명한 임상의 데이터(결과)를 가지고 확인되면 그때부터 사용한다. 이것은 대단히 중요한 원칙이다. 만약 의사가 약을 잘못 쓰면 그 부작용으로 인해 심각한 후유증을 유발하고 심하면 죽을 수도 있기 때문이다. 그러므로 임상을 거치는 것은 가장 우선적으로 필요한 일이다.

마찬가지로 테필린은 이스라엘 백성들이 수천 년의 역사를 거치면서 확실한 임상을 거쳐 증명된 축복의 실제 사건이다. 그들이 긴 시간 속에서 하나님의 말씀대로 순종하면 어떤 상황 속에서도 하나님의 축복이 그 현장에 나타났다. 따라서 테필린은 이스라엘 민족을 통해서 증명되고 확증된 하나님의 말씀의 축복이다. 이스라엘 사람들이 사는 나라마다 그들이 사회의 주인공이 되고 축복의 리더가 되는 것은 결코 우연이 아니다. 이는 분명한 이유가 있다.

그렇다고 그들이 다른 사람들보다 머리가 월등히 좋은 것은 결코 아니다. 많은 학자들은 유대인이 우수한 이유를 증명하기 위해서 태어날 때의 지능지수도 조사하고, 다른 민족의 아이들의 지능도 조사했다. 하지만 객관적으로 유대인의 지능이 다른 민족보다 더 낮은 사람도 많다는 것이다. 그러나 유대인은 지속적인 말씀의 교육과 순종의 삶으로 인해 지능이 후천적으로 더 좋아졌다는 점을 이를 연구하는 학자들은 공통적으로 인정한다.

그러면 그들이 어떻게 그렇게 우수한 지능과 지혜로 세상의 리더가 되고 축복의 사람들이 되었는가? 그 이유는 오직 하나 밖에 없다. 그것은 테필린의 말씀을 어려서부터 가르치고 반복하여 교육하고 암송해서 그 말씀대로 순종하기 때문이다. 또한 그들이 하나님 앞에서 말씀대로 살아갈 때 하나님께서는 역사 속에서 그들에게 엄청난 지혜와 축복으로 보상하셨다는 사실이다. 그러므로 이스라엘 민족이 축복받은 원리는 바로 테필린의 말씀에 있다. 우리가 지금 이 시점에서 그 테필린의 비밀을 주목하는 이유도 여기에 있다. 우리 민족도 하나님의 축복이 절대적으로 필요하기 때문이다.

이스라엘 민족의 교육의 핵심은 하나님의 말씀을 반복

이스라엘 민족의 교육의 핵심이 바로 테필린의 말씀 안에 있다. 그들의 교육은 의외로 단순하다. 그들은 일생동안 부모로부터 테필린의 말씀을 듣고 배우고 암송하고 반복하여 교육한다. 마치 공산당이 자신들의 이론을 어린 시절부터 늙기까지 반복교육하여 세뇌시키는 것과 같다. 비록 공산당은 자신들의 잘못된 이론으로 세뇌시키고 있지만, 유대인들은 하나님의 말씀으로 평생을 세뇌시켜 하나님의 사람으로 성장시키고 세상의 주인공이 되는 것만이 큰 차이라고 말할 수 있다. 이렇게 일생동안 반복해서 거듭 가르치는 것을 이야기의 방법인 학가다Haggadah 교육이라고 한다. 한 마디로 학가다 교육은 반복교육이다. 하나님은 이스라엘 백성들이 학가다 교육—반복교육—을 통하여 세뇌될 때까지 교육한다. 역시 하나님께서도 구약과 신약의 핵심 말씀을 반복하고 또 반복하고 계신다.

진짜는 가짜처럼 믿고, 가짜는 진짜처럼 믿고 사는 시대

많은 목사님들은 성도들이 설교에 대해 말하는 중에 "우리 목사님, 오늘도 또 재탕 설교를 한다"는 말을 가장 두려워한다. 그래서 재탕하는 설교를 하지 않기 위해서 얼마나 노력하는지 모른다. 이것은 하나님의 말씀이 반복이라는 것을 모르는 성도들과 성경의 원리를 바로 가르치지 못한 목사들의 무지에서 오는 현실이다. 저자가 한국 교회와 오늘날 목회자에게 가장 마음이 아픈 것이 있다면 그것은 다음과 같은 일이다. 정작 진짜는 가짜 같이 믿고, 가짜는 진짜 같이 믿고 가르친다는 비극적인 상황이다. 지난 수천 년의 세월동안 반복되어진 일이 바로 이단들이 득세하는 것처럼 보이는 것은 그들은 가짜를 가지고 진짜처럼 미쳐서 반복해서 그들을 추종하는 세력에게 세뇌시켜 진짜로 믿는 것처럼 보인다. 정작 진짜 복음을 가지고 있는 우리는 가짜처럼 무기력하게 믿고 살아가는 현실이 저자를 안타깝게 만드는 요인이다. 이제 우리가 결단하여 성경적으로 우리 성도와 자녀들을 가르칠 때가 되었다. 오늘 우리에게 하나님이 요구하는 것은 진짜를 진짜가 될 수 있도록 오늘의 목회자에게 모든 권한을 위임했다는 사실을 자각하고 사명을 다해야 한다.

진짜를 진짜 되게 하는 사명

실제로 하나님은 반복을 얼마나 좋아하시는가? 성경에는 하나님께서 아주 광적으로 반복을 많이 하시는 것을 볼 수 있다. 그러면 얼마나 반복을 자주하시는가? 구약에 하나님은 이스라엘 백성에게 다시 말씀하실 때마다 반복하는 내용이 "나는 애굽의 종에서 너희를 구속하신 여호와"라는 말씀을 끝없이 하신다. 하나님이 왜 이렇게 그들에게 반복하시며 강조하시는가? 그 이유는 그들이 하나님께서 은혜로 구원하신 사실에 대하여 자주 자신의 과거의 신분과 은혜를 잊어버리기 때문에 또 다시 강조하시는 하나님의 반복적인 교육 방법이다. 오늘 우리가 주님이 주신 양떼에게 학가다의 반복교육을 시키면 그들은 반드시 하나님의 위대한 종들로 훈련되고 만들어질 것을 확신한다. 하나님은 오늘 우리에게 이 모든 일을 맡기셨다. 얼마나 놀랍고 엄청난 일인가.

뿐만 아니라 하나님은 구약의 중요한 내용은 언제나 반복을 통해서 강조하신다. 마찬가지로 우리가 중요한 일은 한번 말하는 것으로 끝나지 않고 반복해서 강조하는 것은 바로 하나님의 좋은 교육의 방법을 흉내내는 것에 해당한다. 그러므로 하나님이 중요한 말씀일수록 반복을 즐겨 사용하신 것처럼, 목회자가 성도에게 중요한 진리의 말씀을 반복하는 것은 당연하다. 따라서 우리도 성도에게 교육할 때마다 하나님께서 중요한 것을 반복하셨기 때문에 목회자인 자신도 이제부터 하나님의 방법을 따라 반복한다고 선언해야 한다. 지금부터 우리가 하나님의 교육방법의 원리대로 하나님의 말씀을 반복하면 중요한 말씀이라는 인식을 말씀을 듣는 성도들이 자동적으로 받을 수 있도록 가르쳐야 한다. 이제 주님의 방법대로 성도들에게 중요한 말씀이기 때문에 계속해서 반복한다고 선언해야 당연하다. 이것이야 말로 주님이 원하는 반복교육을 회복하는 것이기 때문이다.

그러므로 우리가 성도들에게 말씀을 반복하지 않는 것은 목회자의 사명을 다하지 못하는 것이다. 우리는 이제부터 하나님의 말씀을 반복하는 것에 대하여 두려워할 필요가 없다. 물론 그렇다고 말씀을 준비하지 않고 성의 없게 말씀을 계속 반복하는 것은 잘못하는 것이다. 목회의 성공은 얼마나 반복을 잘해 성도들이 말씀이 세뇌되고 체질화가 되어 그 말씀대로 살고 순종하여 축복을 누리고 경험하는 곳까지 나아가야 한다. 여기까지가 오늘날 목회하는 목회자들에게 하나님께서 원하시는 기대치이다.

실제로 이스라엘 부모들은 자녀에게 평생 반복하여 마음에 새기고 또 잊어버릴까 해서 암송하고 아침 저녁으로 반복적으로 교육한다. 그들은 오늘날 목회자들이 해야 할 사명을 자신들의 자녀들에게 적용하여 가르쳤다. 하지만 우리는 그들처럼 반복해서 성경을 교육하지 못하는 경우가 더 많다. 사실 우리가 성경을 반복하여 가르쳐서 그 말씀대로 순종하고 능력 있게 사는 길만이 한국 교회를 살리는 방법이다. 그러므로 반복은 하나님이 만드신 교육의 가장 좋은 방법이다. 좋은 목회자는 성도에게 말씀을 반복하여 잘 가르치는 사람이다. 하나님이 보실 때 반복을 많이 하는 목회자를 가장 기뻐하신다.

이는 반복적으로, 될 때까지 가르치는 목회자야 말로 하나님이 만드신 교육 방법에 가장 충실하게 실천하는 사람이기 때문이다. 하나님의 말씀을 반복하여 가르치는 길만이 우리 민족을 살릴 수 있다. 한 가지 조심해야 할 문제는 목회자가 게을러서 말씀을 준비하지 못해 반복하는 실수는 반드시 경계해야 한다. 이런 반복의 실수는 목회자가 도리어 하나님께 책망 받을 행동이기 때문이다.

세상을 정복하게 하는 능력은 반복

너무도 이상한 사건은 오늘날의 교회가 반복으로 승부를 걸어야 하는데도 거의 대부분의 교회는 새로운 것에 더 큰 관심이 있고 반복은 별로 중요하게 여기지 않는다. 마치 목사가 반복을 자주하면 아주 실력 없는 목회자로 취급하는 경향 때문에 이런 일이 일어난다고 생각된다. 실제로 군대에 가면 훈련병 시절부터 제대할 때까지 가장 중요하게 반복하는 것이 있다면 모두 기본적인 제식훈련이다. 가령 군기가 해이해졌다고 생각되면 어김없이 반복되는 훈련이 기본기에 관련된 훈련만 계속한다. 그러면서 아주 강하고 무서운 군인으로 변화되는 것이다. 따라서 반복보다 더 중요한 능력이 이 땅에 존재하지 않는다. 프로에서 활동하는 운동선수들을 보면 모두 기본기가 제대로 된 사람들이 우승을 하고 정상에 올라가게 된다. 기본기가 되어 있지 않은 사람은 아무리 노력을 해도 정상의 자리에 설 수 없다. 한국 교회에 나타난 반복 기피 현상은 아

통곡의 벽에서 테필린

주 무서운 결과를 만들고 말았다. 교회가 반복으로 강하여지고 말씀이 생활화되어 축복받는 길을 포기하고 만 것이다.

   도리어 반복으로 성공한 집단은 공산주의 사상으로 무장된 북한 정권이다. 그들은 가짜를 진짜처럼 위장하여 세뇌교육이라는 전무후무한 반복의 결정체를 만들어 낸 것이다. 이렇게 반복하여 세뇌된 삶은 70년을 속이고도 아직도 그 효력을 강력하게 미치고 있다는 점이다. 반복은 무서운 힘이다. 이것이 하나님께서 우리에게 주신 반복교육의 방법이다. 한국 교회는 이 반복을 통해서 새로운 돌파구를 찾아야 할 것이다. 오늘 이 일을 우리에게 전폭적으로 맡기신 하나님의 사역을 왜 우리는 방법을 알고도 못하는가 하는 문제는 심각한 도전이 아닐 수 없다. 이제 하나님께서 우리에게 맡기신 명령에 순종하는 하나님의 사람이 되길 원한다.

유대인은 과거의 역사를 통해서 현재형의 자신의 삶에 적용

특히 유대인들이 과거의 말씀을 반복해서 자기에게 적용하는 것은 그들이 말씀을 자기 시대에 자신에게 말씀하시는 현재형으로 말씀을 받아 적용하는 방법 또한 현재적이다. 좀 더 쉽게 말하면 유대인은 하나님의 말씀이 과거에 자신의 조상에게 하셨던 말씀을 오늘날 자신에게 적용하여 축복을 받는다고 생각하지 않는다. 왜냐하면 그들은 과거의 어느 시점에 하나님이 조상들에게 말씀하신 것이 아니라, 바로 지금 자신에게 직접 하나님이 말씀하시는 현재형으로 받는다는 말이다. 유대인들이 각각의 시대에 달리 살아도 하나님의 말씀을 현재형으로 자신에게 하시는 말씀이라고 받는 행위는 그들만이 가지고 있는 독특한 말씀에 대한 전통적 이해에 있다.

어떻게 이런 일이 유대인에게 가능한가? 그 이유는 시간의 차이는 인간적인 입장에서 필요할지 모르나 하나님께서는 언제나 영원한 현재만 있기 때문이다.(히 12:8) 다시 말하면 하나님께서는 영적인 존재이기 때문에 인간과 같은 시간적인 구별이 무의미하다. 그분은 영원 전부터 계시고 지금도 살아 계시고 미래도 영원한 영적인 분이시기 때문이다. 그러나 시간은 한계 속에서 살아가는 인간에게는 절대적이다. 우리는 시간과 공간에 자유롭지 못하기 때문이다. 따라서 하나님께서 역사 속에서 자신들의 조상들에게 말씀하시고 성경에 기록으로 남겼다는 사실은 그들에게 말씀하시기 위하여 기록하지 않았다. 그들만이 말씀의 대상이라면 결코 성경은 필요 없다. 그 이유는 그들은 그 당시 하나님의 말씀과 역사 속에서 일하시는 하나님의 모습을 다 경험했기 때문이다.

성경을 자세히 기록한 것은 그 다음세대에 대해 말씀하시고자 하는 하나님의 의도가 담겨 있다. 그러므로 유대인들이 생각하고 받아들이는 하나님의 말씀은 현재 자신에게 하나님께서 말씀하고 싶어서 기록되었다고 현재형으로 당연히 받아들인다. 이것이 유대인과 이방인들이 말씀을 받는 태도의 결정적인 차이이다. 이런 차이는 결과적으로 보면 엄청나게 다르다. 우리는 하나님의 말씀을 과거에 일어난 사건을 현재 믿음으로 받아들이고 인정한다고 생각한다. 그런 이유 때문에 하나님의 말씀에 대한 확신이 절대적으로 부족하다. 유대인이 하나님의 말씀을 현재형으로 받아들이는 증거는 성경 안에 많다. 예를 들면, 신명기 5장에 이집트를 탈출하여 홍해를 건너 시내 산에서 하나님의 말씀을 받은 구세대들이 다 죽고 나서 신세대들에게 다시 한 번 하나님께서 십계명을 주시는 장면이다.

> "모세가 온 이스라엘을 불러 그들에게 이르되 이스라엘아 들으라 오늘 내가 너희 귀에 말하는 규례와 법도를 듣고 그것을 배우며 지켜 행하라 우리 하나님 여호와께서 호렙 산에서 우리와 언약을 세우셨나니 이 언약은 여호와께서 우리 열조와 세우신 것이 아니요 오늘날 여기 살아 있는 우리 곧 우리와 세우신 것이라"(신 5:1-4)

여기서 모세가 이스라엘의 신세대들에게 말하면서 과거 시내 산에서 맺은 말씀의 언약은 과거의 우리 부모 세대들과 맺은 것이 결코 아니다. 그 언약은 바로 지금 살아서 하나님의 말씀을 듣고 있는 현시대를 살아가는 우리와 맺은 언약이라고 분명히 말하고 있기 때문이다. 그러므로 유대인들은 하나님의 말씀을 과거의 한 시점의 그 조상들에게 말씀하신 것이기 때문에, 자신과는 별로 상관이 없다고 생각하는 사람은 거의 없다. 이 말씀은 분명히 오늘 이 말씀을 읽고 있는 자신에게 말씀하시는 것으로 받아들인다.

만약 하나님의 말씀이 모세와 그 시대의 이스라엘 사람들에게 말씀하신 것으로 끝이라면 더 이상 기록할 필요나 이유가 없다. 왜냐하면 이미 모세와 그들에게 하나님께서 직접 말씀하시고 그가 반응함으로 상황이 종료되었기 때문이다. 하지만 하나님께서는 모세와 이스라엘 백성들과 말씀으로 언약하신 것은 그 다음세대에 대한 자신의 의도가 포함되어 있기 때문에 그 말씀을 그대로 기록하여 보존했다. 하나님의 말씀이 기록되어 전해 오는 것은 당연히 그 말씀을 시대와 시간과 상관없이 하나님께서 지금 직접 자신에게 말씀하시는 것으로 받아야 한다. 유대인들은 하나님의 말씀이 시대를 초월하여 지금 자신에게 말씀하시는 것으로 받아들인다. 그러므로 유대인은 하나님의 말씀을 언제나 현재형으로 받아들인다.

유대인의 이런 현재형으로 하나님의 말씀을 받는 태도는 아주 중요하다. 그 이유는 이런 유대인의 말씀을 받는 현재형의 태도야 말로 지난 4000년의 역사 속에서 자신들이 하나님의 선민이라는 의식으로 생존할 수 있었기 때문이다. 유대인은 하나님께서 지금도 살아서 자신에게 말씀하신다고 믿는다. 그리고 성경의 말씀을 현재형으로 자신에게 하는 말씀으로 받기 때문에 신의 실존은 언제나 현재적이고 실존적인 살아계신 존재로 인식한다.

역사는 유대인의 위대함을 말하고

　영국의 아놀드 토인비의 《역사의 연구》는 각 민족의 문명 흥망성쇠를 평생 연구하여 쓴 걸작이다. 이 책에 의하면 인류의 시작부터 현재까지 28개의 문명이 있었지만 그 중 18개는 이미 역사 속에서 사라졌고 나머지 10개 중 미국이나 유럽을 제외한 9개는 사실상 죽어 있는 상태라고 말하고 있다. 토인비가 주장하는 문명의 흥망성쇠 이론의 핵심은 두 가지로 압축된다. 그는 각 문명은 도전과 응전에 의하여 흥하기도 하고 망하기도 하면서 문명이 발전되어 왔다고 주장했다. 또한 그는 한 문명이 다른 문명에 도전 받았을 때 적절한 응전을 하면 역사 속으로 사라지지 않고 살아남았다고 했다.

　그럼 토인비가 주장하고 있는 역사에서 사라지고 문명이 자취를 감추고 망하게 된 이유 두 가지는 아래와 같다. 먼저 인류 역사가 계속 진행되는 동안 어느 특정한 민족이 역사를 지배해 온 것이 아니라 각 시대마다 역사의 문명을 주관해 온 민족이나 국가들이 계속해서 바뀌었다는 사실이다. 그 이유는 한 문명이 다른 문명의 도전에 대하여 바른 응전이나 대응을 못했을 때, 그 문명은 역사 속에서 퇴출당하고 말았다. 유대인 외에 그 어느 민족도 수천 년 동안 문명을 이어오지 못했다는 점이다. 그리고 그는 문명이 붕괴하는 경우를 다음과 같이 세 가지로 정의하였다. 먼저 지도급의 소수가 창조적인 힘을 잃고 단순히 민중 위에 군림하게 되었을 때 그 문명은 서서히 붕괴되었다. 이는 그 문명을 주도한 창조적 소수의 리더 그룹이 계속해서 시대에 맞는 새로운 것들을 주지 못하고 군중위에 군림할 때 그 문명은 서서히 망했다. 다음은 창조적 소수의 지도자들과 함께 종교적인 깊은 신앙심과 유대감으로 문명이 발전하지 못

AD 70년 유대가 멸망하고 로마로 성전 기구를 노획물로 이송

했을 때 망했다. 또 하나는 전체에 속한 사회의 결속력이 계속적으로 약화될 때 망했다.

그러나 오직 유대인들은 토인비가 지적한대로 붕괴한 문명의 세 가지 특성들을 모두 극복해서 나라 없이 2500년이 지나는 동안에 다시 독립하여 그 문명을 역사 속에 찬란히 빛내고 있다. 그들은 토인비가 지적한대로 창조적인 소수 지도자들의 희생과 지도력이 결코 떨어지지 않았다. 시대는 바뀌고 나라 없이 떠돌며 특히 지도자가 없는 상황에서도 그들은 있는 곳에서 몇 명이 안 될지라도 창조적인 리더와 함께 그 문명을 유지하고 발전시켰다. 또한 유대인들은 하나님을 믿는 신앙을 중심으로 똘똘 뭉쳐 소수의 랍비들과 부모들이 자녀들을 교육시켜 그 문화와 종교심으로 문명을 유지 발전시켰다. 마지막으로 그들은 사회 전체가 항상 단결하는 결속력이 강하였다.

저자는 토인비가 지적하지 못했던 유대인이 2500년간 나라가 없이도 어떻게 존재할 수 있었는가의 핵심적인 내용의 비밀이 테필린의 말씀에 담겨있다고 말하고자 한다. 이는 유대인들 자신들이 말하는 고백이다. 재미있는 사실은 이스라엘을 망하게 한 로마는 역사 속에서 사라졌고, 로마에 의해서 철저히 망했던 이스라엘은 여전히 세계의 주인공으로 살아 있다는 사실이다. 어떻게 유대 나라의 생존의 비밀이 이 땅에서 가능했는가 하는 이야기를 다음의 실화에서 찾을 수 있다.

로마에 의해 망한 이스라엘

로마 제국에 의해서 이스라엘이 AD 70년에 망했다. 한편 로마는 이 승전으로 인해 시내에는 개선문이 세워지고, 유대 정복을 기념하기 위하여 금화를 만들었다. 그 금화에 라틴어로 '유대아 데비쿠트'이는 '유대를 정복했다'는 의미이고, '유대아 캅타 Judaea Capta'이는 '유대를 사로잡았다'는 뜻을 적어 승전을 기념했다. 또한 이 금화에는 정복자로 당당하게 서있는 로마 군인의 발밑에 꿇어앉은 한 유대 부인의 모습을 새겨 넣었다. 이때부터 유대인이 세계 곳곳으로 흩어지는 디아스포라 Diaspora 시대가 시작되었다. 따라서 로마 사람들은 승리의 축배에 취하고 유대인은 패배의 쓴잔을 마셔야 했다.[6]

그러나 많은 시간이 흘러 오늘날 로마 제국은 사라졌지만 아직도 유대인은 여전히 존재하고 약 1900년 만에 나라까지 다시 세웠다. 과거에 찬란했던 수많은 나라들이 일어나고 번영하다가 사라졌다. 그러나 그런 영화롭던 나라들은 지금은 거의 모두 사라지고 말았다. 하지만 수천 년간 유대인은 나라 없이 디아스포라의 삶을 살았지만, 오늘까지 살아남아서 모든 분야에서 가장 뛰어난 민족이 되었다. 어떻게 이런 일이 패배와 실패를 거듭하면서 나라 없이 살아온 유대인에게만 일어날 수 있는가를 알기 위해 우리는 바로 테필린의 말씀의 비밀을 배워야 한다. 한 마디로 유대인들이 나라가 없는 것과 상관없이 4000년간 그들만의 문명을 유지 발전시킬 수 있는 것은 바로 테필린의 말씀으로 이어지는 철저한 신앙과 그 신앙의 교육을 통해서이다. 이것이 우리가 구약 말씀의 핵심이 되는 테필린을 배워야할 이유이다.

테필린 말씀은 이 땅의 어떤 칼보다 더 강하다

이스라엘이 망할 당시에 요한 벤 자카이라는 랍비가 로마군이 예루살렘 성을 함락할 때에 있었던 일화이다. 그는 당시 유대인으로부터 가장 존경받는 랍비였다. 로마군에 포위된 예루살렘 성의 함락이 초읽기에 들어간 상황이었다. 그는 민족의 멸망 앞에서 어떻게 해야 유대인이 앞으로 로마를 이길 수 있을까를 생각하며 기도로 하나님께 지혜를 구했다. 설령 유대 나라가 지금은 로마의 권세에 처참하게 무너지고 망한다고 하더라도 앞으로 우리 민족이 승리할 수 있는 진정한 방법이 무엇인가를 기도하다가 로마를 이길 수 있는 지혜가 떠올랐다.

그는 유대인이 최후의 승자가 되기 위해서는 로마 사람의 칼보다 더 강한 무기를 가져야 한다고 생각했다. 그렇다면 예루살렘 성전이 로마에 의해 파괴되더라도 그것은 어쩔 수 없는 일이다. 그 대신에 유대인은

---

6. 빅터 솔로몬, 《옷을 팔아 책을 사라》 아름다운 세상, 2003 p.23

평일에도 테필린을 착용하고 성경을 암송하는 사람들

로마 사람이 파괴하지 못할 더 강한 것을 가져야 한다. 그것은 다름 아닌 테필린의 네 방 안에 있는 하나님의 말씀이다. 이것이야 말로 유대인이 디아스포라가 되어서라도 계속해서 가질 수 있는 마지막 무기이다. 이것을 자녀들에게 교육하는 것은 칼보다 더 강한 것이므로 유대인은 반드시 자식에게 하나님의 말씀을 유산으로 물려주어야 한다. 그렇게 하면 반드시 유대인이 로마 사람을 언젠가는 이길 것이 틀림없다는 확신이 들었다.

  로마인은 힘이 제일이라고 여겨 아들에게 칼과 창 쓰는 방법을 대대로 물려 주었다. 그러나 랍비 벤 자카이는 하나님의 말씀대로 교육하고 순종하는 것만이 유대인이 영원히 살 길이라고 확신했다. 유대인에게 테필린 안에 있는 하나님의 말씀은 자신들의 생명과 지혜의 원천이기 때문이다. 따라서 그는 자신이 유대인의 내일을 열기 위해서 예루살렘을 포위한 로마군을 지휘하는 총사령관을 만나야 한다고 생각했다. 그는 제자에게 명하여 자신이 죽었다는 소문을 내라고 했다. 그 후 그는 자신을 관에 넣어 성 밖의 로마 군이 진치고 있는 앞으로 가자고 했다. 그는 성 밖으로 나오자 즉시 관에서 나와서 로마군의 사령관을 만났다. 그때 그는 로마군의 사령관 베스파시아누스를 만나자마자 그 앞에 무릎을 꿇고 '황제여!' 라고 불렀다. 너무도 갑자기 일어난 일에 사령관도 당황해하던 바로 그때 로마에서 전령이 달려와서 로마 황제가 죽고 원로원이 사령관을 황제로 선출했다는 소식을 들었다. 베스파시아누스는 그의 탁월한 예언의 능력을 보고 보통 사람이 아닌 것을 알자 당신이 자신에게 무엇이든지 부탁하면 들어 주겠다고 말했다.
  벤 자카이는 사령관에게 야브네 거리를 파괴하지 말아 달라고 부탁했다. 야브네는 지중해에 있는 작은 마을로 그곳에 대학이 있고 많은 히브리 학자들이 그곳에서 하나님의 말씀—토라—을 가르치고 있었다. 황제가 된 사령관은 그렇게 하겠노라고 약속하고 비록 예루살렘은 파괴했지만, 야브네 거리만큼은 원형 그대로 보존되도록 했다. 그러므로 벤 자카이는 예루살렘이 파괴되는 동안에도 야브네에서 토라를 가르쳤다. 그리고 그는 유대인에게 "예루살렘은 멸망하더라도 유대인의 성경교육만은 계속되어야 한다"라는 유명한 말을 남겼다.[7] 나라가 없어지는 상황에서도 유대인은 하나님의 말씀을 가르쳤고 계속해서 자녀들을 교육시키는 것이 전통이 되었다.

수천 년이 지나면서 로마는 역사에서 사라졌지만 아직도 유대인들은 살아서 벤 자카이의 예지대로 세계를 정복하고 가장 위대한 민족이 되었다. 이런 유대인의 생존 원칙은 수천 년이 지나도 변하지 않는다.

역사 속에서 늘 배우는 민족 히브리인

유대인은 그 많은 패배를 통해서 무엇을 배웠는가? 비록 겉으로는 어떤 힘에 의해 패배를 당하더라도 자기 자신에게서 조차 패배해서는 절대 안 된다는 것을 배웠다. 비록 외면적인 패배는 힘이 없어 당했지만, 유대인은 내면적인 힘을 기르는 일에 생명을 걸게 되었다. 그 내면적인 힘이 바로 하나님의 말씀을 자자손손 교육하여 내적인 힘을 길러 때를 기다리는 능력이었다. 역사를 통틀어 다른 민족의 많은 역사가들이 이제 유대 민족은 끝났다고 선언했던 적이 한두 번이 아니다. 겉으로 보았을 때에는 틀림없이 유대인은 망했다.

---

7. 채석봉, 《세상을 조종하는 유대인의 실체》 도서출판 한글 p.152

토라는 유대인의 생명

그러나 유대인의 영적인 힘은 고난 받을 때 더욱 빛이 났다. 그것은 하나님을 믿는 신앙이고 하나님의 말씀으로 인한 능력이었다. 단지 역사가들은 외면에 나타난 유대인의 패배만을 보고 이제 끝났다고 성급하게 판단했을 뿐이다. 실제로 유대인들에게는 그때가 가장 강하게 하나님의 말씀을 무장하고 내적인 힘을 기르는 좋은 기회였다는 사실을 유대인외에 아무도 눈치채지 못했다.[8] 유대인이 다른 나라에 빌붙어 살면서도 테필린의 비밀을 포기하지 않았다. 도리어 그들은 그런 고난을 자신의 신앙을 무장하는 계기로 삼았다.

이것이 우리가 알지 못하는 유대인만의 비밀이다. 지난 2000년간 유대인의 이 비밀이 가려져 있었다. 유대인 그들만 알고 하나님의 말씀대

---

8. 빅터 솔로몬, p.54-61의 내용을 저자가 요약해서 다시 정리했다.

로 살아왔기 때문에 하나님은 말씀에 순종하는 자에게 마지막의 축복을 원 없이 유대인들에게 부어주셨다는 것이다.

이제 수천 년의 테필린의 비밀을 이 책에서 하나도 숨김없이 전하고자 한다. 사실 공개해서 아는 정도의 문제가 아니라 우리도 유대인처럼 하나님의 말씀을 생명으로 알고 살고자, 그들이 받았던 축복의 주인공이 되고자하는 목적으로 이 책을 쓰고 있다. 진짜 우리가 살아갈 비결은 여기에 있다.

모든 유대인은 한 형제의식으로 뭉쳐진 특별한 사고방식

어느 나라에 있든지 유대인은 한 가족이다. 유대인에게 있어서 이것은 히브리어로 '하베림 고르 이스라엘' 이라고 하는데 이는 '모든 유대인은 한 형제이다' 라는 의미이다. 유대인이 되는 비밀은 자신이 유대인 공동체의 한 사람이 될 때에야 비로소 유대인이라고 말한다. 이는 유대인 공동체는 그 모든 구성원이 서로 사회적인 연대 책임을 가진다는 그들만이 가지는 특별한 히브리 사고방식이다. 이에 반해 우리 사회는 누구나 자기 자신에게만 책임을 지면 그만이라는 의식이 지배적인데 이것을 우리는 개인주의라고 말한다. 이것이 유대인과 이방인의 결정적인 차이이다. 하지만 이런 차이는 그 결과에 있어서 엄청난 차이가 있다는 사실이다. 유대 민족적 연대감은 타민족에게서 찾아볼 수 없는 대단한 결속력이 있다. 이것이 유대인과 이방인의 차이이다.

세계의 어느 나라에서나 유대인들은 어디를 가든지 먼저 회당을 찾는다. 왜냐하면 유대인들은 각 나라에 흩어진 형제들이 회당을 중심으로 살기 때문에 그곳에 가야 자신들의 형제를 만날 수 있다. 또한 어떤 나라에서 어떤 유대인이든지 자신이 속한 회당에 손님이 오면 무조건 자신의 집으로 초청하는 것이 불문율이다. 그들은 나그네인 자신의 형제를 초청해서 도움을 주는 것이 하나님께서 가장 기뻐하시는 일이라고 생각하기 때문이다.

가령 미국에 사는 유대인 비즈니스맨이 프랑스 파리에 갔다고 하면 그는 먼저 그 도시의 회당을 찾는다. 이는 그가 회당에 가서 기도하는 일도 중요하지만 궁극적으로 그 도시에 사는 유대인 가족의 한 사람으로 그 가족들과 함께 있기 위해서이다. 그 회당의 사람들은 그를 생전 처음 볼지라도 만나는 순간부터 가족적인 연대의식으로 지금까지의 삶을 나누는 것이 유대인들만의 삶의 특징이다. 마찬가지로 새로 이민 온 유대인들에게도 동일한 가족의식을 가지고 돕는 것은 당연한 일이다.

예를 들어, 한 유대인이 자신들이 살고 있는 나라로 이민을 왔다고 하자. 그러면 반드시 회당을 찾아 그 가까운 곳에 정착을 한다. 그러면 그 회당을 중심으로 먼저 살고 있는 유대인들은 반드시 그 사람에 대한 책임이 자신들에게 있다고 여긴다. 그러므로 그가 자신의 나라에 와서 정착할 때까지 공동체가 연대 책임을 진다. 그들이 그 한 사람이 완전히 정착할 때까지 연대 책임을 진다는 말은 무엇인지 알아야 유대인을 제대로 알 수 있다. 그들은 하나님을 믿는 신앙으로 한 가족이라는 것이다. 유대인들만이 가지는 이런 공동체의식은 아주 철저하다. 가령 이번에 새로 이민 온 사람이 이발 기술을 가졌다고 가정하면 유대인 공동체는 그가 이발관을 차려 생계를 유지할 수 있도록 발판을 마련한다. 그 발판은 그가 가장 장사가 잘될만한 가게를 찾아주고 이발소를 새로 시작할 수 있도록 모든 배려와 관심을 쏟는다. 이것이 유대인들만이 가지는 특별한 형제의식이다.

가령 그 사람이 빈손으로 이민을 와서 정착할만한 돈이 없다고 할 때 유대인 공동체는 이민자를 위한 준비된 정착금을 그에게 융통해 준다.[9] 그는 유대인 단체가 준 정착할 자금을 가지고 안정되게 어려움 없이 살아갈 수 있도록 끝까지 책임을 진다. 그리고 그가 다시 돈을 벌어 생활한 후 돈 벌이가 되면 천천히 공동체에게 또 다른 사람이 정착할 수 있도록 빌린 돈을 갚는 것을 원칙으로 한다. 물론 갚을 능력이 없으면 갚지 않아도 된다. 하지만 지금까지 융통한 돈을 채워 놓지 않은 유대인은 없다고 보아야 한다. 유대인들은 자신의 가족들이 정착해서 든든히 자립할 때까지 도와주기 때문이다. 이것이 그들만이 가지고 있는 하나님을 믿는 신앙 안에서 가지는 유대인은 모두 형제라는 특별한 사고방식이다. 비록 다른 나라에서 수천 년을 살았다고 할지라도 자신들은 시간과 공간을 뛰어넘는 한 가족이라는 개념이 그들의 삶의 기본적인 모습이다.

물론 유대인들은 기술을 가진 사람만 정착할 수 있도록 도와주는 것이 아니다. 새로 이민 온 사람이 어떤 기술을 가지고 있다면 그 기술로 돈을 벌어 정착할 수 있도록 해준다. 그렇지 않으면 그가 어떤 기술도 없어도 유대인 공동체는 그가 자신들의 나라에서 잘 정착할 수 있도록 돕는 일에 최선을 다한다. 혹시 자신들이 도울 수 없을 때는 다른 지역의 유대인 공동체의 도움까지 받아 돕는 일에 최선을 다한다. 물론 유대인 공동체가 이렇게 새로 이민 온 사람들의 정착에 최선을 다하는 것은 그들이 처음 왔을 때 이러한 배려와 도움을 받았기 때문이다. 그리고 그렇게 새로운 사람들을 돕고 자비를 베푸는 것이 이웃을 사랑하는 계명을

---

9. 저자의 코헨대학교의 총장으로 있는 코헨 박사의 말에 의하면 유대인들은 그 정착한 나라마다 또한 그 도시마다 공동체를 형성하여 새로 이민 오는 사람을 위해서 정착할 수 있도록 돕는 기구가 있다. 이 기구에서 기금을 마련하여 새로 이민 오는 사람들에게 필요한 만큼의 정착금을 빌려주어 완전히 정착할 때까지 돕는다.

초막절에 전 세계 사람들이 통곡의 벽에 모여 예배중

지키는 것이 바로 자신의 일이라고 생각하기 때문이다. 따라서 유대인들이 수천 년을 디아스포라로 지내면서 이러한 도움을 서로에게 주지 않았다면 지금까지 그들이 존재하는 것이 불가능했을 것이다.

그러므로 이러한 유대인만의 사고의식을 우리가 모르면 유대인이 왜 그렇게 강하고 세계적으로 탁월하게 쓰임 받는가를 알 수 없다. 유대인은 하나님 안에서 모두 한 가족이고 형제라는 의식으로 똘똘 뭉쳐있는 공동체이다. 이러한 공동체는 도무지 무너지지 않고 변하지 않는 것이 그 특징이다. 유대인이 각 분야에서 뛰어날 수밖에 없는 것은 바로 이런 특별한 의식들이 모여 그들만의 독특한 삶을 영유하고 있다.

구약 성경의 핵심이 테필린

이스라엘 사람들이 지금까지 오랜 세월동안 하나님께서 말씀하신 구약의 많은 말씀 중에 테필린에 집중하는 이유는 다음과 같다. 특별히 하나님께서는 테필린의 네 방에 있는 말씀만 구별하여 이스라엘 사람들의 이마(미간)와 손목, 그리고 문설주와 인방에 붙이라고 명령하셨기 때문이다. 하지만 그들이 가나안 땅에 정착해서 살 때는 테필린 말씀에 집중할 필요는 없었다. 그 이유는 하나님의 말씀을 언제든지 선지자나 제사장, 혹은 서기관들을 통해서 들을 수 있었기 때문이었다.

그 후 이스라엘이 망해 나라가 없어지고 이방의 나라에 흩어져 살면서 하나님의 말씀을 볼 수 없는 형편에 봉착하게 되었다. 왜냐하면 성경 사본의 희귀성 때문에 도망 다니며 살아가는 유대인 공동체 모두가 성경을 가지고 있는 것은 무리였다. 따라서 다른 나라에 자신들이 잡혀가거나 도망가서 살아가던 유대인 디아스포라들에게는 하나님의 말씀이 없는 가운데서 자신들의 신앙을 붙잡아 주고 자녀들을 신앙적으로 교육시킬 수 있는 길은 아무것도 없었다.

그들은 자신들의 형편을 살펴 자신들이 살고 있는 그 나라에서 신앙을 이어갈 수 있는 자신들이 선민으로 살아가는 최선의 방법을 찾을 수밖에 없었다. 그 방법이 바로 하나님의 말씀이 전체적으로 없어도 주님께서 직접 말씀하신 테필린의 네 말씀에 자연스럽게 집중할 있었다. 다른 나라에서 살아가는 유대인 디아스포라들은 그렇게 오랫동안 나라 없이 떠돌아다닐 것이라고 전혀 생각하지 못했다. 하지만 2500년이 계속되는 다른 나라의 삶에 테필린의 말씀은 생명처럼 귀하게 여길 수밖에 없었을 뿐만 아니라 그들에게는 그것이 전부였다.

그들이 자신들도 모르는 사이에 수천 년이 흘러 이 테필린의 말씀만 가지고 교육하고 순종하며 살면서 그 살아가는 현장에서 하나님의 엄청난 축복을 경험했다. 그 신앙적으로 실제적이고 구체적인 축복의 경험을 자신들의 생명처럼 여기게 되었고 삶에 있어서 가장 중요한 말씀이 되는 것은 당연했다. 그리고 이 말씀은 자연스럽게 그들의 생명을 연장하는 도구요, 축복의 도구가 되기에 충분했다. 그 결과로 하나님의 말씀에 대한 최고의 축복받는 민족이 되었다. 그들이 비록 신구약 성경의 구원의 길이 되시는 예수는 믿지는 않지만, 구약에 약속하신 말씀을 순종하는 자에게 축복하는 그 내용으로 복을 받는 지상의 유일한 민족이 되었다.

쉐마 교육의 핵심도 테필린

테필린의 네 개의 방에 있는 말씀 가운데 현용수 목사가 한국에 소개하고 있는 쉐마 교육이 바로 그 안에 있는 하나의 말씀이다. 실제로 그 전체에는 네 개의 방마다 각각의 말씀이 따로 있다. 그리고 테필린 속에 있는 세 번째 방의 내용이 쉐마 본문의 말씀이다. 그가 그것을 성경적인 유대인의 자녀교육의 전부로 가르치는 것은 한쪽만 강조하는 문제가 있다. 그러므로 쉐마 교육은 테필린 안에 있는 내용의 하나로 알고 배워야 한다. 하지만 테필린의 네 개의 말씀 본문 중에 그 핵심을 말하라면 쉐마 교육이라고 해도 틀린 것은 아니다. 하지만 쉐마 교육이 전부는 아니라는 말이다. 그리고 현용수 교수가 가르치는 쉐마 교육은 유대인들의 자녀교육의 실제이다. 현재 유대인 학교와 가정에서 일어나는 임상적인 실제 사례들을 한국 교회에 소개하는 것만으로도 정말 큰일을 하고 있다고 본다.

우리는 이 책에서 쉐마 교육을 통한 유대인의 자녀교육에도 관심을 가지고 있지만, 이 책에서 강조하는 것은 종합적으로 이스라엘이 수천 년 동안 정신적으로 영적으로 큰 힘이 되고 있는 테필린 안에 네 개의 방에 있는 말씀들에 대한 성경적인 깊이 있는 주석이다. 그 다음으로 현대를 살아가는 우리 기독교가 이것을 어떻게 적용해서 교회 교육에 구체화시킬 수 있는 방법을 제시하려고 한다. 계속해서 우리는 현재 이스라엘 사람들이 테필린의 말씀을 어떻게 해석하는지에 대해서 설명한다. 또한 유대인들이 현재 자신들의 삶에서 어떻게 구체적으로 적용하고 있는지에 대한 사례들도 소개한다. 그 후 오늘날의 기독교가 테필린 교육을 어떻게 받아들이고 적용해서 다음 시대의 주인공이 될 수 있는 방향까지 언급할 것이다.

왜 구약의 유대인 교육을 배워야 하는가?

왜 기독교인이 구약의 대표적인 유대인의 교육을 배워야 하는가? 또한 지금까지 우리는 왜 구약을 교육적인 도구로 삼는 유대인의 생존의 비밀이 담겨있는 그들의 교육을 무시했는가? 한마디로 그 이유는 우리가 구약 성경을 잘못 이해하고 해석해왔기 때문이다. 구약에 대한 가장 큰 오해는 무엇인가에 대해서 알아보고자 한다. 우리가 구약 성경에 가장 큰 관심을 기울여야 하는 점은 구약도 하나님의 말씀이라는 것이다. 우리의 실수는 구약을 단지 율법 또는 계명 등으로 구분하여 하나님의 말씀으로 표현하지 않는다는 점이다.

우리가 잘못 이해하고 있는 사실은 구약의 중심 사상과 신약의 중심 사상이 다르다는 점이다. 예를 들어, 신약의 초점이 예수 그리스도의 십자가와 부활로 이어지는 구원의 복음이라면, 구약은 이스라엘 선민들이 하나님의 백성으로 어떻게 살아가야 하는지에 대한 성화에 목적을 두고 있는 것이 가장 큰 차이이다. 그러므로 우리가 신약의 복음으로 구원에 이르는 주제와 구약의 율법이 이미 구원 문제가 해결된 이스라엘 선민들이 어떻게 살아야 하는지를 가르치는 것을 목적으로 기록하였기 때문에 많이 다르다는 사실을 먼저 인식하고 구약을 접근해야 한다.

신약은 예수의 십자가에서 죽으심과 부활을 통해서 이방인들이 구원받는 것이 목적이다. 우리는 이것을 복음이라고 말한다. 이 복음은 인류의 구원에 관한 기쁜 소식을 만방에 전하는 선교라는 방법을 통해서 인류를 구원하는 것이 그 목적이다. 하지만 복음을 받고 구원의 문제가 해결된 하나님의 자녀가 어떻게 하나님을 닮아 성숙한 그리스도인이 되는가 하는 문제는 신약보다는 구약에 더 잘 나타나 있다. 더욱 중요한 것은 각 가정에서 하나님의 거룩한 선민으로 양육하는 성경적 원리와 그 구체적인 교육방법은 신약 성경보다는 구약 성경에 더 자세히 언급하고 있기 때문이다.

그러므로 신약이 구원을 위한 복음이 주제라면, 구약은 구원받은 선민들이 어떻게 하나님의 자녀로 이 땅에서 승리할 수 있는가에 대해서 잘 교육할 수 있는 하나님의 말씀이라는 점이다. 우리가 이런 차이의 핵심을 잘 이해하지 못하면 구약을 해석하고 신약을 해석하는데 많은 시행착오를 가져올 것이 자명하다. 지금까지 신약의 교회들이 구속사적인 입장에서 복음과 구원, 그리고 선교만 강조한 나머지 성화에 대한 구체적인 구약의 말씀을 소홀히 했다는 사실을 솔직하게 인정해야 한다. 마찬가지로 구약을 해석할 때 신약의 교회들이 하나님의 '언약'만을 강조한 나머지 하나님의 백성이 거룩하게 성화될 수 있는 구약의 소중한 것들을 의도적으로 무시하고 말았다.

이로 인해 구약을 해석하는 가장 중요한 원리가 되는 하나님의 의도를 버리고 말았다. 이런 해석들이 지난 2000년을 지배하면서 신약의 교회는 자신도 모르는 사이에 하나님의 의도를 무시하고 구약의 내용을 많이 왜곡하고 말았다. 이제는 신약의 교회들이 구약의 하나님의 말씀을 무시하고 왜곡한 사실에 대해 회개해야 한다. 그리고 지금이라도 우리는 하나님께서 구약을 주신 그 목적을 찾아 바로 적용해야 한다. 따라서 우리가 구원받은 사람들로 구약의 주요 주제인 거룩한 사람이 되는 유대인들의 교육방법을 배워서 우리의 가정과 교회에 적용함으로 변화되어 하나님이 기뻐하는 사람으로 성화되어야 한다. 특히 한국 교회는 남을 교육시키는 것은 탁월한데 자녀를 신앙으로 교육시키는 문제는 백지상태에 빠져 있다. 우리가 시급히 바꾸어야 할 신앙교육의 문제점을 알고 고치려는 의식이 필요하다. 저자는 이보다 더 실제적이고 구체적인 문제는 뒤에서 자세히 언급할 것이다.

황금 사원과 통곡의 벽

2 tefillin

성경암송하기 위한 준비

하나님이 친히 가르치신 성경암송

테필린의 말씀의 비밀은 말씀전수의 하나님의 방법

출애굽 이후 성막이 만들어지고부터 아론의 자손들은 종교적 의식을 담당하는 제사장이 되었다. 그때부터 예수님의 시대에 성전이 파괴되기 전까지 제사장과 대제사장은 아론의 후손들이 대대로 물려받아 제사장직을 수행했다. 그러나 성전이 AD 70년 무너지면서 더 이상 유대인들에게 제사장의 역할은 필요 없어졌고 또한 제사장의 의미를 상실했다.

그런 가운데 유대인들은 각 나라에 흩어져 살아가면서 자신들의 신분과 가족의 계보의 필요성에 의해서 하나 둘씩 성을 갖게 되었다. 신약 성경이 있던 때까지는 유대인

유대교 회당의 랍비이면서 제사장 코헨

들에게 성이 없었다. 그러면서 자신의 신분을 기록하고 후대에 전하기 위한 개인적으로 성의 필요성을 느끼게 되었다. 지금부터 약 500년 전부터 유대인들은 자신의 성을 나름대로 갖기 시작했다. 유대인들은 나름대로 성을 붙이는 원칙 가운데 가능하면 자신들의 조상의 이름을 성으로 붙여 자신의 정체성을 잊지 않으려고 애를 쓴 흔적이 나타난다.

그중에 정통 아론의 후예들은 자신들의 제사장의 신분을 표현하는 성을 가지는 것이 좋다고 생각하여 아주 자연스럽게 히브리어의 음과 동일한 이름을 그대로 성으로 갖게 되었다. 그러므로 유대인의 이름 가운데 코헨 Cohen, 코헨 Kohen, 코웬 KoweKahn, 카프 Kaplan 등은 자신들이 살아가는 나라의 언어의 특성을 따라 조금씩 이름의 차이는 있지만 대부분이 아론의 후예로 정통 제사장 집안으로 보면 틀림없다.[10] 물론 그들마다 제사장의 이름을 각기 다르게 붙인 것은 자신이 살던 나라의 철자법대로 표기하다 보니 같은 제사장이라도 부르는 음이 각기 다를 수밖에 없었다.

---

10. 최한구, p.225

우리가 알고 있는 유대인들의 선생인 랍비는 제사장 집안일 필요가 없다. 그렇지만 랍비는 일반대학을 마치고 랍비의 자질이 있는 사람들을 회당에서 추천하여 랍비를 양성하는 전문대학원에서 약 6년 정도 유대적인 신학을 공부한 사람에 한해서 랍비가 될 수 있다. 그들은 회당에서 개신교의 목사처럼 봉사를 하지만 월급을 받고 헌신하는 것은 아니다. 랍비들도 자신의 전문적인 일을 하면서 회당에서의 봉사는 자원봉사로 사역한다. 따라서 랍비들이 보통 고등교육 이상을 배운 사람들이기 때문에 대부분의 직업이 전문직이라고 보면 틀림없다.

저자가 관계하는 학교가 코헨대학교 및 신학대학원이다. 이 학교는 저자와 정통 제사장의 아론의 후예인 총장이신 코헨 박사와 함께 제3세계 선교를 위해서 미국에 세운 신학교이다. 따라서 코헨 박사는 이 학교를 통해서 히브리 사고의 원리로 성경을 해석하는 최초의 기독교인 유대인 Messianic Jew이 기독교를 배경으로 신구약을 해석하는 신학교이다. 이런 히브리 사고의 성경 해석에 대한 시도는 세계에서 최초이며 지금까지 나온 해석 중에 최고의 해석이라고 말할 수 있다.

코헨 박사는 세계적으로 저명한 신학자이다. 그는 세계적인 신학자 138명과 함께 세계에서 가장 보수적이고 정확한 번역으로 정평이 있다고 인정하는 New King James Version NKJV을 번역한 번역위원장으로 신구약 전체를 감수한 대단한 신학자이다. 그는 제사장의 후예로 어린 시절부터 히브리어로 성경의 해석을 배우고 반복해서 외웠기 때문에, 제사장 집안이며 율법에 정통한 학자 에스라처럼 구약과 신약에 탁월한 신학자이다. 신약으로 말하면 사도 바울과도 같은 신학적 깊이와 해석이 있는 것으로 알려져 있다.

그러므로 저자의 학교는 구약의 제사장의 학교이며 선지학교의 원형에 가까운 학교라고 할 수 있다. 저자가 이 학교에 관심을 갖게 된 것도

제3성전에 세워질 황금 메노라

바로 히브리적인 관점으로 구약과 신약을 해석한다는 점 때문이다. 저자는 코헨 박사를 알기 전에 한국의 보수적인 학교에서 신학을 하고 목사가 되어 더 깊은 신학공부를 위해 미국에 유학 가서 몇 개의 학교에서 깊이 있는 공부를 했다. 미국에서 제일 먼저 공부한 곳은 화란 사람들이 이민 와서 정착한 미시간의 그랜 래피드에 세운 칼신 대학교의 신학대학원에서 신학석사Th. M. 과정을 공부했다. 계속해서 중부 미시시피에 잭

슨에 있는 리폼드 신학대학원에서 목회학 박사^{D. Min}과정을 공부하면서 한국과 다른 한 가지는 영어로 배운다는 것 외에는 전혀 깊이와 차이가 없다는 비극이었다. 성경 말씀에 대해 더 깊이 배우고 싶은 마음이 더 간절함과 동시에 느끼는 미국 신학의 한계에 대한 절망감이 온 몸에 느껴졌다. 결국 이방인들이 많은 히브리적인 간격을 넘어 헬라 사고의 틀을 넘어 갈 때까지 신구약 성경의 신학의 한계는 너무 컸다.

신학에 대한 절망감이 깊어갈 무렵 코헨신학대학원의 총장이신 코헨 박사를 만나면서 이러한 모든 문제가 하나씩 해결될 수 있다는 돌파구를 찾았다. 그리고 저자는 코헨 학파^{Cohen School}의 코헨 맨^{Cohen Man}이 되었고 성경 말씀의 깊이를 히브리적인 관점으로 하나씩 해결할 수 있었다. 이런 만남은 하나님께서 허락하신 놀라운 축복이었다. 지금 이 책을 쓸 수 있는 것도 바로 코헨대학교에서 성경에 대하여 먼저 배운 것을 글로 설명하여 알리는 것뿐이다.

만약 저자가 코헨 박사를 몰랐다면 이 책은 도저히 빛을 보지 못하는 것은 당연하다. 그러므로 저자는 이 책을 쓰는 것만으로도 코헨 맨이 된다하는 것이라고 확신한다. 그러나 이 책은 단지 시작일 뿐이고 한국교회와 세계교회에 히브리적인 사고로 성경을 해석하는 원리를 담은 책들을 계속해서 선보일 것이다.

3 tefillin

가버나움의 회당 교회

유대인이
하나님께 버림받은 이유

선교의 사명을 버린 민족

유대인들은 축복의 말씀을 생명처럼 여겨 대대로 신앙의 민족이 되었을지 모르나 더 중요한 세계 선교의 사명을 버렸다. 지금도 유대인들은 거의 대부분이 구약 성경만 하나님의 말씀으로 믿는다. 물론 현대 유대인들은 구약 성경 중에도 토라에 해당하는 모세가 쓴 다섯 권의 책과 탈무드를 성경과 같은 반열에 놓고 가르치고 배운다. 이 책에서는 우리와 전혀 상관이 없는 탈무드에 대해서는 거의 언급을 하지 않는다. 그 이유는 토라와 함께 탈무드를 성경과 같은 반열로 인정하는 유대인들과는 달리 신약과 구약을 성경으로 믿는 기독교인들에게 탈무드는 큰 가치가 없기 때문이다.

우리는 유대인들에게 가장 중요하게 여기는 토라, 그 중에서도 테필린 말씀의 핵심에 대한 언급을 할 것이다. 유대인들이 지금까지 구약의 말씀을 붙잡고 살면서 그렇게 많은 축복과 특별한 삶을 살면서도 신약에 와서 왜 하나님께 버림을 받은 궁극적인 이유가 무엇인가를 우리는 알아야 한다. 로마서의 바울의 선언에 의하면 유대인이 버림받은 이유는 그들이 예수 그리스도를 믿지 않았기 때문이라고 선언하고 있다.

또 하나는 그들은 자신들만이 하나님의 선민이기 때문에 개와도 같은 이방인들은 절대 구원받을 수 없다고 생각한 실수로 인해 선교하지 않았기 때문이다. 그래서 그들은 하나님께 버림을 받았다. 이 문제에 대한 자세한 내용은 다음 장에서 구체적으로 언급할 것이다. 우리가 이것을 알아야만 하나님의 관심과 축복을 계속 받을 수 있기 때문이다.

또한 유대인들이 하나님께 버림받고도 어떻게 계속해서 역사 속에서 하나님의 축복을 받는가에 대한 문제도 해결해야 한다. 그 이유는 너무 당연하다. 하나님의 말씀은 계속해서 살아 있기 때문에 비록 유대인이 하나님의 관심에서 벗어나서 예수를 믿지 않아 구원은 받지 못한다고 할지라도, 구약의 말씀대로만 살면 말씀이 약속하는 축복은 당연히 받아야 살아있는 말씀으로 증명할 수 있기 때문이다. 따라서 현재 유대인들이 세계 속에서 특별한 축복을 받는 것과 구원의 문제는 별개로 생각해야 한다. 그 이유는 구약의 하나님의 말씀을 생명으로 알고 순종하기 때문에 말씀에 약속한 축복이 임하는 것은 너무도 당연한 일이다. 만약 유대인들이 하나님의 말씀대로 살았는데 받은 축복이 없다면 그것 또한 살아 있는 말씀에 큰 문제가 아닐 수 없다.

유대인의 축복의 문제는 역으로 보면 신약의 성도들이 구원의 문제만 잡고 있었기 때문에 구원은 받았으나 도리어 하나님의 풍성한 축복은 많이 받지 못한 것도 틀림없는 사실이다. 그러면 신약의 기독교인들의 문제는 복음과 구원을 붙잡고 땅 끝까지의 선교에 생명을 걸었기에 세계 선교에는 너무 많은 결실이 있었다. 그러나 말씀의 순종으로 인한 축복의 문제에 대하여 소홀한 것이 또한 사실이다. 이것 또한 큰 문제가 아닐 수 없다. 하나님의 약속의 한 부분은 잡고 한 부분은 잘 몰라서 못 잡은 실수를 저지른 것이다. 신앙은 균형이 너무도 중요하다. 신약의 성도들은 균형감각에서 큰 실수를 범했다.

한편 유대인의 역사는 이것을 잘 증명하고 있다. 유대인은 율법은 잡고 이방인을 선교하는 것은 버렸다. 하나님의 나라의 가장 중요한 두 가지 중에 한 가지는 생명처럼 잡고, 한 가지는 헌신짝처럼 버렸다. 이런 유대인의 사고는 사도들에게서 절정을 이루고 있다. 예수님께 3년간 훈련을 받고 복음을 받은 사도들에게 주님의 첫 번째 명령은 땅 끝까지 복음을 전하라고 하는 선교명령이었다. 교회는 이런 선교적인 명령을 생명으로 알고 예루살렘에서 복음을 전하는데 까지는 문제가 전혀 없었다. 하지만 예루살렘이 짧은 시간에 수만 명으로 복음화 됨에도 불구하고 더 이상 사도들은 예루살렘을 떠날 수 없었다. 그 이유가 무엇인가? 그것은 사도들이 가지고 있는 유대인의 선민의식 사고의 틀에서 벗어날 수 없었기 때문이다. 그들은 예루살렘을 벗어나면 유대 땅이라서 거기까지는 괜찮은데, 그곳을 넘어 사마리아 땅으로 가면 큰 문제가 발생하는 것으로 잘못 판단했다.

왜냐하면 그곳에는 복음을 받을 수 없는 이방인—그들의 의식에는 개나 혹은 짐승—들이 살고 있기 때문이다. 하나님의 말씀은 유대인 외에는 전혀 받을 수 없다고 인식한 자신들의 잘못된 해석의 틀로 성경의 하나님의 명령을 제한하고 선교하지 않는 엄청난 실수를 저질렀다. 주님은 이것을 깨기 위해 3년 동안 제자들을 데리고 다니며 사마리아와 이방 땅에서 복음을 전했는데, 사도들은 도무지 이해할 수 없었고 받아들일 생각도 없었다. 사도들에게 있어서 복음은 유대인의 것이기 때문에 이방인들에게 그 복음을 전한다는 생각으로 바뀌려면 혁명적인 사고의 전환이 아니면 불가능했다. 도무지 사도들은 생각할 수도 생각할 필요도 없는 일이 바로 이방인에게 복음을 전하는 일이었다. 따라서 선교는 유대인까지만 하면 된다는 의식이 그들의 전 삶과 사상을 지배했다. 이런 고정관념은 주님께서 3년을 데리고 다니며 훈련시킨 그 어떤 것으로도 변화되지 않았다.

그러자 하나님은 할 수 없이 예루살렘에 대대적인 핍박을 허락하셨다. 이상한 일은 사도들이 당연히 먼저 순교해야 하는데 평신도인 스테반 집사가 먼저 복음을 전하다가 순교했다. 그렇지만 사도들은 집사가 복음을 전하다가 죽어가는 현장에서도 이방인에게 나가서 복음전하는 방법은 상상조차 할 수 없었다. 주님은 할 수 없이 사울이라는 청년과 공권력을 동원해 예루살렘에 큰 핍박을 주셨다. 하지만 사도들은 눈 하나도 끄떡하지 않았다. 계속해서 핍박의 강도를 높이자 신앙이 약한 성도들을 중심으로 예루살렘에서 각자의 연고지가 있는 나라도 도망을 갔다. 졸지에 수만 명의 성도들이 땅 끝까지 흩어졌다. 이것이 하나님께서 강제적으로 핍박을 통해서 흩어진 유대인의 디아스포라 선교 방법의 시작이었다.

그들은 졸지에 흩어지면서 그 이유도 모르는 상태에서 할 수 있는 한 멀리 자신들의 친척과 친구의 집으로 도망을 갔다. 도망가서 생각해 보니 왜 하나님께서 신앙생활 잘하는 자기들을 하루아침에 흩으셨는가를 생각하면서 그 연고지를 중심으로 복음을 전하기 시작했다. 이때가 사도행전 1:8절에 선포하신 하나님의 선교가 시작되는 위대한 날이었다. 그래서 우리는 선교를 '하나님의 선교' Missio Dei 라고 부르는 것이다. 그러므로 이방인 선교는 하나님이 구약 때부터 신약 시대까지 초지일관으로 이어온 선교 방법이다.

구약 성경에 나타난 하나님의 선교 열정

하나님은 아브라함을 불러서 열국의 아비라는 칭호를 주셨다. 하나님께서 아브라함에게 이러한 이름을 주신 의도는 과연 무엇인가? 그것은 하나님께서 아브라함을 선택하신 결정적인 이유가 바로 열국 사람들의 영적 아비가 되라는 의미이다. 따라서 아브라함을 부르신 궁극적인 이유는 바로 이방 선교에 있었다. 그러므로 하나님께서 아브라함을 부르실 때 모든 사람들이 너로 인하여 축복을 받을 것이라고 약속하신 것도 바로 선교적인 사명을 그에게 주신 것이다. 선교는 믿음의 조상 아브라함에게 주신 최초의 명령이었다. 이런 명령에 아브라함은 순종하는 삶을 살지 못했다.

구약에 나타나는 요나의 선교는 이방선교를 원하시는 하나님의 마음을 읽을 수 있는 좋은 샘플이다. 선지자 요나에게 하나님의 명령이 떨어졌지만 그는 니느웨에 가서 복음을 전하지 않았다. 이것이 구약의 유대인들의 이방 선교에 대한 선입견이다. 이방인들은 하나님의 말씀을 들을 자격이 주어지지 않았다는 의식이 아주 잘못된 그들의 선민의식의 핵심이다. 자신들만이 하나님의 선택받은 백성이고 이방인은 버림받은 백성이라는 의식이다. 따라서 이방인들에게 유대인이 복음 전하는 것은 절대 불가능한 불문율에 해당하는 엄청난 잘못을 저질렀던 것이다. 이런 의식이 구약 성경 전체에 흐르고 있는 고질적인 잘못된 유대인 삶의 고정된 방식이었다.

무엇이 가장 중요한가?

우리에게 무엇이 가장 중요한가? 그 시대에 하나님께서 구약의 하나님의 말씀을 통해서 축복을 주신 것은 그 받은 것을 가지고 그 땅에 모든 사람들에게 하나님을 전하라는 것이다. 이것이 하나님께서 유대인들에게 구약을 주신 목적이다. 하지만 유대인은 말씀에 의한 축복은 받았지만 이방 선교는 버렸다. 말씀대로 살아 당연히 받는 축복의 사명이 무엇인지를 유대인들은 의도적으로 버린 것이다. 하나님께서 그들을 축복하신 가장 중요한 이유가 되는 이방의 빛이 되어 그들까지 구원해야 되는 사명을 버린 것이다. 유대인들은 자신들만의 하나님으로 만족하였다. 그러므로 선교를 버린 그 대가로 하나님께서도 유대인을 버렸다. 그리고 오늘날 하나님은 선교하는 사람을 통해서 계속 축복하시며 일하셨다.

유대인의 가장 큰 실수는 하나님의 말씀인 율법은 잡아 축복을 받았을지는 모르지만, 축복을 주신 하나님의 목적을 잊어버리는 결과가 되었다. 하나님께서 축복하신 이유는 그 축복으로 이방인을 구원하는 선교의 사명인데 말이다. 유대인의 수천 년의 역사가 이를 증명한다. 실제로 이스라엘 사회는 개방사회였다. 하지만 유대인들은 스스로 이방인에게 문을 닫는 폐쇄형 사회로 만들어 버리고 말았다. 이런 유대인들의 사고는 바로 자신들만이 하나님의 선민이고 다른 이방인은 결코 선택된 민족의 공동체 안에 들어 올수 없다고 생각했다. 그것이야 말로 자신들만이 선택된 특별한 민족이 되는 길이었기 때문이었다.

그런 잘못된 고정관념이 선교라는 하나님의 가장 중요한 의도를 버리게 된 것이다. 이런 선입관은 수천 년을 이어왔고 유대인은 당연히 선교하는 일과는 상관없는 사람들이 되고 말았다. 이는 하나님의 생각과는 정반대의 삶이라는 사실을 그들은 몰랐다. 이로 인해 하나님은 유대인을 역사 속에서 버리는 결과를 가져왔다. 비록 그들이 선민이라고 주장하는 것은 유대인 자신들의 생각이고 하나님께서는 이 땅에서 구원이 유보된 민족이 되고 말았다. 선교는 주님의 지상과제이면서 가장 중요한 하나님의 뜻이다. 유대인의 선교에 대한 잘못된 결과로 인해 주님은 그렇게 신약에서 선교를 강조하고 지상명령에 포함시켜서 유언으로 거듭 그 중요성을 강조하고 있다는 사실을 알아야 한다.

유대인은 과거의 역사를 현재형으로 말한다. 이것이 히브리인들이 가지는 역사의식의 사관이다. 유대인의 역사의식은 저자의 책 《바울의 13가지 설교원리》에서 '참여신학'이라는 용어로 구체적인 설명을 하였다. 여기서 잠깐 언급한다면 참여신학이란 구약의 구원의 사건들에 있어서 유대인들은 모두 그 당시의 사건으로 보는 것이 아니라 자기 자신이 그 사건에 직접 참여한 것으로 받아들이는 특별한 역사관을 말한다. 더 자세한 설명을 원한다면 저자의 책을 참고하면 좋다. 이것이 히브리인들의 구원의 역사에 대하여 적용할 때는 언제나 현재형으로 쓰고 자기 자신의 구원에 대하여 현재적 사건으로 받아들인다고 쓰고 있다.

이러한 독특한 역사의식으로 인해 과거의 사건을 현재의 자기의 삶에 그대로 적용하여 또 다시 실패의 삶을 반복하지 않는 것이 그들의 고유한 생존철학이다. 따라서 그들은 구약 조상들의 실패의 역사에서 뼈아프게 교훈을 받고 율법을 택해서 축복 받는 일에는 성공을 했다. 그러나 하나님 나라의 관점에서는 실패한 공동체가 되고 말았다. 하지만 그들은 자신들이 결코 실패한 선민이라는 인식을 하지 않는다. 아직도 하나님은 자신들만 사랑하고 자신들의 유일한 신이 된다고 굳게 믿고 있다. 그들의 이러한 신관은 절대적이어서 역사적으로 보면 그것이 삶의 생존의 형태로 발전한다.

  이런 독특한 역사의식으로 인해 그들은 자신들이 선민이기 때문에 이방인은 결코 하나님의 자녀가 될 수 없다는 결과를 초래했다. 그러므로 유대인은 어떠한 경우에도 다른 사람들에게 하나님을 믿으라고 전하지 않는다. 결국 유대인은 하나님의 가장 중요한 선교라는 의도를 버렸기 때문에 하나님도 그들을 버려 구원에서 제외되는 불행한 결과로 발전했다. 그리고 이방인들에게 선교의 주도권을 빼앗기고 말았다. 그들은 계속해서 하나님의 선민이라고 주장하고 그렇게 테필린의 말씀과 탈무드를 생명처럼 알고 살기는 하지만 하나님의 관심은 이미 그들에게서 떠난지 오래 되었다.

신약시대의 교회의 역사적 문제는 무엇인가?

  신약의 교회는 구약의 하나님의 말씀인 율법을 버리는 대신 구원의 복음을 잡고 선교를 택했다. 그 이유는 교회의 역사가 이를 잘 증명한다. 하나님은 왜 복음이 들어간 나라마다 축복을 하시는가? 그것은 단 한 가지 이유뿐이다. 그 이유는 그들이 받은 복음의 축복을 가지고 다른 사람과 다른 나라에 복음을 전하라는 하나님의 뜻이 있을 뿐이다. 땅 끝까지 복음을 전하라는 싸인Sign 으로 축복을 주신다. 그러한 예는 복음이 지나간 나라마다 예외 없이 적용되는 법칙이다.

  그러나 한 가지 우리가 명심해야 할 일은 비록 하나님의 복음의 축복이 땅 끝까지 전해야 하는 것은 분명하지만, 문제는 복음을 전하는 동안 잠시 머물다 죽으면서 한번 지나가 버리는 것으로 끝나는 것까지 주님의 뜻은 결코 아니다. 분명한 것은 복음이 한번 자신과 민족에게 들어오면 그 복음을 가족과 후손들에게 대대로 이어가는 신앙의 대물림 또한 너무도 중요한 일이다. 그렇게 할 때에만 복음이 계속해서 우리와 우리 후손들을 통해서 말씀의 역사와 함께 세계 선교의 일을 해야 하기 때문이다.

예를 들어, 유대인에게서 복음이 헬라인에게로 넘어가면서 헬라적인 문화가 세계의 중심이 되었다. 하나님이 헬라 문화를 축복하신 이유는 단 한 가지이다. 그것은 그 문화와 언어를 가지고 하나님의 말씀을 온 땅에 전하라는 사인이다. 그리고 복음은 헬라인에게서 로마로 넘어간다. 로마는 이 복음을 가지고 약 1000년을 축복과 번영 가운데 살았다. 그러다가 그 복음이 유럽과 영국에 전해지고 하나님의 축복은 어김없이 서양과 영국에 집중되었다. 한편 해가지지 않은 나라 영국은 세계의 바다를 지배하면서 동시에 복음을 각 나라에 전했다. 이런 복음이 전해지는 동안에 하나님은 영국 교회를 마음껏 축복하셨다. 그러나 복음이 더 이상 영국 땅에서 확장되지 않고 선교하는 일이 더 이상 계속되지 않게 되자 하나님은 영국 교회를 사용하시지 않고 함께하지 않았다. 여기서 우리가 알아야 될 사실은 영국 교회는 자신들의 후손들에게 복음 전하는 일을 실패하자 하나님도 그들과 더 이상 일하지 않으셨다.

하나님이 영국 교회와 성도를 떠나 또 다시 선교하는 민족과 나라에 찾아가서 축복하시는 일이 역사 속에서 계속 반복되었다. 계속해서 하나님은 미국과 그 나라의 교회를 축복하셨다. 그 이유는 세계 선교가 미국의 선교사들을 통해서 계속되었기 때문이다. 하나님은 지난 200년을 미국과 선교하는 일을 해 오시고 지금도 계속하고 계신다. 미국 교회들은 하나님이 주신 수백 년의 축복을 가지고 세계에 선교사를 파송하고 있다. 현재 전 세계에서 가장 많은 선교사를 파송한 나라는 당연히 미국이다.

존 스톤의 《세계기도정보》라는 중보기도 책자를 보면 미국에서 파송한 선교사의 숫자가 해마다 다르기는 하지만 약 수만 명의 선교사들이 전 세계에서 활발한 활동을 하고 있다. 그러나 선교사의 그 숫자가 조금씩이지만 줄어들고 있다. 그리고 지금은 미국에서 줄어든 선교사의 숫자보다 더 많이 한국 교회에서 선교사들이 각 나라에 나가 복음을 전하고 있다.

놀랍게도 하나님은 한국 교회와 이 나라를 마음껏 축복하셨다. 조건적으로 보면 한국은 발전할 수 있는 가능성이 전혀 없는 나라였다. 한국은 객관적으로 보아도 자원도 거의 없고 땅도 작으면서 인구 밀도는 세계의 몇 손가락 안에 들 정도이다. 이렇게 발전 가능성이 없는 한국을 하나님은 그 어느 나라보다 축복받은 나라가 되게 하셨다. 왜냐하면 한국 교회가 전 세계에 유래가 없을 정도로 부흥하고 그것을 밑바탕으로 전 세계에 선교하는 나라가 되었기 때문이다.

약 100년 만에 한국 사람들의 4명 중의 한 명은 예수를 믿는 나라가 되었다. 이것은 하나님의 관심이 어디에 있는지를 잘 알려주는 징조로 볼 수 있다. 이는 하나님께서 한국과 교회를 쓰신다는 강력한 메시지로 보면 된다. 이런 상황에서 한국 교회는 하나님의 뜻을 따라 전 세계에 두 번째로 선교사를 많이 파송하는 나라가 되었다. 그 숫자는 경제적으로 어려움을 당하고 있는 지금도 계속해서 늘어가고 있는 추세이다. 이런 한국 교회의 선교적인 마인드가 하나님의 마음을 기쁘게 하고 감동시키고 있다고 말해도 과하지 않다. 하지만 지금 한국 교회가 선교한다고 해도 교인의 숫자는 정체되어 있거나 줄어들 조짐들이 여기저기 보이는 것이 큰 일이 아닐 수 없다. 이런 조짐은 몹시 좋지 않은 현상이다. 그것은 하나님의 관심이 한국에서 또 다른 나라로 향하고 있다는 것을 역사의 순리 속에서 그리 어렵지 않게 예상할 수 있기 때문이다.

　신약의 교회들이 다른 민족과 사람들에게 복음은 전했지만 자기와 후손들에게 복음을 전수하는 것을 실패한 나라들이 복음이 한번 지나가고 그 흔적만 남아있는 불행을 계속해서 반복하고 있다. 이런 비극이 하나님의 뜻인가? 이는 결코 하나님의 뜻일 수 없다. 이런 반복적인 악순환은 신약 교회와 각 민족의 성도들의 잘못이다. 이런 잘못을 그 누구도 지적하지 못하고 그 원인과 이유도 모르는 상황에서 복음이 한번 왕성했다가 지나간 후에는 다시 부흥하지 않고 있다는 점에서도 하나님께서 유대인의 초지일관적인 신앙과 교육의 결과로 지금까지 4000년 동안 계속되고 있음을 보여주는 가장 좋은 모델이 되기에 부족함이 없다.

　저자가 이 책에서 유대인의 신앙의 핵심을 강조하는 것은 또 다시 신약의 교회가 이런 악순환의 복음의 역사를 반복하는 실수를 하지 않기 위해서이다. 선교도 중요하지만 동일하게 중요한 것은 복음이 지나간 흔적만 남도록 만들지 않는 책임이 우리에게 있다. 오늘의 복음의 지도자들이 체계적이고 반복적으로 유대인의 신앙교육 방법론을 배워 우리의 교회와 가정에 적용해서 주님 오시는 날까지 계속해서 쓰임 받는 성도가 되어야 한다. 이는 오늘을 살아가는 우리에게 하나님께서 주시는 예언자적 사명으로 각인해야 한다.

　이제 우리가 어떤 상황에서 무엇 때문에 자손 대대로 신앙교육에 실패했는가를 잘 알고 그런 실수를 반복하는 악순환을 벗어 버려야 한다. 그러므로 이제 우리는 유대인의 자손 대대로 성경교육을 시켜온 그 테필린의 교육 방법론을 집중하여 배울 것이다.

복음이 지나간 자리 - 한국 교회도 실패의 반복

다시 말하면 복음이 지나간 로마, 동유럽, 서유럽, 영국, 미국, 한국, 중국에서 인도까지 서진하며 부흥과 선교 그리고 쇠퇴의 길을 반복하고 있다. 이런 사실에서 복음이 지나간 자리는 많지만 계속해서 복음이 머물지 못하는 것을 보면서 이제는 복음이 지나가고 끝나는 것이 아니라 주님 오시는 날까지 믿음을 계승하고 선교하는 일을 회복해야 할 때가 되었다.

비록 신약의 교회는 부흥을 경험하고 복음의 구원에 참여하고 선교하는 일에는 성공했을지는 몰라도 결국 유대인처럼 대대로 복음을 전승하는 일에는 실패하고 말았다. 지나간 교회의 역사가 우리에게 이것을 반복해서 가르치고 있다. 우리가 지금 교회사를 배우는 이유가 여기에 있다. 우리가 이제는 신앙의 균형을 잡고 복음의 계승, 그리고 선교라는 두 가지의 원리를 붙잡아야 한다. 지금까지 주님께서 우리 신약 교회들에게 원하시는 일이 이 두 가지라는 사실을 분명히 깨닫고 이제는 또 다시 실패의 길을 걸어서는 안 된다. 물론 우리를 향하신 하나님의 뜻이 바로 이것이다.

실제로 신약의 교회가 선교에 집중하는 것에는 하나님이 기뻐하셨지만 또 한 가지 신앙의 자손대대로의 계승해야하는 균형의 문제에 실패했다. 지나간 교회사가 이를 증명한다. 유대인의 역사가 이를 증명한다. 이제 우리는 한 가지만 고집해서 실패한 잘못을 인정하고 또 한 가지, 신앙의 계승이라는 균형을 잡아야 한다. 구약의 이스라엘이 말씀의 계승에는 성공했지만 하나님이 그렇게 원하신 선교를 버린 것이라면, 이방인은 말씀의 계승을 버리고 구원의 복음과 선교를 택하면서부터 지나간 교회사에 가장 큰 실패를 거듭한 결과이다. 이 책으로 우리는 테필린의 말씀의 교육으로 깨어진 신학의 균형을 잡고 주님 오시는 날까지 계속해서 쓰임 받는 주인공이 되어야 한다.

또 다시 신약의 교회가 하나님의 의도를 버리고 실패를 반복하는 것은 어리석은 일이다. 이런 악순환의 반복은 많은 시간과 삶을 낭비하는 일이다. 또한 우리가 가진 모든 에너지를 잘못된 한 가지 방법론의 하나에다 끝없는 소모전으로 힘을 모두 쏟아 버려 정작 중요한 믿음의 계승을 잃게 된다. 이제 우리는 낭비할 시간이 결코 없다. 우리가 하나님의 의도를 알고 주님 오시는 날까지 계속해서 쓰임 받는 한국 교회가 되어야 한다.

유대인 신앙교육

유대인은 역사 속에서 예수의 복음 없이도 구약의 선민교육만으로 세계에서 으뜸가는 인재들을 많이 배출했다. 이것은 부인할 수 없는 사실이다. 그러나 신약의 복음으로 구원 받은 사람들이 그들보다 못한 삶을 살고 있다면, 그것은 한참 잘못된 삶을 살고 있다고 인정해야 한다. 실제로 우리가 믿는 예수의 복음에 유대인의 선민교육을 더하면, 성령의 능력으로 유대인들보다 더 낳은 교육을 시켜 세계의 주인공이 될 것은 너무 자명하다. 여기에 우리의 나아갈 길이 있다.

교회사를 보면 왜 기독교가 들어가서 복음으로 온 나라가 변화되고 부흥되다가도 시간이 지나면 지날수록 점점 더 쇠퇴하고 복음의 흔적만 남게 되었는가? 이것이 과연 하나님의 뜻이기 때문인가? 이는 절대 하나님의 뜻이 아니다. 그것은 신약의 교회들이 신앙교육에 실패했기 때문이다. 만약 신앙 교육이 계속 자녀들에게 이어졌더라면 교회가 없어지는 일이 생기지 않았을 것이다. 지난 2000년 기독교가 지나간 흔적들을 보면서 각 나라마다 자신의 세대에는 신앙적으로 부흥하고 발전했을지는 몰라도 그 신앙을 자녀 세대에 물려주는 문제에 실패했기 때문이다.

그렇다면 각 나라에서 부흥하다 쇠퇴하던 신약의 교회들이 모든 면에서 실패했는가? 절대로 그것은 아니다. 신약의 교회들이 주님의 명령을 따라 세계에 복음을 전파하고 선교해서 교회를 세우고 발전시킨 일은 정말 잘했다고 말할 수 있다. 그러나 자국에서 자기 교회를 계속 하나님의 은혜와 부흥으로 유지시키는 일은 실패한 것이다. 왜 이런 일이 일어났는가? 그러면 신약의 교회들이 세계 선교에는 엄청난 성공의 결과가 있었지만, 자신의 교회를 계속 이어가고 자녀에게 신앙을 계승하는 교육에 실패한 이유가 무엇인가? 그 이유는 다음과 같다. 자녀교육과 교회의 부흥보다는 지금 잘되고 있는 교회가 있기 때문에 계속 잘될 것이라는 착각에 빠진 결과이다. 교회가 계속해서 부흥하니까 주님의 지상 명령인 세계 선교에 최선을 다했다. 물론 교회가 세계 선교에는 어느 정도 놀라운 성과가 있었다. 하지만 이것은 자신은 죽어 가면서 남을 살리는 실수를 저지른 결과가 되었다. 예를 들어, 도마뱀이 먹을 것이 없자 자기 꼬리부터 먹기 시작하면서 서서히 죽어가는 것과 전혀 다를 바 없는 경우이다.

또한 자녀교육 방법이 유대인들만큼 성경적이지 못했다. 우리는 단지 자녀들을 담당 교육자에게 맡기면 되는 것으로 알고 그대로 방치해 두다가 교회에 자녀들이 서서히 없어지자 그때 관심을 갖고 손을 쓰려고 할 때는 이미 늦었다. 또한 자녀교육에 관한한 유대인처럼 철저하지 못하고 세상적인 방법과 인본주의와 적당히 타협한 결과 교회가 서서히 문을 닫고 말았다. 그것을 우리는 하나님의 뜻이라고 말하기에는 너무 무책임한 발언이다. 이렇게 교회사에 나타난 일이 남의 일이 아니라 이

예수살렘 성전 자리에 세워진 모슬렘 황금사원

제는 우리 한국교회의 발등에 떨어진 불이 되고 말았다. 전문적으로 연구하는 자료에 의하면 한국 교회의 미래인 주일학교와 젊은이들이 교회에서 점점 줄어들고 있다는 사실이다. 현대는 점점 더 세속주의와 인본주의가 발전하고 교회의 아이들이 이런 세상적인 것에 빠져 교회를 떠나고 있는 실정이다. 점점 더 심각한 상황이 되도록 누구하나 신경 쓰는 사람이 없다. 더 늦기 전에 우리 교회부터 변해야 살 수 있다.

다른 사람은 살리겠다고 교회가 온 힘을 다해 전도하고 선교하면서 서서히 자기 교회와 자녀를 죽이고 있다면 과연 주님이 기뻐하겠는가? 결국 우리가 자녀교육과 교회의 부흥을 유지 못한다면, 나중에는 결과적으로 그렇게 힘을 쓰는 선교와 전도도 못하는 교회가 될 것이다. 우리는 이제 유대인의 성경적인 자녀교육을 통해서 다시 한번 한국교회의 소망의 불을 붙여야 한다.

4 *tefillin*

디아스포라 뮤지엄에서 가르치는 선생과 아이들

세계의 주인공 유대인

어떻게 유대인이 세계의 주인공이 되었는가?

유대인들은 태어나면서 구원받은 하나님의 백성으로 세상에서 어떻게 살 것인가를 날마다 생각하여 하나님의 영광을 위한 존재가 되는 것이 그들의 삶의 목적이다. 따라서 그들은 하나님의 자녀로 살아가는 자부심과 세상에 영향력을 주는 삶으로 살아야 한다고 생각하기 때문에 힘이 넘친다. 이런 하나님의 백성들이 갖는 사명의식이 그들을 세상 속에서 강한 존재로 우수한 존재로 살게 하였다. 또한 하나님의 말씀에 생명을 걸고 살아가는 그들에게 우수함과 능력을 주시고 축복하시는 것은 당연하다. 결과로 볼 때 유대인은 하나님의 말씀대로 살고 순종해서 역사 가운데 축복받은 모델임에 틀림없다.

그럼 그들이 어떻게 세계의 주인공으로 살게 되었는가의 문제를 살펴보자. 그들은 우리와 삶의 방식이 다르다. 우리가 살고 있는 지구상에 유대인은 약 1,500만 명으로 전 세계 60억 인구의 약 0.25% 정도에 불과하다. 그런 수치는 1,000명의 인구 중에 2.5명 정도로 적은 숫자에 해당한다. 그러면 노벨상 수상자 가운데 유대인은 얼마나 되는가? 정확한 자료에 의하면 대략 30%에 해당한다고 한다. 지난 100년간 300명 정도의 노벨상을 수상한 사람들 중에 유대인이 약 100명 정도라고 한다. 이 수치는 유대인의 인구 0.25% 대 99.75%로 이것을 다시 산술적으로 환산하면 유대인은 일당 사백(1:400)을 감당하는 사람들이다. 실제로 성경에는 하나님의 사람이 말씀대로 순종하면 일당 천을 감당할 수 있다고 하셨다.

"너희 중 한 사람이 천명을 쫓으리니 이는 너희 하나님 여호와 그가 너희에게 말씀하신 것같이 너희를 위하여 싸우심이라" (수 23:10)

그러나 우리가 볼 때 유대인이 일당 사백을 감당하는데 실제로 이와 같은 등식으로 성립이 가능한가를 따질 때 과학적인 이론으로는 절대로 불가능한 수치라고 한다. 그러나 하나님이 축복받은 유대인에게는 가능하다. 왜 그런가? 그것은 바로 그들이 하나님의 말씀대로 순종하고 그 축복을 이 땅에서 받기 때문에 가능하다는 결론이다. 지난 수천 년 역사 가운데 역사를 바꾸고 세계를 움직인 사람 중 다섯 명을 뽑는다면, 사람마다 조금씩은 다르겠지만 대체적으로 상대성 이론으로 노벨상을 받은 아인슈타인, 성경을 기초로 공산당 선언을 만든 칼 마르크스, 최초로 인간의 심리를 파헤친 지그문드 프로이드, 물리학의 아버지 아이작 뉴톤, 진화론의 찰스 다윈인데 그중에 다윈만 빼면 모두 유대인이다.

구약 성경의 말씀대로 살아가는 유대인이 받은 축복

이와 같이 유대인이 어떻게 세계 역사를 바꿀 수 있는가의 문제도 역시 하나님의 말씀을 생명 걸고 순종하는 삶으로 지혜와 축복이 있었기 때문에 가능한 일이다. 우리가 지금 살아가고 있는 현대 사회의 정치적, 정신적, 과학적 기본적인 틀을 만든 장본인들이 바로 위에 기록된 사람들이다. 유대인의 우수성은 거의 학문의 전 분야에서 나타난다. 예를 들어, 노벨상의 경우 분야별로 보면 경제학은 65%, 의약 분야 23%, 물리학 분야 22%, 그 외 수상자 18%가 유대인 수상자라고 한다. 또한 미국의 변호사의 20%(70만 명의 변호사 중 14만 명이 유대인)가 유대인인 것은 그리 놀랄 일이 아니다. 마찬가지로 미국의 최고 재벌의 30%가 유대인이라는 통계이다. 또한 유명 대학의 법대 교수의 반 이상은 유대인이라는 것도 정설로 받아들이고 있다. 특히 프린스턴 대학을 움직이는 총장 이하 중요한 사람들의 90%가 유대인이다.

유대인의 우수성이 학문에만 국한되어 있는 것이 아니라 전 분야에서 다른 사람들과 비교할 수 없을 정도로 탁월하다. 특별히 문화 분야에서 적극적으로 활동이 이루어지고 있다. 그중에서도 할리우드의 영화 산업의 대부분의 주인들이 유대인의 돈과 힘으로 움직이고 있다. 영화감독 중에도 우리에게 너무 잘 알려진 스티븐 스필버그가 유대인인 것은 대부분의 사람들이 알고 있는 사실이다. 어떻게 이렇게 적은 숫자를 가진 민족이 전 분야의 리더와 중심 인물이 될 수 있었던 비밀은 테필린의 말씀에 있다. 그들이 각 분야에서 두드러지게 일하는 것은 바로 테필린의 말씀을 어린 시절부터 교육한 결과라는 사실을 아는 사람은 드물다.

유대인은 노인이 되어도 성경연구에 몰두함

유대인의 어린 시절에는 성경암송만

유대인들은 누구인가? 그들은 성경 교육에 생명을 거는 사람이라고 말할 수 있다. 정통 유대인들의 집에는 대부분이 TV가 없다. 혹시 있다고 해도 아이들이 성장하기 전까지는 거의 보지 않는다. 또한 유대인 부모는 자녀가 13세 이전까지는 컴퓨터를 사용할 수 있는 환경을 만들지 않는 것이 보통이다. 유대인의 자녀들은 어린 시절에는 반드시 율법 암송과 탈무드를 공부하고 자신들의 역사를 가르치는 것이 부모의 사명이라고 생각하기 때문에 그들은 거의 비슷한 상황에서 자라게 된다. 이런 독특한 그들만의 교육 방법이 세계를 지배하는 민족으로 준비되어 간다. 이는 컴퓨터와 TV에 길들여진 우리 아이들과 비교하면 너무도 차이가 난다. 실제로 이런 어린 시절의 차이가 결국에는 엄청난 결과로 나타난다.

그들은 오래 전부터 교육하는 방법을 세분하여 그 단계에 맞게 가르침을 실천한다. 유대인들의 격언집 Sayings of the Fathers 제5권 부록에 연령별로 나누어 다음과 같이 교육하라고 말하고 있다.

> "유대인은 누구든지 일생을 가르쳐야 한다. 먼저 5세 때에는 성경을 가르치고, 10세 때는 미쉬나, 13세 때는 계명들, 15세는 탈무드를 가르친다. 20대는 직업을 찾고, 30대는 세상을 움직일 힘을 갖고, 40대는 선생의 총명, 50대는 지도력, 60대는 다음세대에 위임할 수 있도록 반복해서 교육하라"[11]

---

11. William Barclay, *Educational Ideals in the Ancient World*, Baker House, 1954, p.34

그렇다면 무엇이 유대인들로 하여금 일당 사백의 등식을 가능하게 만들었을까? 그것은 바로 하나님의 말씀을 생명을 걸고 반복하는 교육에 있다. 그들은 지금도 첨단 시대를 살면서 아침에 일어나는 시간부터 시작하여 잠자리에 들 시간까지 테필린의 말씀을 삶의 기준으로 삼는다. 즉 하나님의 말씀이 그들을 오늘날 세계를 움직이는 역사학자 아놀드 토인비가 말하는 창조적 소수의 천재들을 만들어 낸다. 우리는 지금 그 비밀을 공개하여 우리 민족도 유대인처럼 하나님의 사람이 되기를 희망한다.

유대인의 자녀교육

과연 유대인의 성경교육과 다른 민족의 교육이 어떻게 다른가에 대해서는 먼저 테필린의 말씀의 비밀을 아는 것이 가장 중요하다. 우리가 표면적으로 나타나는 유대인의 우수성을 알기 위해 그들의 교육의 겉모습만 연구하는 것은 참으로 위험하다. 왜냐하면 겉으로 보이는 유대인의 교육열과 학문의 우수한 자질은 눈으로 확인할 수 없는 그들만의 독특한 종교에서 나오기 때문이다.

유대인 삶의 핵심은 유대교이고, 또한 이 유대교의 핵심은 구약성경이고 그 가운데서도 테필린의 말씀의 비밀을 교육하는 데 달려 있기 때문이다. 이는 그들만이 사용하고 있는 테필린 말씀 교육의 반복교육을 넘어서 삶의 체질화를 통해서 나타나는 결과이다. 이런 유대인의 자녀교육은 한 마디로 성경적인 자녀교육이라고 보면 틀림이 없다. 유대인의 성경교육은 세상 교육과는 큰 차이가 있다. 그 차이는 유대인들은 다른 사람들보다 더 똑똑하고 많이 배우고 성공하라고 가르치지 않는다. 다만 그들은 다른 사람들과는 다르게 하나님의 선택된 사람(선민의식)으로 살라고 말한다. 예를 들어, 다른 사람들이 교육하는 그런 획일적인 교육방식이 아니라, 하나님께서 알려 주신 특별한 교육 방법을 따라 하나님이 주신 달란트로 좀 다른 사람들과는 다르게 특별하게 살라고 가르친다.

따라서 유대인의 자녀들은 다른 사람과 경쟁하는 것이 아니라, 하나님이 자신에게 주신 달란트(재능)를 가지고 최선의 삶을 살기 때문에 그 삶의 결과가 확연히 다르게 나타난다. 그러므로 유대인의 부모들은 학교 공부보다는 하나님의 말씀을 공부하고 그 말씀대로 순종하는 것을 최우선의 교육으로 알고 가르친다. 그런 교육으로 자란 아이들이 최고의 사람이 되는 것은 당연하다. 역사는 이것을 증명하고 남는다. 유대인들은 자녀들을 일반학교에 보내는 것보다는 유대학교에 보낸다. 정통 유대인들은 초등학교와 중고등학교의 과정에 그 지역에 있는 일반 공립학교에 보내는 예는 거의 없다. 저자가 살았던 캘리포니아만 해도 유대인들은 자신들이 만든 유대인 학교에 보낸다. 이 학교는 아침에 학교에 등교하면 기도하는 일부터 시작한다. 그리고 오전 시간은 오로지 구약 성경과 율법, 그리고 탈무드만 배운다.

오전에는 성경만 암송하는 교육

그러므로 유대의 아이들은 오전 시간에는 신앙교육 외에는 다른 것은 절대로 하지 않는다. 그리고 점심을 먹고 난 후 3시간 정도 다른 학교와 같이 일반 교육을 한다. 대학교에 가기 전까지는 답답할 정도로 이렇게 신앙교육 중심이다. 그렇지만 이런 교육에 아무도 부모들은 항의하지 않고 당연하다고 생각한다. 세상적인 학문을 배우는 시간이 턱없이 부

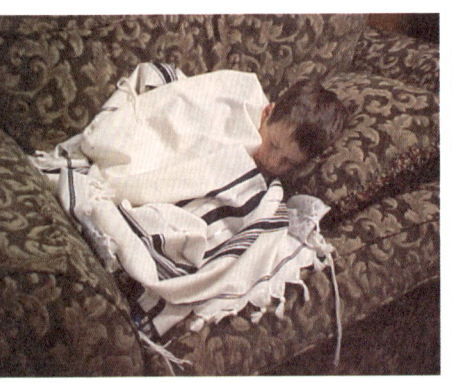
탈릿을 덮고 자는 유대인 아이

성경암송을 위한 준비

족하기 때문에 다른 공립학교 학생들에 비해 수준이 많이 떨어지지 않을까 하는 생각은 기우이다. 도리어 하루 종일 일반 교육만 한 아이들보다 학과 공부를 객관적으로 평가해도 유대인 자녀들이 월등 실력이 좋다. 이런 객관적인 결과는 대학교에 입학하는 수치를 보면 금방 드러난다. 실제로 유대인의 자녀들이 미국에 있는 10대 대학교에 입학하는 수치가 일반 아이들과 비교할 수 없을 정도로 차이가 난다. 다른 말로 표현하면 유대인의 자녀들이 먼저 가장 좋은 학교에 들어가고 나서 나머지의 자리에 일반 아이들이 들어간다고 보면 된다.

어떻게 이런 일이 가능한가? 그것은 지혜의 근본인 하나님께서 신앙교육을 최우선으로 하는 유대인의 자녀들에게 하늘의 지혜를 많이 허락하기 때문이다. 객관적인 데이터에 의하면 유대인의 자녀들이 그렇게 일반 학문을 적은 시간 공부해도 고등학교를 졸업하면 실제로 대학에서 배워야할 과정의 대부분을 미리 공부하고 들어가기 때문에 월반하여 대학 과정을 조기 졸업하는 학생들의 대부분도 유대인들이다. 정말 그들은 하나님의 말씀대로 일당백, 어떤 사람은 일당 천을 감당하는 사람으로 세상에 빛으로 살아간다. 이런 것을 보면서 기독교인인 우리는 많은 도전과 결단을 하면 무엇인가 변화가 일어날 것이다. 그 모든 유대인 교육의 핵심은 테필린에 들어있는 하나님의 말씀에 있다.

유대인의 학교교육의 현장

우리가 유대인의 자녀들이 공부하는 학교에 참관을 해보면 정말 실감할 수 있다. 저자의 경험에 의하면 유대학교에 참관할 때 엄청난 충격을 받았던 것이 사실이다. 예를 들어, 그 아이들은 학교의 오전 시간에는 무조건 성경을 배우고 암송한다. 그뿐 아니라 하나님의 율법의 한 구절을 가지고 두 사람씩 토론하는 것을 보면, 어디 법정에서 법조인들이 변론하고 토론하는 현장에 와 있는 착각을 할 정도이다. 오전 시간에 신앙교육을 집중적으로 한 후 점심을 먹고 나면 오후 시간에는 세상 학문을 공부한다. 시간적인 비율로 따지면 60% 정도는 신앙교육과 말씀교육을 나머지 40%는 세상 공부를 한다.

우리가 생각할 때 이런 이유로 유대인들은 지식적으로 많이 부족할 것이라고 착각할 수 있다. 하지만 유대인들은 세상 학문에서도 세계적인 석학들로 학문의 대부분을 앞서가고 있다. 왜냐하면 하나님께서 그들에게 특별한 지혜를 주셔서 뛰어나게 하시기 때문이다. 마치 어린 시절 바벨론에 끌려간 다니엘에게 같은 환경에서 공부한 다른 사람들보다 10배의 지혜와 총명과 명철을 하나님께서 주신 것을 알 수 있다.(단 1:20) 그들은 어려서부터 하나님의 법을 아주 깊이 있게 논쟁했기 때문에, 실제로 유대인들 중에 법에 종사하는 세계적인 변호사들이 많다. 그들이 정말 어린 시절부터 하나님의 법(율법)을 가지고 토론하고 심도 있게 변론하는 일을 생활처럼 했기 때문에 세상 법정에서 승소하는 것은 그들에게 너무도 자연스러운 일이 아닐 수 없다.

    실제로 세상 법─헌법, 형법, 민사법, 경제법─의 대부분이 하나님의 말씀의 율법이 그 기초가 되고 있다. 이 모든 세상에 있는 법들의 그 기초가 하나님이 구약 성경에 말씀하신 율법 안에 다 들어 있다. 성경은 하나님이 직접 말씀을 통하여 법을 주시고 집행하고 기초를 제공한다. 그러나 세상 나라는 이미 성경의 기초로 만들어진 법들의 자료를 가지고 법을 만들어 가지고 그 법으로 판결해서 집행하는 것만 차이가 있다고 보면 된다.

테필린의 말씀의 비밀을 알면

    유대인과 기독교는 성경을 해석하는 원리에 있어서 많은 차이가 있다. 왜 똑같은 성경을 가지고 이렇게 해석에 차이가 있는가? 이는 기독교가 생긴 이래로 2000년간의 신학자들의 논쟁에 해당되는 내용이다. 그것은 바로 신약 시대의 우리가 구약의 율법을 지켜야 하는가의 문제이다. 우리가 율법을 논할 때 자꾸 구원의 문제와 결부시키기 때문에 구약의 해석의 오해와 실수를 하게 되었다. 우리가 구약의 율법의 말씀을 지켜야 구원받을 수 있다는 기본적인 개념으로 해석에 접근해서는 안 된다. 구약과 신약의 해석상의 실수는 유대인과 기독교들이 하나님을 만나는 과정이 완전히 다르기 때문이다.

    유대인은 태어날 때부터 하나님의 백성이 되기 때문에 이미 구원의 문제가 해결된 사람들이다. 그래서 유대인들은 신약에 오면 분명 차이가 있지만, 구약의 이스라엘 사람들은 구원의 문제로 고민하거나 확신의 문제로 갈등하는 일이 거의 없다. 우리가 구약을 해석할 때 실수하는 문제가 이것을 우리 기독교인들이 잘 인식하지 못하는 부분이다. 이 문제는 유대인 자녀교육을 전공하고 쉐마 교육학으로 세미나를 인도하고 있는 현용수 교수의 책에서 기독교 교육학을 전공한 입장에서 여러 곳에서 산발적으로 언급하고 있기 때문에 참고하면 된다.[12]

하지만 신약의 이방인들은 예수를 믿고 구원을 받았다고 할지라도 항상 구원의 확신 문제에 봉착하면 갈등한다. 과연 자신이 예수를 믿고 있지만 구원 받은 것이 확실한가? 내가 하나님의 말씀(특히 구약의 율법)대로 살지 못한다는 강박관념의 죄의식이 항상 자신을 갈등하게 만든다. 그래서 많은 그리스도인들이 구원의 문제로 인하여 갈등하는 것이 사실이다. 이 문제를 해결하기 위해 목회자들은 구원의 문제가 언제나 화두이기 때문에 구원받은 하나님의 백성이 하나님의 말씀대로 거룩하게 살아야 하는 문제는 언제나 뒷전으로 밀려나고 있다.

구원문제에만 모든 관심

이런 문제로 인해 목회자들은 계속해서 구원의 확신에 대하여 강조할 수밖에 없다. 이런 구원문제의 강조로 인해 성도들의 신앙이 계속해서 초보의 수준에 머물게 되는 우를 범하고 있다. 이 문제로 인해 히브리서 기자는 이제는 우리가 신앙의 초보를 반복하는 것을 버리고 신앙의 성숙의 단계로 나아가야 한다고 가르친다. 이제 우리의 구원이 초보의 수

---

12. 현용수, 《부모여 자녀를 제자 삼아라》 아름다운 세상, 2003 서울. 이 책에서 저자가 주장하는 내용을 필요한 부분만 인용해 재편집 하였다.

준을 넘어 하나님의 자녀로 거룩하게 살아가는 삶에 초점을 맞추어야 한다. 우리는 당연히 유대인도 예수를 믿어야 구원받고 영생을 얻는다고 생각한다.

이는 당연한 생각이다. 하지만 그런 생각은 예수님으로 말미암아 구원의 문제를 가지고 다시 현대의 유대인에게 적용할 때만 가능한 해석이다. 하지만 예수님이 오시기 전의 유대인들의 구원은 지금의 해석적인 방법으로는 구원을 적용하는 것은 곤란하다. 그들은 하나님의 백성으로 이미 아브라함의 자녀로 태어난 이스라엘 사람은 무조건 구원의 문제가 해결된 선민이다. 이것이 구약의 이스라엘 사람들이 가지고 있는 구원의 특징이다.

따라서 그들은 자신이 선택된 사람이라는 사실에 대해서 한 번도 하나님의 백성이 아니거나 구원의 문제로 인하여 확신이 없어 흔들린 적이 없다. 하나님 자신도 이스라엘 백성들에 대한 구원의 확신 문제를 가지고 접근하지 않으셨다. 그들은 적어도 구원의 문제는 태어날 때부터 해결된 것이고, 그 다음으로 넘어가 하나님의 자녀로 살아가는 문제만 남아 있기 때문이다. 그러므로 구약은 하나님의 백성인 유대인들이 택한 백성으로 하나님의 형상을 닮아가는 성화의 문제로 집중할 수밖에 없다.

유대인들은 태어날 때부터 구원에 대한 교리보다는 하나님의 선민이 어떻게 이방인과 구별되게 살아가느냐에 초점을 맞추고 교육한다. 그들이 율법을 지켜 구원 받기 위한 조건이 아니라 하나님의 백성이 이 땅에서 잘 살아가는 방법을 구체적으로 실천하고 지키며 영적 순결함으로 복을 받기 위함이다.

구약의 율법은 과연 무엇인가?

　율법은 구원받기 위한 책이 아니라 구원받은 성도들이 어떻게 살아가야 하는지를 구체적으로 알려주는 책이다. 율법은 성화에 관한 내용을 구체적으로 알려주므로 삶에 아주 강한 책임과 동시에 순종하면 축복을 받는 책이다. 성도가 축복 받기 위해서는 반드시 구약의 율법대로 살아야 축복이 온다는 것이다. 하지만 구약의 율법을 문자적으로만 해석하고 순종해야 하는지에 관해서는 분명한 선을 그어야 한다. 성경 해석의 잣대가 분명해야 한다. 오늘날 신약의 기독교인들이 구약이 유대인만을 위한 책이라고 단정 짓는 것은 참으로 어리석은 생각이다. 그것은 하나님의 말씀인 구약 성경을 통째로 부인하는 결과를 가져오기 때문이다. 이런 실수는 교회사에 나타난 그 어떤 이단보다도 더 큰 이단이 될 가능성이 크다. 왜냐하면 구약의 내용 중심이 율법이고 하나님의 말씀이기 때문이다.

　그동안 기독교는 구약 성경과 신약 성경의 연속적인 입장에서 화란신학의 영향을 받아 구속사적 중심으로 해석을 해 온 것이 사실이다. 지금까지 구약을 통째로 예수의 구속과 연관하여 의도적으로 해석해 오고 율법적인 부분들은 의도적으로 무시하거나 경시하여 왔다. 그리고 구약은 지금까지 유대인들이 지키는 저급한 율법 정도로 취급한 것이 사실이다. 이런 구약과 유대인에 대한 잘못된 부정적인 태도는 이제 버려야 한다. 잘못하면 구약의 하나님의 말씀까지 버리는 과오를 범할 수 있기 때문이다. 이제는 신약의 교회가 구약을 하나님의 구원받은 백성이 어떻게 하면 선민으로 거룩하게 살 수 있는지 말씀으로 받아 들여야 한다. 이것 또한 당연한 결과이다.

그러면 신약 시대를 사는 유대인들이 성경을 해석하는데 왜 기독교와 다른가? 그 이유는 예수님을 믿지 않고 구약만으로 하나님의 역사를 해석하기 때문이다. 이와 다르게 기독교는 신구약을 완성된 성경으로 하나님의 주권적인 역사를 통전적으로 받아들이기 때문에 바른 해석을 한다. 하지만 기독교인에게 부족한 것은 예수님으로 구원을 받고 난후, 기독교인의 삶인 성화 과정을 너무 소홀하게 취급하는 점이다. 이런 면에서 보면 기독교인은 구약의 유대인들처럼 성화의 부분을 배워야 한다. 이것이 우리가 지금 이스라엘 구약 성경의 교육의 핵심인 테필린을 주목해야 할 이유이다. 반면에 유대인들은 구원을 받기 위해서는 신약 말씀을 믿고 예수로 말미암아 구원을 받아야 한다. 비록 그들의 선민교육이 훌륭한 성경교육이 될지는 몰라도 영혼이 구원 받지는 못한다.

5 tefillin

하나님이 가르친 성경암송 방법, 테필린

테필린의 말씀

유대교는 선민만 가지는 종교라고 생각하기 때문에 굳이 이교도에게 전도할 이유가 없다고 생각한다. 이 때문에 하나님으로부터 버림받아 유대인은 나라가 망하고 국토를 빼앗기고 종교나 문화가 강자에게 예속 당했다. 그러나 유대인은 비록 국토는 빼앗겼지만 종교와 문화는 계속 간직했으므로 민족이 망하지 않고 수천 년을 이어 왔다. 이들이 생존하는데 필요한 것은 오직 두뇌와 학문 그리고 지혜의 원천이 되는 하나님의 말씀이 전부였다. 이것이 유대인들이 테필린의 네 개의 방에 있는 하나님의 말씀에 집착하게 된 유일한 이유가 되었던 것이다.

1) 교육

2) 신앙

3) 반복(학가다 교육)

4) 체질화(부모, 학교, 랍비, 선민교육)

테필린이란 무엇인가?

한 민족, 한 개인의 흥망성쇠에 무엇이 생각의 기준이 되고 지침이 되는가? 그것은 분명히 하나님의 말씀과 관계가 있다.

예를 들면, 노벨상을 수상한 30%가 유대인이거나 유대의 피를 가지고 태어난 사람들이다. 물론 정확하게 유대인은 아래의 표와 같이 22.3%로 178명으로 확인되고 있다. 현재 세계를 지배하는 나라가 미국이다. 이 미국을 지배하는 사람은 미국에 살고 있는 6백 만의 유대인이다. 뉴욕의 월스트리트(금융가)를 장악하고 있는 것도 유대 민족이다. 곧 미국의 경제를 움직이고 있는 것 역시 유대인이다. 미국의 유명한 대학, 연구소도 히브리인들이 다 움직이고 있다.

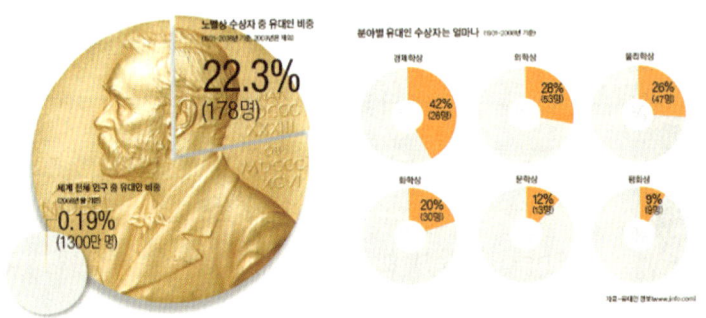

노벨상 수상자 유대인 비율

통곡의 벽에서 테필린을 차고 기도하는 유대인

　세계를 지배하는 것은 미국이고, 이러한 미국을 지배하는 것은 유대인이다. 예수님을 죽인 유대인들이 어떻게 세계를 지배하는 민족이 되었는가? 이 민족이 걸어온 길의 핵심이 무엇이기에 그렇게 짧은 기간에 세계의 주인공이 되었는가? 하나님은 한 민족의 장래를 어떻게 준비하고 주님오시는 그날에 하나님께 영광을 돌릴 수 있는지 역사를 살펴보자. 오늘날 이스라엘이 역사의 주인공이 될 수 있었던 것은 테필린 말씀 교육에 있다. 이것을 우리는 테필린 신학이라 한다. 테필린은 이스라엘 민족을 세계에서 뛰어나게 한 원리이다.
　이것은 창세기에서 계시록까지 하나님께서 원하시는 민족의 역사, 가정의 역사, 개인의 역사의 기준과 지침이 되는 것이다. 이스라엘 사람들은 지금도 성경에 기록된 대로 그들의 미간에, 손목에, 집 문설주와 인방에 붙여 순종하는 삶을 살고 있다. 그들이 현재에 이르기까지 수천 년 동안 순종하여 이마와 손목에 매고 있는 까만 말씀의 함을 유대인들은 테필린이라고 말한다.

그러면 무엇이 기준이 되어 테필린 안에 들어가는 말씀이 되는가? 이는 하나님께서 특별히 지목한 말씀 중에 미간과 손목과 문설주와 인방에 붙이라고 하신 명령이 기준이 된다. 특별히 하나님은 출애굽기 13장 말씀을 가지고 두 번씩 이 말씀을 미간에 붙이고 손목에 매어 가르치라고 명령하셨다. 또한 신명기 6:4-9절의 말씀에도 동일하게 명령하신 후에 문설주와 바깥문에도 붙이라고 말씀하신 것이 그 기준이다. 마지막으로 신명기 11장에 한 번 더 말씀하셨다.

그렇다고 한다면 이 명령은 하나님께서 이스라엘 백성에게 특별히 말씀하신 법칙이다. 그러므로 테필린의 말씀은 하나님께서 명령하신 것으로부터 시작되었다. 이스라엘은 이 명령을 문자적으로 순종하여 오늘에 이르렀다. 그렇다고 할 때 테필린의 역사는 거의 2500년의 역사를 가지고 있다. 이런 역사는 성경의 기록된 역사와 동일한 역사를 가지고 있다.

그러므로 이스라엘 역사 가운데 우리가 그들의 정신과 삶을 배우려면 테필린이 무엇인가를 배워야 한다. 여기 테필린의 뚜껑을 열면 방이 네 개가 들어있다. 이 네 개의 방마다 이스라엘 사람들이 생명으로 여기고 있는 말씀이 들어있고 그들은 이것의 이름을 테필린이라고 부른다. 이 테필린을 한글 성경에는 마태복음 23:5절에 경문이라고 번역하였다. 여기서 경문이라고 한 것은 하나님의 말씀을 적어 넣어둔 것을 말하고 이를 경문갑이라고 부른다. 신약 성경에도 경문(테필린)이 나오는 것으로 보아 이스라엘 백성들은 이미 오래전부터 테필린의 말씀이 생활의 중심이었던 것을 알 수 있다. 그러므로 테필린의 신학은 구약 성경의 핵심 중의 핵심이라고 보아도 무방하다.

유대인들은 수천 년간 하나님이 말씀하신대로 이 테필린으로 아침에 일어날 때부터 저녁에 잘 때까지 삶의 중심에 항상 하나님의 말씀이 있게 했다. 이 말씀을 아침에 일어나면서 외우고 그 의미를 생각하고 삶의 원칙으로 살아간다. 그러므로 유대인들은 테필린을 떠나서는 아무것도 생각할 수 없고, 아무것도 말할 수 없다. 유대인의 삶은 테필린으로 시작해서 테필린으로 끝난다. 우리가 테필린을 알아야 유대인의 삶의 핵심이 무엇인지를 알 수 있다.

테필린 네 개의 방

테필린에는 네 개의 말씀의 방이 있고 각 방에는 다음과 같은 말씀이 적혀 있다.

1. 제1의 말씀(출 13:1-10) : 이스라엘의 구속(Salvation)

2. 제2의 말씀(출 13:11-16) : 구속에서 봉헌(Offering)

3. 제3의 말씀(신 6:4-9) : 봉헌에서 교육과 섬김(Serving)

4. 제4의 말씀(신 11:13-21) : 섬김에서 축복(Blessing)

각 방의 말씀의 첫 자를 따면 'SOSB'이다. 이것을 우리가 쉽게 기억하기 위해 영어권 유대인들은 다음과 같이 말한다. 이는 우리가 하나님께 SOS(비상연락)를 치면 그분은 우리에게 Bless(복)를 주신다. 테필린은 히브리인들의 의식 구조가 담겨 있는 것으로 이것은 하나님의 의도를 가장 잘 보여주고 있다. 유대인들에게는 모든 의식과 행동에 깊은 의도가 있다. 따라서 하나님께서 테필린을 이마와 손에 문설주와 인방에 부착하라는 말씀은 분명한 의도가 있다는 사실이다.

히브리 민족은 히브리적 사고를 가지고 있기 때문에 어떤 의식이나 행동은 반드시 하나님의 의도와 의미가 내포되어 있다고 믿으면 틀림없다. 이는 유대인들이 어떤 일을 할 때든지 모든 일에 하나님의 말씀과 관계하여 의식하고 행동하라는 의도가 있다고 할 수 있다. 그러므로 이 모든 것에 하나님의 계획 속에 있다는 의미이다. 한 민족의 운명을 새롭게 만든 테필린의 신학을 배워야 우리 민족도 미래가 활짝 열린다.

테필린 안의 네 개 방의 말씀

이제 우리는 테필린 안에 들어있는 하나님의 말씀을 자세히 해석하여 배우려고 한다. 이것이야 말로 유대인이 세계의 중심이 될 수 있었던 말씀의 핵심이기 때문이다. 우리가 유대인이 될 수는 없어도 그들이 받았던 말씀의 축복을 받는 것은 가능하기 때문이다. 이 책을 쓰는 목적이 바로 우리도 유대인들처럼 테필린의 말씀을 순종하여 하나님이 기뻐하시는 축복의 사람이 되고자 함이다.

1. 제1의 말씀(출 13:1-10) - 구속의 말씀

테필린의 제1의 말씀은 하나님의 백성에 대한 구속이 중심이 된다. 테필린 안에 첫 번째 방에 구속의 말씀이 들어 있는 것은 하나님께서 이스라엘 백성을 구속하는 일이 제일 우선되기 때문이다. 테필린의 첫 번째 방의 말씀은 구속이라는 주제를 그 중심에 두고 있다. 그리고 하나님께서 이스라엘 백성을 구속하는 내용으로부터 시작한다. 먼저 이스라엘 백성을 하나님께서 어떻게 구원했는지에 대한 내용이 자세히 나와 있다. 우리는 테필린의 말씀 안에 들어있는 내용들을 자세히 살펴 하나님께서 역사를 움직이는 원리를 찾고자 한다.

인도하여

먼저 테필린의 통 안에 첫 번째 방의 말씀 전체를 이끌어 가는 단어는 '인도하여' Yebihaka 라고 부른다. 히브리어의 인도한다는 단어는 유대인들은 피가 흘러가는 구속동사라고 부른다. 히브리어에 나타나는 동사는 몇 가지가 되는데 이는 각자가 특별한 의미를 가지고 있다. 그중에 구속동사는 성경에서도 가장 중요한 동사에 해당한다. 이 구속동사는 사람을 살리는 동사에 해당하기 때문이다. 특히 구속동사의 특징은 모두 예수 그리스도의 피와 관련이 있고 이것을 통과함과 동시에 구속의 문제가 해결되는 동사이기 때문이다. 그중에 구약에 나타나는 대표적인 구속동사가 여기에 기록하고 있는 '인도하여' 라는 동사이다.

구속동사의 대표적인 예를 든다면 "구속하다, 구원하다, 속죄하다, 속량하다, 인도하다, 피 흘리다" 등의 동사라고 말할 수 있다. 이런 구속동사는 성경에만 있는 유일하면서도 살아있는 동사라고 말할 수 있다. 그중에서도 출애굽기 3:7-8절에 일곱 개의 구속동사가 연속해서 등장하고 있다. 하나님의 구속의 의지가 담겨 있는 살아있는 동사에 해당한다. 여

현재까지 계속되는 사마리아의 유월절 예식

기에 등장하는 동사들의 특징은 모두 예수 그리스도의 피가 흘러가고 있다는 점이다. 실제로 구속동사가 지나가면 인간의 죄의 문제가 해결되고 죽어야 마땅한 죄인이 용서함을 받고 살아나는 역사가 있는 놀라운 단어임에 틀림없다.

구속동사의 보고인 본문은 다양한 구속동사가 등장한다. 하나님께서는 성경의 모든 구속의 사건을 일곱 개의 동사로 처리하면서 말씀하셨다. 여기에 하나님이 인간을 구속하시는 전체 신학의 드라마가 구체적으로 전개되고 있다. 화란 신학자들로 시작된 구속사가 한눈에 보이는 말씀이 바로 본문에 해당한다. 하지만 정작 구속사를 이야기하는 화란 신학자들 중에 본문을 가지고 말한 신학자가 없다는 것이 신학의 아이러니한 사건이다. 결국 그들이 구속사라고 본 것은 자신들의 신학적인 선입견을 가지고 하나님의 말씀을 인용해서 신학적인 기반을 찾는 것으로 실제로 이런 방법의 신학적인 발전은 문제가 있다.

구속동사가 인간의 생명을 살리는 것은 여리고 성의 정탐할 때에 기생 라합의 구속사적 신앙고백을 통해서 잘 드러나고 있다. 그녀는 하나님께서 보내신 정탐꾼을 보고 말하기를 "너희 하나님이 이 땅을 너희에게 주었음을 내가 아노라, 그리고 내가 홍해를 건너게 한 일과 광야에서 일어난 모든 사건을 들었노라. 이제 내가 너희를 살렸으니 너희 하나님의 이름으로 나와 우리 가족을 살려주고 이 땅에서 생명을 건져내라"고 요청한 것을 보면 알 수 있다. 그녀는 하나님께서 상천하지의 진짜 하나님에 대하여 신앙을 고백했고, 모든 생명을 살리시는 하나님이심을 만천하에 선언했다.

성육신에 나타난 구속동사

먼저 하나님은 이스라엘 백성들이 고통을 보시고 부르짖음을 들으시고 인격적으로 인지하셨다. 이것이 성경에 구속하시는 하나님께서 인격적으로 보이신 인격동사의 모습이다. 시각적인 인격동사에 해당하는 보고부터 시작하여, 청각적인 인격동사인 듣고를 언급하신다. 이런 이스라엘의 형편을 인지하시고 아셨다. 하나님은 알고 있는 것으로 그치지 않고 이 땅에 자기 백성이 고통 받는 현장에 직접 내려(야라드) 오셨다. 이는 예수 그리스도께서 성육신하신 것의 예표가 되는 대표적인 구절이다. 기독교의 시작은 하나님이신 그분이 이 땅에 내려오시는 것으로부터 시작한다. 성육신의 신학이야 말로 진정한 기독교의 정신이며 원리에 해당한다. 하나님은 고통 받는 자와 부르짖는 자를 외면하지 않으신다.

피가 흘러가는 구속동사 – 건져내고

히브리어로 '건져내고'는 야찰^{Achar}인데 이는 구약에서 피가 흘러가는 구속동사의 대표적인 단어 중에 하나이다. 특별히 이 단어는 피가 흘러가는 '구속하다'의 내용이 무엇인지를 잘 설명해 주고 있다. 구약에 피가 흘러가는 구속동사의 대표적인 히브리어가 고엘^{Goel}이다. 고엘이라는 히브리어 단어는 구속하다는 뜻으로 인간을 구원하는 대속의 의미가 강하게 담겨 있다. 그래서 이 단어는 죄로 인한 값을 피로 대신 지불한다는 의미에서 사용된다. 이는 구속에 대한 값이 피라는 개념이다. 이 개념은 성경의 핵심적인 사상으로 피로 인한 구속을 암시하고 예수 그리스도의 십자가에서 흘리신 피 값이 바로 대속의 가장 기본적인 의미이다.

그러므로 우리의 구속이 단지 동물의 피를 흘리는 개념이 아니라 이는 예표적인 사건으로 예수 그리스도의 피로 인해 죄의 값을 지불하는 대속의 깊은 뜻이 있다. 구약에 나타나는 구속동사에는 모두 이러한 구속의 개념으로 예수 그리스도의 피가 흘러가고 있다는 것이다. 이는 구약에 있는 구속동사들의 진정한 구속은 예수의 피로 인해 죄 사함의 완전함이 성취된다는 사실이다.

한편 피가 흘러가는 구속동사 고엘이 룻기에 잘 나타나고 있다. 룻이 시어머니를 따라 유대 땅으로 와서 보아스를 만나 기업 무르는 이야기가 나온다. 여기서 '기업 무르는' 사람으로 나타나는 단어가 바로 고엘이다. 여기서 고엘이 기업 무를 자로 등장하는 것은 보아스가 룻을 부인으로 맞이하기 위해서 그에 해당하는 값을 치르는 행위를 말한다. 단순히 룻기 기자가 고엘이라는 단어를 이곳에 사용한 이유는 고엘이라는 구속동사의 개념을 발전시켜 적용하고 있다고 볼 수 있다.

즉 피가 흘러가는 대표적인 단어인 고엘에 해당하는 값을 보아스가 지불하고서 그 값으로 정당한 수유 권리를 사는 것이다. 이제 룻은 당연히 보아스의 피 값에 해당하는 속전을 주고 샀기 때문에 그에게 속한 사람이 되었다. 그러므로 고엘은 피가 흘러가는 구속동사로 죄의 값을 지불하는 단어이다.

"여호와께서 능하신 손으로 너를 애굽에서 인도하여 내셨음이니"(9절)

이 말씀은 테필린 안에 있는 첫 번째 방의 주제가 되는 것으로 인도라는 단어이다. 이는 구속이라는 단어로 예수 그리스도의 피가 흐르는 동사라는 원어적인 의미가 있다. 이는 구속한다는 의미와 구원이라는 의미를 내포하고 있다. 성경에서 피가 흘러가는 동사를 구속동사라고 한다. 이러한 구속동사는 예수 그리스도의 피를 상징하는 동사로 인간의 죄의 문제가 해결되는 단어에 해당한다.

현재 유대인들은 유월절을 지키며 계란을 구워 먹는 전통이 하나 더 더해졌다. 특히 계란은 뜨겁게 구울수록 안이 단단해지는 성질을 가지고 있는데 이는 유대 민족의 수난사와 같기 때문에 덧붙여진 전통이 되었다. 그 이유는 수천 년간 이스라엘이 나라 없이 떠돌이 삶을 살면서 가는 곳마다 수많은 고난과 역경을 통과하면서도 더 단단해 지고 강해지면서 결국 이스라엘 나라로 독립한 것과 같은 의미를 더하기 교육적 효과를 나타나기 위함이다. 그러므로 유대 민족은 '고난을 받을수록 단단해 진다' 라고 자녀교육의 한 방법으로 그날에 계란을 구어 먹는다.

그날을 기념하여

히브리어로 '기념하다' Zakar는 기억하다는 의미로 단순히 과거의 사건을 재현하는 정도가 아니라, 그때의 사건을 오늘의 현장에서 재현하여 그때의 효과를 오늘 여기서 느끼게 직접 경험하는 것을 말한다. 이는 결국 유월절의 의미를 절대 잊어버리지 말고 매년 그날이 되면 그때의 현장을 재현하여 오늘에도 똑같이 경험하라는 뜻이다. 이 동사는 내적으로 과거를 기억하는 데만 머무르는 것이 아니라 이러한 기억을 근거로 하여 현재나 미래의 신앙적 결단이나 행위까지 포함하는 보다 적극적인 의미를 담고 있다. 마찬가지로 과거의 출애굽 사건과 유월절의 사건을 망각하지 말고 철저히 다시 생각할 뿐만 아니라 유월절의 본래의 의미를 결코 잊지 말라는 요청이다.

여기서 '그' 라는 단어는 특별한 의미를 갖는 관사로 그날은 유월절을 말한다. '그'라는 관사는 특별한 의미를 부여한 날을 의미한다. 그날은 유월절로 이스라엘 백성이 애굽의 노예생활에서 어린양의 피 값으로 구속한 날을 기념하는 바로 그날이다. 그날은 그 어떤 날로 대치할 수 없는 일 년 중에 단 하루만 있는 날에 해당한다. 하나님은 그날을 특별히 기념하여 대대로 매년 지키라고 하셨다.

유월절에 잡는 어린양은 예수 그리스도의 피를 상징하는 것으로 주님은 바로 유월절을 기념하여 지키는 그날에 돌아가셨다. 이는 예수님이 인류의 죄를 구속하는 자리는 이미 구약에 예표로 주신 날인 유월절 날에 돌아가실 것을 이미 예정하신 것이다. 인간의 구원은 이미 구약 성경을 통해서 예시하신 날이 바로 유월절의 의미이다. 그러므로 주님은 바로 그날을 기념하여 대대로 지킬 것을 말씀하신 것이다. 주님이 그날을 기념하여 지키라고 하신 날이 바로 유월절이다. 이 유월절은 지금 이 시대에도 지키는 히브리인임을 증명하는 독특한 문화로 보아야 한다.

오늘날의 유월절

오늘날 유월절을 지키는 유대인들은 어린양을 잡고 문설주에 피를 바르는 대신에 성찬의 신학으로 발전되었다. 히브리인들은 현재까지 유월절이 되면 그날의 식탁을 위해서 다음과 같은 것들을 준비한다.

① 두 개의 촛대 (출애굽 이후 지금까지 계속됨)
② 세 잔의 포도주 (포로시대에 시작됨)
③ 양고기 (출애굽 이후 지금까지 계속됨)
④ 쓴 나물 (출애굽 이후 지금까지 계속됨)

⑤ 무교병
⑥ 계란 (포로시대에 시작됨, 특히 오래 구워 아주 단단해 지도록 한다. 그 의미는 히브리 민족은 역사 속에서 고난이 크면 클수록 더 강해지고 더 단결됨을 의미한다.)
⑦ 카로세 (일종의 쨈, 포로시대에 시작됨)
⑧ 소금물 (포로시대에 시작됨, 애굽에서 나올 때 흘렸던 눈물을 기억함)
⑨ 네 개의 포도주잔 (출애굽 이후 지금까지 계속됨)
⑩ 엘리야의 잔 (포로시대에 시작됨, 비어있는 가장 큰 잔)

유대인들은 그날인 유월절을 기념하기 위하여 그 순서 중에 전통적으로 네 개의 잔에 들어있는 붉은 포도주를 마신다. 여기서 네 번째 잔이 유대인들이 말하는 메시아의 잔이다. 실제로 네 번째의 잔은 비워 놓고 메시아가 오시면 마실 수 있는 잔이다. 결국 주님은 십자가를 지시기 직전에 성만찬을 집행하시면서 세 개의 잔은 마시고 네 번째 잔은 마시지 않았다. 그 이유는 마지막 잔은 십자가로 피를 흘리며 인류의 죄를 위해 죽으시는 잔이기 때문이다. 그리고 중앙에 있는 엘리야의 잔은 다른 잔보다 더 크고 비어있는 것이 가장 중요한 의미이다. 여기 네 개의 포도주잔은 출애굽기 6장에 근거를 두는데 그 각각의 의미를 히브리인들은 다음과 같이 설명한다.

성만찬에서 네 잔의 의미

히브리인들은 유월절 의식과 식사 예식을 세더 Seder 라고 부른다.[13] 이 유월절 예식에 대한 구체적인 기록을 모아 놓은 책이 학가다 Haggadah 라고 한다.[14] 이 학가다는 '계속되는 이야기' 이라는 뜻으로 히브리 사람들은 계속해서 자녀를 교육하는 반복의 책이라는 개념으로 받아들인다. 그러므로 학가다 교육이란 히브리 사람들이 가장 즐겨하는 반복교육의 이름이 되었다.

우리 한국의 교회들이 반드시 받아들여야 할 교육의 방법이 바로 반복교육이다. 반복교육의 힘이 오늘의 이스라엘을 만들었다는 사실을 모르는 사람이 없을 것이다. 이스라엘의 격언 중에는 "101번의 암기가 100번의 암기보다 낫다"[15)]고 하여 반복교육(학가다 교육)과 암기교육이 유대인이 세상의 주인공이 될 수 있는 길이라고 여기고 교육에 생명을 걸고 있다.

한편 유대인은 암송과 반복의 교육을 적용하여 아버지는 그에게 토라를 가르쳐서 테필린을 읽도록 하며 암송할 수 있도록 아침과 저녁으로 그것을 외우게 하였다. 유대인들이 하나님의 말씀을 얼마나 열심히 암송하고 반복을 철저히 하는지 아는 사람은 다 안다. 유대인들이 하나님의 말씀을 암송하고 반복해서 읽도록 모세오경을 해석한 책이 미쉬나 Mishnah인데 그 말 자체가 반복이라는 뜻이다.[16)] 즉 미쉬나는 유대인이라면 매일 반복해서 가르치고 실천해야 한다는 의미가 있다. 이제 저자는 히브리인들이 네 개의 잔에 대하여 설명하는 것을 언급하고자 한다.

---

13. Jacop Neusner, *The Life of Torah*, California : Wadsworth Publishing Company, 1979, p.118
14. Vida Barnett, *Jewish Family in Britain*, Great Britain Religious & Moral Education Press, 1984, p.67
15. Fletcher H. Swift, *Education in Ancient Israel*, London : The Open Publishing Company, 1919, p.98
16. Barclay, p.39

❶ 성별의 잔(선민의식, 구별된 삶 강조)

 이스라엘 백성들이 유월절에 네 개의 잔에 있는 포도주를 마시는 것은 각 잔마다 그 의미를 달리한다. 그들은 출애굽기 6장에 있는 하나님의 천국 경영 대헌장의 내용을 따라 각 잔마다 그 의미를 부여해 마시고 있다. 그 첫 번째 잔의 의미는 성별의 잔으로 마신다. 여기서 성별의 잔은 이스라엘이 하나님의 선민이 되었다는 의미를 가진다. 유대인들은 이 잔을 마실 때마다 자신은 하나님의 자녀이고 거룩한 그분의 구별된 자라는 의식을 가진다. 이런 이스라엘 백성의 선민의식은 4000년이 지나도록 한 번도 의심한 적이 없다. 이들의 선민의식 사상이야 말로 위대한 신앙의 출발이었다.

 그들이 매년 유월절의 예식을 통해서 자신이 하나님의 구별된 선민이라는 확인을 한다. 이런 선민에 대한 확신 때문에 지난 수천 년 동안의 고난 속에서도 한 번도 하나님의 구별된 백성임을 잊지 않았기에 계속해서 하나님의 도우심을 받았다. 이로서 이스라엘 백성들은 하나님의 구별된 백성으로 차별된 삶을 살게 되었다. 따라서 그들은 성별의 잔을 마실 때마다 자신들을 구별하신 하나님께 감사했다.

❷ 재앙의 잔

 두 번째 잔은 하나님께서 에굽에게 행한 10가지 재앙으로 자신들을 건져내 준 것에 대하여 기념하여 마시는 포도주이다. 이는 하나님께서 이스라엘을 언제나 보호하신 다는 것을 의미한다. 특히 하나님께서 주인이 되어서 성별된 백성은 어떤 재앙에서도 보호해 주신다는 의미로 마시는 잔이다. 따라서 그들이 마시는 잔은 하나님의 선민이 어느 곳에 있든지 여호와께서 지켜 주신다는 고백적 신앙의 의미가 있다.

 이에 따라 이스라엘은 지금도 주변에서 공격을 받으면 그대로 복수를 하고 돌아와서 대화하는 스타일이다. 그들은 먼저 대화하는 것이 아니라 공격한 후 복수하고 나서 나머지 대화를 하는 것이다. 이런 사실은 하나님이 그들과 함께 하시고 지켜 주신다는 신앙이 뒷받침 되어 있기 때문이다. 이는 두 번째 잔의 의미가 그들에게 생활화 되어있기 때문에 먼저 적을 공격할 때 하나님이 지키신다는 신앙에 있다. 이 역시 하나님께서 적들에게 재앙을 내리신다고 믿고 있기 때문에 가능했다.

❸ 구속(구원)의 잔

이스라엘의 구속은 언제나 유월절의 피 뿌리는 사건으로부터 시작한다. 이는 이스라엘 백성의 구원은 하나님의 은혜로 베풀어준 어린양의 피를 문설주와 인방에 칠하고 받은 감격적인 사건이다. 출애굽 사건은 이스라엘 백성이 하나님의 은혜로 받았다는 사실을 유월절 날에 자녀를 반복해서 교육시키는 일에 목숨을 건다. 이런 반복교육을 학가다 교육이라고 한다.

즉, 자신들이 구원에 대해 종의 신분이었던 시절을 회고하는 예식이 바로 유월절 행사의 핵심이다. 이것을 극대화하기 위해 미리 소금물을 준비하여 눈 위에 발라서 억지로라도 눈물을 흘리게 하면서 그때의 상황과 경험을 실제적으로 체험시키게 하는 의도가 있다. 또한 그들이 쓴 나물을 먹으면서 출애굽 때 준비하지 못하여 배고팠던 그때의 심정을 체험하게 하는 반복적으로 교육하는 의미가 있다. 또 한 가지 달걀을 구워서 단단하게 하여 먹으면서 이스라엘 백성은 어디서든지 고난 받으면 받을수록 더욱 강해지고 하나가 된다는 것을 의미 한다.

그러므로 이스라엘 백성이 선민이기 때문에 구원받았다는 이 사실에 대하여 수천 년간 한 번도 의심한 적이 없다. 도리어 지금은 구원받지 못하는 신분임에도 불구하고 아직도 자신들의 구원을 의심하지 않는다.

이렇듯 그들의 구원에 대한 확신은 대단하다. 하지만 이에 반해 신약 시대의 성도들은 구원에 대한 확신이 언제나 문제가 된다.

❹ 찬양(축제)의 잔

그들은 엘리야가 오지 않았기에 찬양을 하면서도 네 번째 잔을 마시지 못하지만 이 예식에 참석하는 공동체가 모두 하나가 된다. 이것으로 유월절 예식 행사는 모두 마친다. 유대인은 "내년에는 예루살렘에서, 내년에는 예루살렘에서"라고 고백하면서 유월절 밤에 마감하는 기도를 드린다. 유대인들은 수천 년을 한결같이 유월절 밤의 마지막 순서의 기도에는 '내년에는 예루살렘에서'로 마감한다. 마찬가지로 안식일의 기도나 축제일의 모든 기도 끝에는 예루살렘에서 내년에 만나자는 기원이 빠지지 않는다. 그들의 끈기는 참으로 놀랍다.

오늘날 세계 열방 가운데 동일한 언어와 동일한 신앙을 가지고 각기 다른 지역에서 2500년을 살아온 민족이 또 있을까? 유대인들은 왜 이렇게 예루살렘에 대한 애착을 갖는가는 언약의 백성에 있어서 땅의 문제가 얼마나 중요한지를 알아야 한다. 약속의 땅에 대한 그들의 기대는 자신들이 이 땅에 존재는 삶의 이유이기도 하다. 그러므로 유대인들은 예루살렘에서 기도하는 그날까지 계속할 것이다.

중앙에 있는 엘리야의 빈잔

히브리인들은 가정별로 유월절을 기념하여 지키는 가운데 네 번째인 마지막을 마시기 전에 네 번째의 순서가 오면 다음과 같은 진행을 한다. 그들은 마지막 잔을 들기 전에 이 예식의 집례자인 아버지는 자신의 어린 아이 하나를 문 밖으로 내 보낸다. "얘야 일어나 가서 엘리야가 왔는지 문을 열어 보아라" 가족 전체는 숨을 죽이고 엘리야가 오길 바라는 간절한 마음으로 문 쪽을 주시한다. 문으로 확인을 하러 간 어린 아이가 문을 열고 "아직 오지 않았네요"라고 응답한다. 그러면 집례자는 그 말을 받아 "내년에는 반드시 오십니다."라고 화답하고 가족 모든 공동체가 아래와 같이 찬양을 한다.

"엘리야가 온다.
엘리야가 온다.
내년에는 반드시 엘리야가 온다.
그 후에 다윗 가문의 메시아가 온다.
그 후에 다윗 가문의 메시아가 온다."[17]

온 가족들은 지나간 자신들의 고난을 생각하면서 정말 한 맺힌 마음으로 찬양을 한다. 계속해서 슬픔에 젖은 마음으로 내년을 기약하면서 찬양을 하나님께 드린다. 이런 히브리인들의 전통은 오늘까지 계속되고 있다. 그러므로 마지막 잔은 엘리야가 오면 그들에게 약속하신 하나님의 모든 문제들이 다 해결된다고 믿고 있기 때문이다. 엘리야가 오면 마시는 잔이라 하여 중앙에 큰 빈 잔을 남겨 놓는 것이다.

"주님, 내년에는 반드시 예루살렘에서"

---

17. 2000년 코헨 대학교 강의에서 들어 기록했던 노트 중에서 발췌해 히브리어로 쓰지 않고 한글 음역으로 쓴다.
"엘리야-후 하나비, 엘리야-후 하티슈비, 엘리야후 엘리야후 엘리야-후 하길라디, 빔헤라 베야메이누 야보 엘레이누, 임 마쉬아흐 벤 다비드, 임 마쉬아흐 벤 다비드"

결국 기도처럼 그들은 지금 꿈에도 그리던 예루살렘에서 유월절의 예식을 진행하고 있다. 하지만 그들은 아직도 솔로몬이 지었던 성전은 회복하지 못하고 통곡의 벽에서 여전히 성전을 회복해 달라고 눈물로 기도하고 있다. 진짜 성전이신 예수 그리스도를 버려두고 말이다. 이것이 유대인들의 가장 큰 비극이다. 신약의 기독교인들은 이제 복음을 이식해 준 유대인들을 위해서 기도해야 할 사명이 있다. 그래야 그들도 메시아이신 예수 그리스도를 구주로 모실 수 있기 때문이다.
　한편 히브리 민족이 유월절마다 엘리야의 잔을 들고 먼저 그를 기다리는 것은 말라기 선지자가 메시아가 오기 전에 엘리야가 온다고 예언하고 있기 때문이다. 신약 시대에 살아가는 우리가 그들의 전통적인 예식을 보면서 마음이 아픈 것은 정작 기다려야 하는 분이 메시아이고 그분은 이미 오셨는데, 아직도 메시아도 아니고 그분의 오시기 전의 세례 요한인 엘리야를 기다리고 있다는 점 때문이다.

　여기서 네 번째 잔은 영적으로 예수 그리스도의 십자가의 사건으로 기존의 유대교가 끝이 나고 새로이 기독교가 시작되는 의미가 있다. 그러므로 예수님께서는 유월절의 성만찬을 하면서 네 번째인 엘리야의 잔―실제는 예수님의 십자가의 잔―은 마시지 않고 그대로 놓아두고 겟세마네 동산에 올라 가셨다. 그리고 겟세마네에서 마지막 잔을 상징하는 "이 잔"에 대해서 말씀하셨다. 여기서 주님은 출애굽기 6장의 내용을 가지고 자신의 삶에서 실제로 재현하고 있는데, 이것은 그분의 철저한 말씀의 신앙화이다. 예수께서 마시지 않았던 마지막 잔은 바로 십자가의 잔이었다.

유월절의 성만찬 근거

포로시대 이후 어느 날부터인가 시작된 성만찬은 출애굽기 6장에 그 근거를 두고 있다. 히브리인들은 출애굽기 6장을 여호와의 장이라고 한다. 그 이유는 31절까지 구절마다 거의 대부분이 여호와라는 단어와 하나님이라는 단어가 등장하기 때문이다. 이는 여호와께서 성경을 이 땅에 주신 목적이 나와 있는 장이다. 이 땅에서도 사람끼리 계약을 할 때는 대부분이 계약서와 그 내용에 자신의 이름을 쓰고 도장을 찍거나 싸인Sign을 하는 것은 성경의 내용을 흉내 내는 것에 불과하다. 왜냐하면 출애굽기 6장에는 여호와 하나님의 이름과 싸인이 계속해서 기록되어 있다. 이는 여호와 하나님께서 자신의 서명을 통해서 히브리인들에게 약속하는 내용이 가득 들어 있기 때문이다.

먼저 이 본문은 다음과 같이 시작을 한다. 이스라엘 백성들은 애굽에서 심한 고난을 받고 있을 때 하나님은 모세를 부르셨다. 그리고 하나님은 모세에게 바로에게 가서 내 백성 이스라엘을 보내달라고 말하라고 부탁하셨다. 그때 모세는 순종하여 바로에게 가서 말했을 때 전혀 씨가 먹히지 않았다. 또한 이스라엘 백성들조차 전혀 반응이 없고 도리어 미친 사람으로 취급할 정도였다. 그러자 모세는 하나님께 세 가지 탄식하는 질문으로 시작하고 있는 것이 본문의 배경이다. 첫째, 주여 어찌하여 이 백성으로 학대를 받게 하십니까? 둘째, 어찌하여 나를 보내셨습니까? 셋째, 이 백성이 당신의 말을 전함으로 더 학대 받으며 왜 주의 백성을 구원하지 않으십니까?(출 5:22-23)

하지만 하나님은 이러한 모세의 세 가지 항의성 질문에 대한 대답 대신에 "나는 여호와다"라고 세 번씩 반복해서 말씀하신다. 이 세 번의 질문에 대한 답변이 바로 여호와께서 자신의 이름을 걸고 맹세하는 장면이다. 히브리인들은 이것을 여호와께서 모세의 질문에 대한 답변대신 "하나님의 목적사"를 선포하신 후 자신의 인감도장을 찍어서 또 한 번 확인하는 자기 서명 Sign 이라고 설명한다. 여호와 하나님은 모세에게 "너는 지금 나에게 단지 왜 구원하지 않느냐"고 따지고 있지만, "나 여호와는 네가 생각지 못하는 인류 구원의 문제와 내가 계획한 나 자신의 목적에 대한 모든 계획을 발표하고 서명과 함께 여기 도장을 찍었다"고 말씀하셨다.

이 본문은 여호와 하나님께서 우리에게 성경을 주신 목적이 네 가지를 설명하고 있다. 이 본문을 가지고 히브리인들은 자신들에게 하나님께서 성경을 친히 주신 하나님의 목적사라고 말한다. 또한 이 말씀을 유대인은 여호와 하나님의 천국 경영 대헌장이라고도 말한다.

하나님의 목적사, 천국 경영 대헌장 구조(출 6:6-8)

1. 나는 여호와라 (YHWH / Sign)
전능자 하나님의 인감도장 확인

2. 나는 여호와라 (YHWH / Sign)
① 구속……… 구속하고
② 백성……… 백성을 삼고
③ 교제……… 알지라
④ 기업……… 기업을 삼게 하리라

3. 나는 여호와라 (YHWH / Sign)

다시 한 번 더 인감도장으로 확증

1. 나는 여호와라 (하나님의 목적을 알리는 인감도장 확인)

사람들이 자신의 이름을 걸고 약속하는 때가 과연 언제인가? 사람들이 자기 이름을 언급하는 자리는 보통 자신을 확인할 때나 서로의 이해에 따라 계약하고 약속할 때 언급한다. 마찬가지로 성경에 여호와 하나님께서 자신의 이름을 걸고 이스라엘과 약속하시고 언약을 체결하는 장면이 여러 군데 있다. 하지만 본문과 같이 엄숙하고 장엄하게 자신의 계획과 역사를 경영하실 때 세 번씩 자신의 이름을 언급하면서 약속하신 적은 없다. 그래서 오늘 본문을 이스라엘 사람들은 하나님 자신의 나라 경영 대헌장 선포장이라고 말한다.

"나는 여호와라"라고 자신의 이름을 먼저 언급하면서 자신의 의지를 강력하게 드러내는 장면을 본문에서 우리는 목격하게 된다. 성경에서 가장 중요한 자리가 바로 하나님의 목적사가 들어나는 이곳이다. 유대인들은 이 본문에서 하나님의 위대한 계획이 선포되는 자리로 알고 그냥 지나가지 않는다. 유대인 자신들에 대하여 하나님의 원대한 계획이 선포되는 자리이기 때문이다. 그들은 여기서 하나님 여호와를 만난다. 자신을 구속하고 백성 삼으시고 영원한 자녀로 교제하며 하나님의 나라에 입성하는 대 드라마의 전부를 선포하는 자리이기 때문이다. 여기의 본문을 가볍게 지나치는 사람은 하나님의 백성이 될 자격이 없다. 여기서부터 여호와 하나님을 만나는 자리이기 때문이다. 하나님의 백성은 누구든지 이 말씀에서부터 시작하고 있기 때문이다.

이 본문은 하나님 여호와 자신의 이름을 전부 걸고 약속하며 선포하는 자리이다. 내가 무엇을 할 수 있는 자리가 아니라 여호와 하나님의 이름이 인간 구원의 드라마를 선포하고 책임지는 자리이기 때문이다. 화란 신학자들의 영향으로 한국 신학계는 무조건 구속사만 말하고 있다. 만약 구속사를 말하지 않는다면 그는 좋은 신학자나 목회자가 될 수 없는 분위기이다. 하지만 구속사는 하나님의 목적 드라마의 사분의 일에 해당되는 정도이다. 인간의 구속이 전부가 아니라 하나님 나라의 시작에 불과하다. 따라서 우리는 이제부터 구속사를 전부라고 취급하는 과오를 벗어나야 한다.

신기하게 구약 성경은 구속에 대한 사건은 거의 다루지 않는다. 구속에 대한 사건은 유월절 사건이 유일하다고 해도 과언이 아니다. 구약의 주인공에 해당하는 유대인들은 태어날 때부터 하나님의 백성으로 선택받았기 때문에 구속에 대한 사건은 거의 의미가 없다. 왜냐하면 태어날 때부터 아브라함의 후손이라고 하면 당연히 선택받은 민족이 되기 때문이다. 그런 사람들에게 구약 성경은 구속은 당연한 것처럼 인정하고 있고 구속에 대한 사건도 거의 없는 것이 사실이다. 구약 성경은 이제부터 구속받은 백성으로 어떻게 살아가야 하는지에 대한 문제가 최대 관심이다. 구약 39권의 책을 자세히 살펴보아도 구속에 문제는 관심이 없고 선민으로 어떻게 거룩하게 살 것인지에 대한 관심만 있다. 이미 구약 성경은 하나님의 약속으로 구속을 받았다는 사실을 당연히 전제하면서 시작하고 있기 때문이다. 이제 구약 성경의 최대의 관심은 구속된 백성의 삶의 문제와 하나님과 어떻게 교제할 것인가의 문제와 죽음 후에 가야할 땅 즉, 기업에 관한 문제가 초점으로 되어 있다.

이런 사실을 우리가 간과하면 구약 성경을 잘못 접근하는 실수를 하게 된다. 구약은 구원받은 자가 어떻게 승리의 삶을 살아야 하는지에 최대의 관심이 있기 때문이다. 신약 성경을 믿는 이방인들이 가장 큰 관심을 가지고 보아야 할 방향도 구약에 나타난 거룩한 성도가 어떻게 살 것인가에 최대의 관심을 가져야 한다. 이런 방향으로 성경을 보지 않으면 우리는 또 다시 실수할 가능성이 있다. 많은 신약 시대의 교회와 목회자들이 구약 성경을 또 다시 구속사의 관심으로만 해석하고 그 방향으로 집중하고 다른 부분들을 무시한다면 엄청난 과오를 범하게 된다. 하나님께서 구약 성경을 주신 목적을 잃어 버릴 수 있기 때문이다.

제1목적: 구속 (구속은 단지 하나님 나라의 시작일 뿐이다)

본문에 "빼어내며, 건지며, 구속하여"는 모두 하나님의 백성을 여호와 하나님이 자신의 방법으로 구속하신다는 선언이다. 이는 하나님께서 그의 백성들을 구속하신다는 반복적인 강조이다. 구속은 여호와 하나님께서 친히 그의 백성들을 피 값을 주고 구별해 놓으신 사건이다. 유월절의 어린양의 피의 사건은 예수 그리스도의 십자가의 피 흘림의 사건을 통해서 구속하시는 원대한 드라마의 예표 Sign임에 틀림없다. 비록 구약의 이스라엘 백성이라도 하나님의 구속의 드라마에 제외될 수는 절대 없다. 모두다 이 구속의 드라마로 하나님의 백성이 된다. 이런 구속의 내용이 등장하는 동사를 구속동사라고 부른다. 이 구속동사들은 피가 흘러가는 동사에 해당한다. 즉 피 흘림이 없은즉 구속함도 없다는 말씀이다. 모든 사람들은 여호와 하나님의 의지로 구속함을 받고 모두다 하나님 나라의 위대한 백성이 된 것이다.

여호와 하나님이 이스라엘 백성이나 신약의 백성들을 구속하신 가장 큰 이유는 자기 백성으로 삼고자 하심이다. 이제부터 하나님의 백성이 되었다고 선포하는 자리가 된다. 그들은 예외 없이 하나님의 백성으로 삶을 새로 시작할 수 있게 되었다. 하나님의 백성이 시작되는 자리가 바로 구속의 의미이다. 구속의 과정 없이 그 어느 누구도 하나님의 백성이 될 수 있는 방법은 이 땅에는 없다.

사도행전 4:12절은 예수 그리스도의 이름 없이는 구속함도 없다고 분명히 말씀하고 있다. 그럼 예수 그리스도의 구속하심의 사건이 인생에게 있어서 가장 중요한 경험이 될 수 있을지는 몰라도 실제로 전부가 될 수는 없다. 구속은 이제부터 하나님의 백성으로 시작한다는 하나님의 목적의 첫 번째 관문이기 때문이다. 신약의 성도들 중에 일부는 구속이 전부로 이해하고 원초적인 복음에만 관심을 기울이는데 이는 엄격히 잘못이다. 구속은 단지 하나님 나라의 일원이 되는 사건이고 시작일 뿐이다. 구속이 중요한 것은 하나님 나라의 백성이 되는 유일한 방법이기 때문이다.

그러므로 신구약 66권을 화란 신학자들의 입장으로 보고 "구속사"라고만 말하면 잘못이다. 성경 어느 곳에도 구속사라고 그렇게 말하고 있지 않다. 실제로 구속사로 성경을 보고 해석하는 것은 성경을 보는 몇 가지 방법 중의 하나일 뿐이다. 하나님이 성경을 쓰시고, 사람을 만드시고 역사를 이어 가시는 것은 그분의 치밀한 목적에 의해서 되어진다. 그러므로 신구약 66권은 "하나님의 목적사"로 다시 보아야 한다. 이는 하나님께서 이 땅을 만드신 그분의 입장에서 보아야 되기 때문이다.

제2목적: 백성 (하나님의 백성 이야기가 성경이다)

"너희는 내 백성을 삼고 나는 너희의 하나님이 되리니" (출 6:7a)

구약의 가장 강력한 메시지가 있다면 그것은 "나는 너의 하나님, 너는 나의 백성" I am your God, You are My people.이라는 선언이다. 이는 하나님 나라의 "씨"에 대한 선언이다. 하나님께서는 이스라엘 백성을 당신 나라의 "씨"로 삼으시고 민족의 공동체로 만들겠다는 의지의 표현이다. 이런 하나님의 약속이 출애굽기 19장의 시내 산 언약에서 비로소 하나님과 이스라엘이 언약을 맺음으로써 이스라엘이 하나님 나라의 민족(씨)으로서 시작되었다.

이는 하나님께서 임마누엘의 하나님이 되어 주시겠다는 의지의 표현으로서 이스라엘이 선민이 되는 계기가 된다. 이때부터 구, 신약의 임마누엘의 사상이 시작되는 계기가 된다. 특히 예수 그리스도의 이름을 임마누엘이라고 부르라고 하나님은 말씀하셨다. 이스라엘이 시내 산에 오기 전까지는 민족이 아니라 부족이었다. 그러나 이때부터 국가, 민족 공동체로 만들겠다는 언약(아브라함과 하신 언약)의 재확인이다. 출애굽에서 시내 산 시대를 제외하면 광야생활 38년이란 기간이 있었다. 이는 요한복음 5장에서 예수께서 의도적으로 38년 된 앉은뱅이 병자를 찾아가신 현장에서 해석할 수 있다. 여기서 광야생활 38년은 하나님이 없이 자신들의 의지로서는 아무것도 할 수 없는 기간이었음을 상징하고 있다.

이때부터 구약은 하나님의 백성들에 대한 이야기가 전개된다. 하나님 나라의 주인공인 언약의 사람들에 대한 이야기가 바로 구약이다. 하나님은 자신의 백성들이 아니면 도무지 관심이 없으시다. 무조건 하나님은 언약의 백성을 중심으로 역사를 움직이고 일하신다. 하나님의 백성은 이 땅에서 시작하여 천국의 주인공으로 계속되는 역사의 거대한 드라마라고 보면 틀림없다. 우리로 이어지는 하나님 나라의 주인공인 신약의 성도들도 여기에 포함되어 하나님 나라를 만들어 간다.

신약은 이 공동체를 교회라고 말씀하고 있다. 구약에는 이스라엘 공동체를 하나의 거대한 백성으로 말하고 있다면, 신약에는 교회라는 공동체의 성도들 전부를 지칭하고 있다. 결국 역사는 교회와 이스라엘 공동체의 이야기이다. 이 드라마의 주인공은 분명히 신약시대의 성도들이다. 하나님은 자기 백성과만 일하시고 역사를 움직이신다. 다른 사람들에 관해서는 구원 받아야할 백성 외에는 언급하신 적이 없다. 구원받은 성도들의 공동체가 바로 모든 역사의 주인공으로 살아간다. 이 땅의 어떤 사람도 하나님의 공동체에서 제외되면 그는 무엇을 하든지 어떤 일을 했든지 상관없이 실패한 인생임에 틀림없다. 하나님의 백성의 이야기가 바로 성경이다.

제3목적: 교제 (예배는 하나님과 그의 백성들의 사랑 이야기이다)

"알지라"(출 6:7b)는 하나님과 그의 백성들과 나누는 사랑의 교제에 해당한다. 구약은 하나님과 하나님의 사람 사이에 제사를 통한 교제에 대하여 말씀하시는 이야기를 집중적으로 다룬다. 그리고 신약에서는 하나님과 하나님의 백성 사이에 예배를 통한 교제하도록 요청하고 있다. 구약과 신약은 온통 하나님과 그의 백성이 어떻게 교제하고 함께 살아갈 수 있는지에 대한 기록이다.

구약은 제사의 구체적인 방법을 통해서 죄인인 하나님의 백성이 어떻게 하나님과 교제하며 사랑을 나눌 수 있는지에 대한 방법을 구체적으로 기록하고 있다. 구약의 사람들은 이스라엘 공동체가 하나님과 교제를 통해서 어떻게 살아가야 하는지를 제사의 방법을 언급하면서 가르치고 훈련하고 있다. 그러므로 구약은 구속받은 공동체인 이스라엘 백성들이 하나님과 나누는 사랑의 교제를 다루고 있다.

신약은 온통 하나님과 그의 백성들이 예배를 통하여 자신에게 나아가는 방법을 구체적으로 알려주고 있다. 예배는 하나님께 나아가는 길이고 그분과 교제하는 유일한 방법이다. 따라서 신약의 말씀에는 온통 하나님 앞에서 어떻게 예배할 것인가를 가르치고 있다. 이 땅에서 하나님의 백성이 어떻게 그분과 교제하고 섬기며 영광 돌리는가를 가르치고 있다. 하나님의 말씀은 하나님의 나라의 백성이 하나님과 예배의 영광에 참여하는 가를 보여주고 있다. 예를 들어, 계시록은 기록한 목적 자체가 마지막 시대를 살아가는 사람들이 어떻게 예배할 것인가를 보여주고 있다. 계시록 1:3절에 보면 "이 예언의 말씀을 읽는 자와 듣는 자들과 그 가운데 기록한 것들을 지키는 자들이 복이 있다"고 말씀하고 있다. 이 말씀의 특징이 한 가지 분명하게 있다. 그것은 우리가 지금까지 계시록을 잘못 이해하고 있는 점이기도 하다. 이 구절의 특징은 읽는 자는 단수고 듣는 자들과 지키는 자들은 복수로 되어 있다.

왜 이런 차이가 현저하게 나타나는가? 그 이유는 2000년 전에 교회의 상황은 지금과는 현저하게 차이가 있었다. 우리는 자주 현재의 상황으로 과거를 그냥 이해하려는 실수를 종종 저지른다. 무슨 이야기인가? 사실 초대 교회 시절에는 우리처럼 성경을 개인이 가지고 있는 사람은 없었다. 그럼에도 불구하고 우리는 그 사람들도 성경을 개인이 소유하고 가지고 있는 것으로 바로 이해하는 경향이 다분하다. 하지만 그 시대에는 성경을 있는 곳은 교회나 회당 외에는 다른 곳에는 전혀 없었다. 따라서 개인이 성경을 읽는다는 것은 불가능했다.

이런 이유로 인해 하나님의 말씀을 읽기는 불가능했고 단지 가능했던 것은 성경 말씀을 듣는 것만 가능했다. 하지만 듣는 것도 아무 곳에서나 가능한 것이 아니고 오직 교회에 가야만 들을 수 있었다. 아무 때나 교회에 간다고 하나님의 말씀을 들을 수 있지 않고 오직 예배 때만 들을 수 있었다. 그런 면에서 보면 계시록에서 이 말씀을 하는 상황은 오직 하나 예배 때만 가능한 일이었다. 그렇다고 한다면 계시록은 예배 상황을 두고 그때에 하나님의 말씀을 읽는 자도 복이 있고, 그 가운데 듣는 성도들도 복이 있고, 한걸음 더 나아가 그 가운데 기록한 것을 지키는 자들이 복이 있다고 선언하고 있다는 것이다. 하나님의 말씀은 예배 가운데 읽고 듣고 지킬 수 있기 때문에 예배에 참여하는 것이 복의 시작이라고 선언하는 말씀이다.

그러므로 예배가 얼마나 중요하고 귀한가? 하나님과 그의 백성들의 아름다운 교제가 예배 가운데 실현되고 있다. 이는 예배하는 자의 영광이 얼마나 놀랍고 귀한지를 알게 된다. 예배는 하나님과 그의 백성 사이의 사랑 이야기이다.

> 제4목적: 땅 (땅은 하나님의 백성들이 살아가는 중앙 무대이다)

땅은 하나님과 그의 백성들이 살아가는 중앙 무대이다.(출 6:8) 구약은 가나안으로 가는 길을 알려주고 그 약속의 땅에서 살아가는 그의 백성들의 이야기이다. 그리고 신약은 하나님의 나라에 가기까지 살아가는 중앙 무대로서의 땅을 말한다. 하나님께서는 이스라엘을 구속하여 공동체를 이루고 교제하며 약속하신 땅(천국)까지 함께 가시겠다는 하나님의 뜻을 선포하는 내용이다. 이는 우리를 통해서 이 땅에서 하나님 나라를 이루고 결국은 천국 백성의 주인공이 되도록 하신다는 약속에 해당된다.

결국 하나님은 그의 백성을 구속하고 하나님의 백성을 삼고 이 땅에서 자신과 교제하면서 살다가 마지막 때에 천국까지 가도록 이끄는 이야기를 구약과 신약에 소개하고 있다. 이 모든 내용을 포함하는 것이 하나님의 목적사이다. 이런 하나님의 목적사의 전 내용을 소개하고 선포하고 약속하는 자리가 바로 오늘 본문에 해당한다. 그러므로 하나님은 자신의 의지와 목적을 따라 이 땅을 운영하시고 섭리하신다. 이것을 아는 것이 하나님의 자녀이다. 이제부터 우리는 하나님의 목적사로 세상의 모든 일을 보는 훈련을 하는 것이 성경을 배우는 목적이다.

2. 제2의 말씀(출 13:11-16) - 봉헌의 말씀

테필린 두 번째 방의 말씀 주제는 구속된 하나님의 백성들이 하나님께 봉헌하는 장자봉헌에 대한 말씀으로 이어진다. 구속된 하나님의 백성 중에 초태생인 장자를 구별하여 하나님의 것이라고 말씀으로 선포하신다. 이때부터 장자인 초태생은 하나님의 소유가 된다. 테필린 두 번째 방에는 초태생이 하나님께 봉헌되는 내용이 주제가 된다. 제2의 말씀에는 '여호와께 돌리라'와 '다 구별하여'(12절)라는 단어가 중심이 되어 이스라엘 백성에게 태어난 장자는 모두 하나님의 소유임을 선언하고 있다.

제2의 말씀의 주제가 "동물의 초태생은 다 구별하여 여호와께 돌리라"는 말씀이 본 절에 나온다(12절). 여기서 '다 구별하여'와 '돌리라'가 장자에 대한 소유권이 하나님께 있다는 선언이다. 주님께서 '다 구별하여'라고 사용하신 히브리어는 카도시^{Kadoshi}이란 단어 대신에 아바르^{Abar}가 쓰였다. 이렇게 쓰인 아바르의 뜻은 '한 편에서 다른 편으로 지나가게 하다'는 의미이고 좀 더 발전시킨 뜻은 예수 그리스도의 십자가를 통과하여 거룩하게 구별되어진다는 의미이다. 바로 하나님의 소유가 되는 동물의 초태생은 예수의 피를 통과해서 피 값을 주고 산 아주 특별한 존재라는 의미이다. 그런 이유 때문에 여호와 하나님은 유월절을 통하여 하나님의 백성으로 삼으시고 특별히 초태생을 자신의 것이라고 선언하셨다.

유대인은 왜 사는가? 그것은 자신의 안일을 위해 살지 않고 도리어 자신의 모든 것을 여호와께 돌려 드리기 위함이다. 유대인은 자신의 모든 것을 여호와께 드리는 것이 가장 큰 행복으로 생각하면서 사는 민족이다. 인생의 모든 축복이 하나님께로 왔으니 당연히 하나님께 드리는 것이 인생 본질의 회복이 된다.

이제 13절은 동물의 초태생에서 이스라엘 백성의 장자 모두를 하나님께 대속하여 봉헌하라는 말씀으로 발전시킨다. 여기서 구속하다는 동사로 나오는 히브리어의 단어는 파다^{Pada}가 원형인데 이는 '값을 주고 속량하다' 와 '피를 대신하여 구해내다' 는 의미가 있다. 이는 중보자가 남의 죄를 대신하여 죽는 것과 노예를 속전을 주고 사는 의미가 있다. 이것은 우리 죄에 대한 십자가의 대가교환이라고 부른다. 이 교환은 죄인인 우리에게는 즐거운 교환이지만 죄 값을 대신 지는 분에게는 죽음이라는 방법밖에 없다. 이런 대속이 되는 동사를 히브리 사람들은 구속동사라고 부른다.

하나님은 이스라엘 백성의 첫 번째 아들은 무조건 자신의 소유로 삼으셨다. 이것이 장자봉헌제도라고 부른다. 이때부터 이스라엘 백성들은 무조건 장자를 하나님께 드리는 봉헌을 하게 된다. 만약 자신의 욕심을 따라 어린 양으로 봉헌하지 않을 때는 짐승은 목을 꺾어 죽이라고 말씀하셨다. 결국 하나님의 소유가 된 것은 죽음이나 아니면 하나님께 드려지는 존재만이 그 의미가 있다는 것이다.

나중에는 하나님께서 이스라엘 백성의 장자 대신에 12지파 중에서 레위 지파를 특별히 구별하여 봉헌하라고 하셨다. 이때부터 레위 지파는 모든 지파를 대신하여 하나님의 일에 회막에서 봉사하는 사람으로 구별하여 받으셨다. 신약의 성도들은 특별히 하나님의 소유된 왕같은 제사장이라고 베드로 사도를 통해서 인정하셨다. 그러므로 신약의 성도들은 구약의 장자를 대신하여 레위 자손을 받으신 것처럼 이 시대의 하나님의 소유로 선언된 하나님의 자녀이다.

"네 아들이 묻기를 이것이 어찜이뇨"(14절)

이스라엘 백성이 유월절을 대대로 지켜야할 이유가 여기에 있다. 이는 당연히 자자손손 대대로 하나님의 구원하심을 알리기 위함이다. 먼저 하나님은 이스라엘 백성들만 유월절의 감격을 느끼고 끝나게 하신 사건이 아니라 오고 오는 모든 세대에 이스라엘 백성들에게 알리기 위해서 유월절의 구속의 사건이 일어난 것을 알리려고 유월절을 대대로 기념하여 지키라고 말씀하셨다. 그 이유는 대대로 이어지는 자녀교육을 위해서 기념하라고 하신 것이다.

정말 유월절의 사건은 바로 십자가의 사건의 모형이다. 이는 예수 그리스도의 예표적 사건이 유월절로 바로 유월절 그날 주님께서 십자가를 지시고 죽었기 때문이다. 이런 이유 때문에 이스라엘 백성에게는 유월절의 사건이 영원히 적용해야만 하는 민족적인 구원의 사건이 된다. 구약의 이 유월절은 신약 성도들에게도 예수 그리스도의 구원의 예표적인 사건으로 중요한 것은 마찬가지이다.

유월절의 시작, 초태생은 하나님의 것

열 번의 재앙으로 시작된 유월절은 애굽에는 재앙이며 심판이지만 이스라엘 백성들에게는 구속의 시작이다. 이는 예수 그리스도의 피로 인해 구속받은 사람은 하나님의 소유권이 되었다고 주장하시는 선언이다. 여기서 하나님의 소유권 선언은 죽음에서 다시 살리신 대상에 대한 소유선언이다. 소유권 주장은 하나님께서 유월절의 피 사건을 통해서 거룩히 구별하여 다른 것과는 차별화 되었다는 선언이다. 이는 예수 그리스도의 피로 말미암아 하나님의 소유로 이관되고 거룩하게 구별되었다는 선언이다. 하나님의 소유가 된 이스라엘은 주님께 돌리는 사건이 바로 유월절 예식의 목적이 된다. 그러므로 이스라엘 백성 전체가 모든 인류의 초태생으로 받으신 역사적 사건이 출애굽으로 이어진 유월절의 진정한 의미이다.

한편 이스라엘 백성들은 이 사건을 선민사상으로 발전시켰다. 이스라엘이 선민이 된 사건은 4000년 동안 한 번도 그들이 잊어버리거나 자신이 선민이며 구속받은 존재라는 것을 의심하지 않았다. 이런 자신들만의 이스라엘의 선민사상은 너무 강해서 도리어 하나님의 선교에 막대한 지장이 있어왔다. 그들은 다른 이방 민족은 하나님을 믿을 수 없고 한 걸음 더 나아가 믿어서도 안 된다는 사상이다. 이런 잘못된 의식이 구약 시대에 이스라엘 선교에 있어서 폐쇄적인 조직으로 만들고 말았다. 이것이 이스라엘이 역사에서 실패하고 이방인을 중심으로 영적 이스라엘로 세상을 구원하는 선교의 방법으로 발전되었다.

하지만 신약의 성도들은 구원 받았다는 사실이 자신의 의지의 결단으로 생각하기 때문인지 구원의 확신 문제만 들어가면 언제든지 흔들린다는 점이다. 도리어 이스라엘은 아무것도 한 것이 없어도 구원문제에 단 한 번도 흔들림 없이 자신들은 하나님의 선택된 민족이라고 한다. 즉 유대인으로 아브라함의 후손으로 태어난 것만으로도 자신들이 하나님의 자녀임을 확신한다. 그러나 신약의 성도들은 자신의 의지로 결단을 해서 예수 그리스도를 자신의 구주로 믿고도 자신의 삶의 불신앙적인 모습을 보면서 날마다 구원의 확신에 흔들리고 있다.

이스라엘 백성들은 하나님의 일방적 사역과 선언을 백 퍼센트 믿고 순종하는 모습이 바로 이스라엘의 역사이다. 이러한 일은 그들의 역사를 통해서 증명되었다. 신약 시대에 예수를 믿지 않기 때문에 구원을 받을 수 없음에도 불구하고 그들은 지금도 자신은 분명히 하나님의 자녀이고 구원받은 선택된 민족이라고 확신한다. 그들의 확신은 참으로 놀랍고 대단한 믿음이 아닐 수 없다. 하나님은 구원 받지 못한다고 하는데도 그것을 의도적으로 거부하면서 신약의 말씀을 믿지 않는다.

이제는 신약의 성도들은 반드시 이스라엘 사람들이 가진 믿음의 확신이 필요하다. 도리어 이스라엘이 가진 선민사상보다 더 큰 믿음을 가지고 하나님의 일꾼이 되어야 마땅하다. 그 이유는 우리는 구약의 성도들이 가지지 못한 성령 하나님의 내주와 함께 성령 충만함까지 소유한 영적 이스라엘이기 때문이다.

너희는 애굽의 종되었던 신분

주님은 출애굽의 사건을 기념하라고 하시면서 과거의 신분을 언급하신다. 너는 바로 종의 신분으로 종노릇하던 노예를 하나님께서 유월절의 어린양의 피로 값 주고 사셨다는 것을 선언하신다. 과거에는 노예의 신분은 절대로 신분이 상승할 수 없었다. 그러므로 하나님께서는 이스라엘 백성들이 죄 가운데 있을 때 나타나셔서 언제나 먼저 언급하시는 사건이 바로 너희의 신분이 애굽에서 종노릇할 때 내가 어린양의 피값으로 너희를 구속했노라고 말씀하신다.

맹세하신 하나님의 약속 때문에 구속하심

샤바Shaba는 일곱 번씩 거듭하여 말씀하신다는 단어이다. 이 단어는 특히 손을 들고 하나님 앞에서 일곱 번씩 반복해서 거듭 약속한다는 의미이다. 이 약속은 하나님께서 아브라함과 야곱에게 약속하신 맹세이다. 사람도 맹세하면 일곱 번씩 거듭 약속하여 지키는 것이 당연한 도리이다. 그렇다면 하나님께서 사람에게 약속하신 것은 일곱 번 반복하여 말하지 않고 도리어 한번만 말씀하셨다고 하더라도 하나님은 반드시 그 약속을 지키신다. 지금 하나님은 그 아브라함과 야곱에게 맹세하신 그 약속을 지키기 위해서 유월절의 피 값으로 이스라엘 백성을 샀노라고 선언하신다. 이스라엘 사람들은 그때부터 지금까지 이 유월절의 기념행사를 통해서 하나님의 맹세를 기억하고 감사하고 있다.

보여(Nagad, 나가드)

여기서 나가드는 '잘 보이도록 가까이 가져오다'는 뜻이 있다. 이는 유월절이 과거에 일어난 사건으로 현재에 가져와서 그 의미를 오늘에 그대로 재현하라는 하나님의 의도가 있는 단어이다. 이렇게 과거의 사건을 현재에 가져와서 교육하는 것은 당연히 부모의 책임이라는 것이다. 신앙 전수의 책임은 반드시 부모에게 있다. 하나님은 자녀가 잘못되면 반드시 그 부모에게도 책임을 물으신다. 따라서 부모는 자녀들이 유월절의 사건을 잘 알 수 있도록, 또한 잘 볼 수 있도록 가르쳐야 할 책임이 있다.

또 이 단어는 눈앞에서 자녀가 보는 것처럼 잘 설명하라는 의미가 있다. 이 단어는 사역 능동형(히필형)으로 가르침의 이유와 부모의 사명을 잘 설명하고 있는 단어이다. 여기서 우리는 성경이 기록된 이유와 목적을 찾을 수 있다. 하나님께서 성경을 기록하신 이유는 그 시대의 사람을 위함이 아니라 오늘 여기서 하나님의 말씀을 읽는 우리를 위하여 존재한다는 것이다. 또 하나 이 단어의 뜻은 평생 이 말씀을 지키면서 살도록 책임지고 가르쳐야 할 사명이 부모에게 있다는 의미이다. 그래서 이스라엘 사람들은 반복적으로 성경을 암송하게 하고 세뇌되어 그 말씀이 삶으로 살아가는 현장에서 능력이 되고 축복이 되게 하는 책임이 부모에게 있다. 이 말씀은 순종하고 지킬 때 살아 역사한다. 이 말씀은 지킬 때 기적이 말씀과 함께 일어난다. 이 말씀은 후손들이 대대로 지킬 때 축복을 받는다.

유월절 식사 때에 가르치는 방법

Cedar(세다)예식 - 유월절 식사 전체를 말함

히브리인들은 유월절의 예식을 거행하면서 하나님께서 기념하여 지키라고 하신 일에 대하여 자녀교육에 대한 목적으로 말씀하셨다고 확신한다. 그래서 모든 진행되는 의식 가운데 아이들이 차지하는 비율이 상당히 크다. 모든 유월절 예식 가운데 가장 남자 어린 아이는 다음과 같은 네 가지 질문을 한다.[18]

첫째, 다른 날 저녁에는 우리가 누룩이 들어 있는 빵이나 안 들어 있는 빵을 모두 먹을 수 있는데, 오늘 저녁은 왜 누룩이 없는 빵만 먹어야 하나요?

둘째, 다른 날 저녁에는 우리가 아무 나물이나 먹을 수 있는데, 오늘 저녁은 왜 쓴 나물만 먹어야 하나요?

셋째, 다른 날 저녁에는 우리가 앉거나 기대어서 먹을 수 있는데, 오늘 저녁에는 왜 신을 신고 일어서서 먹어야 하나요?

---

18. Jacop Neusner, p.125

넷째, 다른 날 저녁에는 우리가 포도주 잔을 원하는 만큼 먹을 수 있는데, 오늘 저녁은 왜 네 개의 잔에 들어있는 포도주만 먹어야 하나요?

이런 질문을 받으면 집례자인 아버지는 바로 그 순간이 유월절 예식에 대한 반복교육을 할 수 있는 근거를 마련되었다. 그때부터 아버지는 자녀들에게 유월절에 반복해서 갖게 되는 의식들에 대한 설명을 긴 시간을 가지고 해준다. 이것이 히브리인들이 자녀교육을 반복적으로 하는 방법이다. 아버지는 다음과 같이 유월절의 행하는 모든 예식과 절차들의 의미를 설명해 준다. 이런 예식은 죽을 때까지 어릴 때는 부모에게 배우고 어른이 되어서는 자신의 자녀들에게 반복적으로 학가다 교육을 하게 된다.

그날 먹는 유월절 밤에는 누룩이 들어가지 않은 무교병(마쵸) 떡을 먹는다. 유월절을 지키기 위해서 떡은 반드시 3개를 준비한다. 그 떡은 불에 상처를 만들어 그을린 상태로 먹는다. 또 마쵸에는 반드시 구멍이 만들어서 먹어야 한다. 이것은 주님의 몸의 상처와 옆구리의 창 자국을 의미한다. 유대인들의 유월절 전통에 따르면 상 한 가운데 있는 마쵸를 절반 잘라서 세마포에 싸서 잘 숨긴다. 포도주를 마실 때 아이들에게 세마포에 싸서 숨긴 마쵸를 찾게 해서 먹도록 유도한다. 아이들이 세마포에 싼 마쵸matzah를 감추고 찾게 하는 것은 바로 메시아이신 예수 그리스도를 찾는 일이야 말로 모든 삶을 드려 해야 할 가장 중요한 사명이라는 것을 교육적으로 반복해서 보여주는 예식의 순서이다. 불행한 일은 그들은 아직도 이런 예식을 통해서 이미 오신 메시아를 믿지 않고 계속해서 기다리고 있다는 사실이다.

이는 유월절 사건을 통해서 미리 주님이 걸어야할 길을 보여주는 상징적인 교육 방법에 해당한다. 이는 주님 자신이 세마포에 싸인 마죠였다는 깊은 뜻이 있다. 주님은 오병이어의 기적으로 생선과 떡을 먹이신 후에 자신이 바로 영생을 주는 생명의 떡이라고 요한복음에 말씀하셨다. 그러므로 유월절을 기념하여 지키는 일은 바로 주님의 십자가와 부활을 예고하신 그날을 상징적으로 반복하여 교육하시는 방법이라는 사실이다.

무교절 = 구속 + 해방 절기

무교절에 제일 중요한 것은 이스라엘 백성들이 먹는 빵에서 누룩을 제거하는 것이다. 히브리인들이 태어나서 죽을 때까지 배우는 말씀이 바로 제1의 말씀부터 제4의 말씀까지이다. 그들은 그 안에 있는 말씀들을 '쉐마(들으라)'라고 한다. 여기서 '쉐마이' Shemai 는 '이스라엘아 청종하라'는 뜻으로 쓰는 표현이다. 이스라엘 백성은 하나님의 말씀을 듣는 것으로부터 하루가 시작되고 저녁에 또 다시 한번 쉐마의 말씀을 듣는 것으로 하루를 마감한다.

그러나 우리나라 백성은 말부터 하는 특성이 있다. 하나님은 유대인으로 하여금 성경 말씀을 듣는 것부터 시작하라고 하신다. 따라서 히브리 민족은 하나님의 말씀대로 어릴 때부터 쉐마의 말씀을 듣는 것으로부터 하루를 시작하고 하루를 마감한다. 그러면 어떤 사람이 외국어를 잘 하는가는 잘 듣는 사람이 그 나라의 언어 사용도 잘한다는 사실이다.

테필린의 구조

Shel Rose(쉘 로세) — 미간에 붙이는 작은 상자, 네 칸의 상자

Shel Yad(쉘 야드) — 손목에 붙이는 한 칸으로 되어 있는 상자

Bayit(바이트)—쉐마의 말씀을 넣어 두는 소가죽으로 네 칸의 작은 상자

R'tzua(르쭈아)—미간에 붙이는 쉐마가 들어있는 상자를 묶는 끈

Ma'abarta(마아바르타)—상자를 이마와 손에 맬 수 있도록 구멍을 뚫는 것

장자 헌신 제도(13절)

출애굽 당시의 문화권은 초태생을 드리고 남성, 수컷을 드린다. 이것은 대표를 의미하기 때문이다. 다른 모든 것을 포함하기 때문에 포괄적 포함의 법칙이라고 말한다. 이때의 문화권은 대표권의 특성이 있었다. 흠 없는 짐승을 드린다. 굽, 되새김에 대한 문제, 부정한 짐승의 대표로 나귀를 말한다. 레위 족속을 구별하여 드리는 제도. 민수기 3:12, 8:16절, 처음에는 레위 족속을 구별하여 드리는 것이었는데 후에 속전 규례로 대체된 것을 볼 수 있다. 초태생은 첫 번째 태어난 사람을 말하는 것으로 이들은 모두 하나님께 다 바치라고 하셨다. 이는 모든 소유권이 하나님께 있다는 선언이다. 그러므로 우리는 처음 태어난 남자는 모두 하나님의 소유임을 인정해야 한다.

히브리 민족은 장자에 대한 특별한 의미를 지니고 있다. 물론 하나님께서 장자를 자신의 소유라고 하시면서 그 장자가 받는 영적 축복 또한 말씀하셨다. 따라서 이스라엘 사람들은 장자에 대한 기대와 자부심이 대단했다. 이런 이유로 인해 야곱은 자신의 형제인 에서의 장자의 권리를 뺏기 위한 삶의 처절한 투쟁을 전개한 그의 삶을 구체적으로 창세기는 기록하고 있다. 물론 형과 아버지 또한 하나님까지 속이고 뺏은 에서의 장자의 권리에 대한 이야기를 하나님께서 합리화시키는 것은 결코

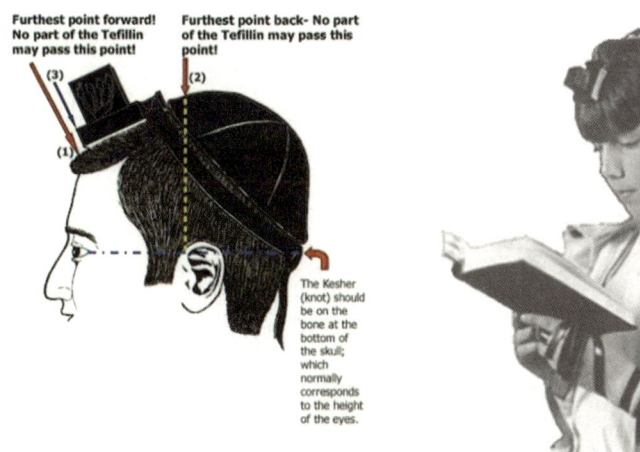

쉘 로세 - 이마에 테필린을 착용하는 방법   쉘 야드 - 손에 착용하는 테필린 방법

아니다. 이런 이야기를 통해서 우리에게 교훈하시고 가르치고자 하시는 목적은 분명하다. 그것은 장자권의 축복이 엄청나고 실로 대단하다는 것이다.

하가다 교육(14-16절)

하가다는 반복하여 가르치는 유대인의 독특한 교육 방법이다. 이스라엘 사람들은 해마다 유월절이 다가오면 하가다 교육을 통해서 자기 자녀들에게 반복적으로 민족의 아픔과 애굽에서의 구원하신 사건을 말해준다. 이는 유대인이 어릴 때부터 죽을 때까지 반복하여 자녀들의 생각 속에 세뇌하여 자기들의 삶이 되게 하는데 그 목적이 있기 때문이다.

3. 제3의 말씀(신 6:4-9) - 섬김의 말씀

  A (4절) 테필린 선언
      B (5-7절) 테필린 방법
  A′ (8-9절) 테필린 생활

  모세오경의 율법 전체를 일생동안 연구한 최고의 랍비로 칭송을 받는 마이모니데스Maimonides는 613개의 율법이 있다고 말했다. 그 율법 중에서 '하라' Do는 긍정의 계명이 248개가 있고, '하지 마라' Do not는 부정의 계명이 365개 있다. 히브리 학자들은 613개의 율법을 인간의 인체를 가지고 설명을 했다. 예를 들어, 인간의 뼈가 248개인 것처럼, 하나님의 계명 중에 긍정적 계명도 248개로 똑같다는 것에 의미를 부여한다. 그것은 하나님의 말씀 중에 긍정적 계명인 하라는 말씀대로 순종하여 살면, 우리 인체의 248개의 뼈에 양약이라고 말할 수 있다. 하지만 하나님의 말씀대로 하라는 것을 하지 않으면 248개의 뼈마디가 쑤시고 아플 것이라고 설명한다. 마찬가지로 하지 마라는 부정적인 계명이 365개인데 1년, 365일 동안 매일 하지 마라는 말씀대로 순종하며 살라는 하나님의 의도가 있다는 것이다. 혹시 하나님의 말씀대로 하지 마라는 명령대로 순종하지 않게 되면 365일 매일의 삶이 힘들고 피곤할 것이라는 설명이다. 비록 유대인들이 이와 같은 알레고리한 설명일지라도 그 적용은 탁월하고 마음에 와 닿는 설명이라고 할 수 있다. 이런 율법의 적용된 랍비들의 설명은 듣는 우리에게도 큰 깨달음과 도전을 준다.

  테필린 본문은 모세오경의 613가지 율법 중에 175번째에 해당하는 말씀이다. 본문이 테필린에 해당한다는 것을 모르는 사람들은 이 말씀을 쉐마Shema본문(신 6:4-9)이라고 말하기도 한다. 하지만 엄밀히 말하면

테필린

본문은 테필린 안에 들어가는 내용으로 이 땅을 살아가는 유대인에게 가장 중요한 말씀으로 본문을 받아들인다. 그들은 태어나서 제일 먼저 암송하는 것이 본문이고 아침에 일어나면서부터 하루 종일 무엇을 하든지 이 말씀을 암송하고 적용하는 삶을 살다가 저녁에 자기 전에 다시 한 번 암송하고 잠을 자는 것이 그들의 삶의 전부라고 말해도 과언이 아니다. 이렇듯 테필린 본문으로 불리는 이 말씀은 이스라엘 백성의 삶과 생명적 관계가 있다는 것을 전제하면서 이 말씀을 이해하면 좋겠다.

A. 테필린 선언

a(4절) 이스라엘아 들으라 : '들으라, 이스라엘아!' (쉐마 이스라엘)

히브리 성경은 한글 성경처럼 '이스라엘아 들으라'로 되어 있는 것이 아니라, 동사가 먼저 나오도록 '들으라, 이스라엘아!' (쉐마 이스라엘)라고 기록되어 있다. 여기서 들으라가 히브리어로 쉐마이기 때문에 히브리 문장구조를 모르는 사람들은 이것을 '쉐마 선언' 이라고 말하기도 한다. 먼저 이스라엘 민족에게 하나님께서 쉐마라고 말씀했기 때문에 그때로부터 유대인은 무조건 하나님의 말씀에 귀를 기울이는 민족이 되었다고 말할 수 있다. 이때부터 이스라엘 사람들은 하나님의 말씀을 듣는 것부터 시작하는 민족이 되었다. 그러면 왜 하나님께서 이스라엘 백성으로 하여금 듣는 것을 먼저 하도록 하셨는가에 대한 이유를 알아야 한다. 그 이유는 하나님의 말씀을 먼저 들어야 순종할 수 있기 때문이다. 그 어느 누구도 하나님의 말씀을 먼저 듣지 못하면 그는 하나님의 사람이 될 자격이 없다는 점이다. 따라서 하나님의 백성이 그분의 말씀을 듣는 것은 너무도 중요하다. 기독교는 먼저 하나님의 말씀을 듣는 것부터 시작하기 때문에 다른 종교와는 다르다고 분명하게 말할 수 있다.

본문의 들으라는 히브리 문장구조에서 명령형 동사와 선포형 동사로 되어 있다. 그러면 명령형과 선포형 동사에는 어떤 의미가 있는지를 우리가 알아야 한다. 히브리 문장구조에서 가장 중요한 문장에 강조를 둘 때 두 가지가 함께 나타나는 경우에만 키아즘 형태의 문장에 해당한다. 그러므로 본문의 '이스라엘아 들으라' 에 대한 히브리 문장의 형태와 구조는 구약 성경 가운데 가장 중요한 본문 중 하나로 히브리인들이 보고 있다. 그러면 히브리 문장에서 선포형 동사는 어떤 의미가 있는가? 히브리 문장구조의 선포형 동사는 하나님께서 일방적으로 선포한대로 순종하는 살아있는 단어에 해당한다.

예를 들어, 하나님께서 천지를 창조하실 때 말씀하신 '창조하시다' 는 단어가 선포형 동사에 해당한다. 이는 하나님께서 천지를 창조하실 때 말씀을 선포한 대로 그대로 창조되어진 결과를 말한다. 본문의 쉐마는 하나님께서 이스라엘 백성들이 쉐마 본문의 말씀을 따라 그대로 순종할 것을 명령하는 형태와 함께 선포하는 형태의 문장 구조로 본문의 중요성을 그대로 드러내고 있다. 그러므로 쉐마 본문이라고도 말하는 신명기의 말씀은 테필린의 네 개의 방에 있는 그 어느 말씀보다 더 강력하고 분명한 명령과 선포적 의미를 다 내포하고 있다. 그런 이유 때문에 이스라엘 백성들이 테필린의 말씀 중 쉐마 본문에 가장 큰 비중을 두고 있다.

또한 명령형 동사로 쉐마 본문을 이끌고 있는 것은 하나님의 명령은 죽고 사는 문제까지 영향이 미치기 때문이다. 이는 명령형 동사는 지키면 생명이 살고 축복이 되지만, 지키지 않으면 저주와 죽음만 있다. 이렇게 명령형 동사는 한 민족의 삶과 죽음, 축복과 저주를 포함하고 있는 엄청난 파워를 가지고 있는 말씀에 해당한다. 그래서 이스라엘 백성들은 테필린의 말씀을 생명을 걸고 지키려고 수천 년을 몸부림쳐 왔던 것이다. 우리가 이스라엘의 자녀교육을 배운다는 것은 다른 것이 아니라 쉐마 본문의 테필린의 내용을 실천하는 구체적인 삶을 말한다.

그러면 어떤 사람을 히브리인이라고 부르는가? 그것은 바로 그 사람이 테필린을 하는 사람인가를 보면 당장 알 수 있다. 만약 자신이 유대인이라고 말하면서 테필린을 하지 않는다면 그는 결코 유대인이 아니라고 단정해도 좋다. 이스라엘 부모들은 자녀들이 어린 시절부터 테필린의 말씀대로 살 것을 절대화하고 테필린 본문을 아침 저녁으로 암송하도록 점검하는 것이 필수이기 때문이다. 이런 전통은 수천 년을 지나도 변하지 않는 그들만의 고유한 말씀을 전수하는 교육 방법으로 민족의 고유한 신앙 전통을 이어왔다. 그러면 누가 오늘날 진정한 크리스찬이라고 말할 수 있는가? 마찬가지로 하나님의 말씀을 순종하고 자녀에게 대대로 전수하는 것이 바로 하나님의 자녀라고 말할 수 있다. 이런 원칙은 구약에나 신약시대에도 변하지 않는 원리이다.

a´ (4절) 우리 하나님 여호와는 오직 하나인 여호와시니

"쉐마 이스라엘 아도나이 엘로헤이누 아도나이 에하드"

본 절은 유일신관 Monoyahwism에 대한 선언이다. 여호와 하나님은 유일무이하게 이 땅에 유일한 분이시다는 선언적인 말씀이다. 유일신관은 하나님께서 오직 한 분이라는 말보다는 유일하신 분이라는 의미가 더 정확한 설명이다. 유일신관의 모노 mono라는 단어는 하나라는 개념보다는 유일하다는 의미로 보는 것이 더 정확한 표현이다. 유대인은 누구든지 하나님은 이 땅에 유일하신 신이라고 하는 유일신관의 신 개념을 가지고 있다.

히브리 사람들은 본문 가운데 특별히 4절을 '에드 본문'이라고 한다. 왜냐하면 이 본문을 하나님께서 편집할 때부터 히브리 문장구조에 맞게 자신의 의도를 담아 기록했기 때문이다. 그래서 랍비들은 에드 본문이라고 말하면서 그 이유를 다음과 같이 설명하고 있다. 우리가 히브리어로 쓴 쉐마 본문이 시작하는 첫 절의 첫 단어인 쉐마의 아인이라는 히브리어 알파벳만 큰 글자로 기록된 것을 볼 수 있다. 계속해서 본 절의 마지막 글자의 끝 단어인 에하드의 달렛도 큰 글자로 특별하게 구별하여 기록하고 있다는 것을 우리는 히브리 문장구조 속에서 찾을 수 있다. 이 큰 글자체로 되어 있는 두 단어를 합하면 증인을 뜻하는 '에드'라는 단어가 된다. 결국 본문을 통해서 하나님은 자신의 의도를 히브리 문장구조 속에 담아 놓았는데, 그것은 바로 테필린 본문을 통해서 우리 모두는 그분의 증인이 되어야 함을 설명하는 기법을 보게 된다.

이는 증인의 두 글자가 우리가 어떤 삶을 살아야 하는 존재인가를 알

려주는 가장 적절한 단어라는 사실이다. 결국 두 단어를 조합하여 그 의미를 말한다면, 증인은 눈으로 본 것을 우리의 눈을 감기 전까지 증거하는 사람이라는 의미로 설명되어진다. 이런 사실로 볼 때 하나님께서 본문을 기록할 때부터 분명한 의도를 가지고 기록했다는 사실이다. 증인은 본 것을 증언하는 사람인데, 즉 하나님은 내가 믿고 있는 유일한 분으로 바로 나의 하나님이라는 사실을 체험한 것처럼 증언하는 자라고 말할 수 있다. 테필린 쉐마 본문에 이렇게 증인이라는 의미를 부각시키는 것은 일평생 쉐마를 읽고 암송하고 실천하고 증인의 삶을 살라는 강력한 하나님의 요청이 있는 말씀이다.

히브리인들이 가정 교육에서 가장 크게 여기는 기본 신앙교육의 중심에 쉐마 본문이 가르치는 내용이다. 그들은 위로는 하나님을 유일한 신으로, 땅으로는 부모, 학교에서는 선생(랍비)을 가장 위대한 스승으로 여긴다. 특히 유대인에게 부모가 가장 위대한 교육자이다. 유대인들은 랍비에게 자녀교육의 모든 것을 맡기지 않는다. 먼저 부모는 가장 기초 신앙 교육을 책임지는 선생이다. 탈무드 이야기에 보면 어떤 아들이 밤늦게 축제를 마치고 돌아올 때까지 그 부모는 잠을 자지 않고 기다린다. 새벽까지 기다려 자녀가 들어오면 부모가 기다렸다가 "애야, 새벽은 아직 멀었으니 이제라도 쉐마 본문을 암송하기 시작하라"고 가르친다. 그리고 부모는 자녀가 쉐마를 암송하는 일에 하루라도 빼먹지 않게 하기 위해 자신이 존재한다고 생각한다. 유대인에게 새벽은 해뜨기 한 시간 전을 말한다. 그러므로 유대인의 자녀들은 이 사실을 잘 알고 있기 때문에 새벽이 되기 전인 한 시간 전까지는 반드시 들어온다는 사실이다.

b(5절) 하나님을 사랑하는 추상적인 방법

"너는 마음을 다하고 뜻을 다하고 힘을 다하여 네 하나님 여호와를 사랑하라" (5절)

본 절은 우리가 어떻게 하나님을 사랑하고 섬겨야 하는지에 대한 추상적인 방법에 대하여 말씀하고 있다. 실제로 이 본문은 동사인 사랑하라가 핵심적인 단어인데, 사랑하는 방법이 반복적이면서도 구체적으로 강조되고 있다. 이는 신앙 생활하는 자가 가져야 할 세 가지 실제적이면서 실천 가능한 방법들을 가르치고 있다. 이런 구체적인 강조는 사실 문자적인 구분일 뿐 같은 내용을 좀 더 힘 있게 말하기 위하여 계속해서 반복하여 강조할 때 자주 사용하는 히브리 문장 구조이다. 특별히 어떤 내용을 강조할 때 같은 말로 반복을 하기 보다는 좀 더 구체적이고 실제적인 동의적인 단어들로 한층 더 그 뜻을 드러내기 위해서 히브리 문장구조인 키아즘의 형식을 가지고 점층적으로 설명하고 있다. 비록 조금씩 다른 의미들은 있지만 전체적인 면은 단순 반복이 아닌 말하고자 하는 의미를 더 강하게 강조하고자 하는 의도를 가지고 기록한 것으로 이런 형식을 히브리 문장 구조라고 말한다.

저자는 여러분에게 다음과 같은 심각한 질문을 하고 싶다. 당신은 하나님을 사랑하는가에 대한 질문이다. 만약 사랑한다면 하나님을 과연 얼마나 사랑하는가에 대한 것도 묻고 싶다. 가령 어린아이에게 엄마를 사랑하느냐고 물으면 사랑한다고 생각도 하지 않고 대답을 한다. 또 아이에게 그럼 엄마를 얼마나 사랑하느냐고 물으면 당연히 '하늘만큼 땅만큼'이라는 대답을 거침없이 한다. 그럼 이 시간 어린아이의 대답에 대하여 이 책을 읽는 독자들에게 진실하게 묻고 싶다. 그 아이의 하늘만큼 땅만큼 엄마를 사랑한다고 대답한 아이의 말이 진실인가 아니면 거짓인가에 대한 진솔한 대답을 말이다. 정말 이 아이의 대답이 진짜라고 믿는 사람이 엄마 말고 또 있다면 그는 정말 사랑이 무엇인지도 모르는 사람임에 틀림없다. 실제로 엄마를 사랑한다는 그 아이의 대답은 립 서비스 Lip Service가 분명하다. 사실 그 아이는 진짜 사랑이 무엇인지도 잘 모른다. 그럼에도 불구하고 입으로만 사랑한다고 고백하는 것이다.

우리가 하나님을 사랑한다고 말할 때도 말로만 고백하는 사랑일 가능성이 농후하다. 왜냐하면 여호와 하나님을 사랑하는 것은 마음을 다하고 뜻을 다하고 힘을 다하여 하는 것이라고 말씀하고 있기 때문이다. 그럼 여기서 저자는 다시 한 번 이 책을 읽은 독자들을 향하여 질문하고자 한다. 만약 하나님을 사랑한다면 마음을 다하고 뜻을 다하고 힘을 다하여 사랑하는 것이라고 정의하고 있는데, 그러면 당신은 마음과 뜻과 힘을 다하여 하나님을 사랑하려면 어떻게 해야 하는지에 대한 답을 여러분에게서 듣고 싶다. 이 시간 잠깐 책 읽는 것을 멈추고 잠시 생각한 후 당신의 답을 말한 후 계속해서 읽기를 권한다. 당신은 무엇인가 말하고 싶고 이 질문에 대한 대답을 하고 싶은 것이 마음속에 있는데 말로 표현하기 어렵다는 것을 저자는 잘 알고 있다. 왜 우리가 어렵지 않은 이 질문에 대하여 대답하기가 그렇게 어려운가를 저자는 깊이 생각해 보았다.

그 이유는 간단하다. 본 절에서 말하는 마음을 다한다는 표현이나 뜻을 다한다는 의미나 아니면 힘을 다해 하나님을 사랑한다는 말들이 다 추상적인 의미를 가지고 있기 때문에 그 어떤 대답을 내 놓아도 마음에 흡족한 표현을 할 수 없다. 주님께서 본 절에 마음과 의지(뜻)와 그리고 힘을 다하여 주 너희 하나님을 사랑하라고 하셨을 때, 정확한 의미를 파악할 것을 기대하지 않았다는 사실을 다음 절에서 우리는 확인할 수 있다. 어떤 단어가 추상적일 때 그 의미가 정확히 상대방에게 전달되는 것은 백 퍼센트 기대하기 힘들다는 사실을 알아야 한다. 하지만 본 절을 저자가 다음과 같이 설명하면 여러분들은 좀 더 피부에 다가오는 느낌이 다를 것이다. 마음을 다한다는 의미는 우리 마음의 결심으로 바꾸고, 뜻 곧 의지를 다한다는 의미는 우리 의지의 결단으로 바꾸고, 마지막으로 힘을 다한다는 의미는 우리가 결행한다고 표현하면 좀 더 쉽게 그 말씀의 의도에 근접하는 설명이 된다. 결국 우리가 하나님을 사랑하기로 마음에 결심을 하고 의지적 결단을 넘어 결행하는 행동의 표현을 말한다. 결국 하나님을 사랑하는 것은 결심을 하고 결단을 하고 결행을 통해서 행동하지 않는 것은 그 어떤 것도 사랑한다고 말할 수 없다는 점이다. 비록 우리가 여기까지 왔다고 할지라도 하나님을 사랑한다는 추상적인 의미가 마음에 확 와 닿지 않는다는 사실이다.

인간은 하나님만을 사랑하기 위해서 그 한 곳을 향하여 자신이 가지고 있는 모든 에너지를 다 쏟도록 창조하셨다. 이는 우리가 하나님을 사랑한다고 말하는 사람은 누구든지 그가 어릴 때 젖 먹던 힘까지 다해 사랑해야 한다는 말이다. 이와 같이 하나님을 사랑하는 방법은 실제적인 삶의 현장 언어로 관념적인 부분을 배제하고 있다. 이 명령은 삼중 반복하는 히브리 문장의 구조를 가진 최상급 명령에 대한 최상급으로 이르는 표현을 중복시켜 그 의미를 최고로 강조하고 있다. 이는 하나님을 사랑해야 할 인간의 태도가 어떠해야 하는지를 잘 설명하는 문장이다. 정작 다음 절에 가면 우리가 하나님을 사랑하는 구체적인 방법이 무엇인지를 히브리 문장구조를 통해서 아주 잘 설명하고 있다는 사실을 알게 된다.

b′(6절) 하나님을 사랑하는 구체적인 방법

"너는 <u>마음을 다하고</u> 뜻을 다하고 힘을 다하여 주 너희 <u>하나님을 사랑하라</u>"
        a [마음 다하고 : 추상적 방법]   b [하나님 사랑]

"오늘 내가 네게 명하는 <u>이 말씀을</u> 너는 <u>마음에 새기고</u>"
        b′[하나님 사랑]   a′[마음을 다하고 : 구체적 방법]

  본 절은 우리가 하나님을 사랑하는 구체적인 방법을 알려 준다. 여기 a 와 a′가 추상적으로 하나님을 사랑하는 방법이라면, b 와 b′는 하나님을 사랑하는 실천 가능한 구체적인 방법을 설명하고 있다. 결국 하나님을 사랑하는 것은 a, a′의 추상적으로 하나님을 사랑하는 원리라면, b, b′를 실천하므로 구체적으로 하나님을 사랑하는 사람이 될 때 비로소 마음과 의지와 힘을 다하여 주를 사랑하는 사람으로 확증하게 된다는 사실이다. 그렇다면 구체적으로 하나님을 사랑하는 실천을 하지 못하는 사람은 결국 립 서비스의 사랑 수준을 넘지 못하는 가짜 사랑이라고 단정해도 틀리지 않는다. 성경은 추상적인 설명으로 끝나지 않고 구체적으로 삶에 적용할 수 있도록 설명하는 형식의 문장이 바로 히브리 사고의 키아즘이라는 사실이다.

  위의 도표에서 히브리 문장구조로 적용해 보면 우리가 하나님을 사랑한다는 것이 과연 무엇인지를 한 눈에 알 수 있는 설명이다. 예를 들어, 하나님이라는 대상이 말씀으로 대치되어 같은 의미로 적용하여 설명하고 있다. 하나님 대신에 말씀을 사랑하는 것이 하나님을 사랑하는 것이라고 전환하여 설명하는 히브리 문장기법이다. 만약 네가 하나님을 사랑한다고 말한다면, 하나님은 곧 하나님의 말씀과 동일한 것이니까 만약 네가 보이는 하나님의 말씀을 사랑한다면 그것은 바로 보이지 않는 하나님을 사랑하는 것과 똑같은 일이라는 키아즘의 히브리 문장구조의 기법이다. 지금까지 우리가 하나님과 말씀을 하나님이라고 보지 않고 두 가지 개념의 상태인 별개로 신앙생활을 해온 것이 사실이다. 그런 사람은 하나님의 말씀 대신에 목사의 설교를 듣는 정도로 가볍게 여겨왔다고 보면 된다.

하나님 = 하나님의 말씀 = 성경

주님은 보이지 않는 하나님 대신에 우리가 볼 수 있는 하나님이신 성경을 주셨다. 하나님의 말씀인 성경은 무엇인가에 대한 바른 정의를 할 때가 되었다고 생각한다. 하나님의 말씀인 성경은 우리가 언제든지 볼 수 있는 하나님이라는 사실이다. 하나님은 보이지 않는 분이시다. 우리가 영이신 그분을 눈으로 볼 수는 없지만, 우리가 언제나 볼 수 있는 하나님 대신에 주신 것이 바로 성경 곧 하나님의 말씀이다. 심각한 환경으로 인해 하나님이 보이지 않을 때 우리가 하나님을 만날 수 있는 유일한 길은 성경 말씀을 읽는 것이다. 성경 말씀을 읽으면 하나님이 일하시는 모습이 보이고 나를 사랑하시는 하나님이 느껴진다.

우리가 하나님을 만날 수 있는 유일한 길은 하나님의 말씀 외에는 이 땅에는 없다. 일반 은총의 입장에서 자연 가운데 하나님은 창조주로 계시지만, 그 가운데서 하나님을 볼 수는 없다. 하지만 우리가 성경 말씀만 읽기 시작해도 그분을 만나고 그분이 하신 일들을 볼 수 있다. 요한복음의 기자는 하나님의 말씀이 곧 하나님이라고 선포하는 것은 이 땅의 가장 위대한 선언임에 틀림없다.

"태초에 말씀이 계시니라 이 말씀이 하나님과 함께 계셨으니 이 말씀은 곧 하나님이시니라"(요 1:1)

하나님이 곧 말씀이라는 추상적인 개념이 구체적인 개념으로 설명하는 기법이 히브리 문장구조만이 가지는 독특한 개념이다. 그렇다면 이제부터 추상적인 신앙생활의 모든 것들이 구체적인 신앙의 행동으로 전환되는 것은 당연한 귀결이다. 이 원리를 적용해 본다면 마음과 의지와 힘을 다하여 하나님을 사랑하라는 추상적인 개념을 하나님의 말씀을 생명을 다하여 사랑하는 것과 동일한 개념이 된다는 말이다. 결론적으로 테필린 본문에서 5절의 추상적인 개념이 6절의 구체적인 하나님의 말씀을 사랑하는 개념으로 전환되는 것은 신앙의 혁명적 사건에 해당하는 일이다. 기독교에서 그 동안 추상적인 개념을 넘지 못하는 설교의 난립으로 인해 많은 성도들이 무늬만 기독교인인 모습으로 이중적인 신앙 행태를 보일 수밖에 없었던 고질적인 병들을 일거에 뒤집을 수 있는 사건이다. 이것은 저자가 보기에 종교개혁에 버금가는 발상의 전환을 이루는 사건이 아닐 수 없다.

마음, 의지(뜻), 힘을 다하여 = 말씀을 마음에 새기고

사실 우리가 마음을 다하고 뜻을 다하고 힘을 다하여 하나님을 사랑하라고 했을 때는 추상적이기 때문에 과연 어떻게 하는 것이 하나님을 사랑하는 것인지 전혀 모르고 입으로만 하나님을 사랑한다고 부르짖고 고백하는 정도였다. 그리고 우리가 하나님을 사랑하는 것이 과연 무엇이고, 어떻게 하는 것이 하나님을 사랑하는 것인지에 대하여 전혀 구체적인 정보가 없었던 것이 사실이다. 하지만 본 절은 하나님을 사랑하는지 안 하는지를 정확히 알 수 있는 분명한 개념의 전환을 이루는 히브리 문장구조에서 한 단계 더 구체적으로 적용하고 있다.

지금까지는 우리가 하나님을 사랑한다고 추상적으로 말했을 때에는 구체적인 방법이 없기 때문에, 과연 사랑한다고 고백한 그가 그 사랑의 질을 확인할 방법이 전혀 없었다. 지금까지는 우리가 하나님을 사랑한다고 말하고 나면 구체적으로 실천할 방법이 없었기 때문에 하나님을 사랑하는 고백에 대하여 책임질 일이 없었다. 따라서 우리가 하나님을 사랑한다고 고백하고 기도한 후에 마음에 큰 부담조차 없었다. 하지만 하나님을 사랑하는 것이 구체적으로 말씀을 사랑하는 것이라고 선포한 후부터는 이제부터는 말씀을 사랑하는 사람만 그 증명이 된다는 사실이다. 이제 말로만 우리가 하나님을 사랑한다고 고백하는 것은 불가능해졌다. 입술로만 우리가 하나님을 사랑한다는 고백이 거짓 사랑임을 증명할 구체적인 방법이 제시된 것이다. 우리가 말씀을 사랑하는 것만큼 하나님을 사랑하는 확증의 기준이 된다.

하나님은 곧 하나님의 말씀이라고 밝히는 것에서 그치지 않고 좀 더 구체적으로 하나님을 사랑하는 방법을 제시하고 있다. 만약 네가 하나님을 사랑한다고 하면 내가 전한 말씀을 마음에 새기라는 명령으로 좀 더 구체화된 방법을 제시하고 있다. 여기서 하나님의 말씀을 마음에 새기는 것이 바로 마음을 다하고 의지를 다하고 힘을 다하는 하나님 사랑의 실제적인 방법이다. 만약 우리가 하나님을 사랑한다고 말한 후에 아무런 행동을 하지 않거나 말씀을 자기의 마음에 새기지 않는다고 하면 그 사람이 하나님을 사랑한다는 고백은 백 퍼센트 거짓이 된다는 원리이다. 그러면 하나님의 말씀을 마음에 새긴다는 의미는 무엇이고 또 한 걸음 더 나아가 어떻게 마음에 말씀을 새길 것인지에 대하여 말하고자 한다.

하나님의 말씀 마음에 새기는 방법

히브리어로 하나님의 말씀을 마음에 '새기고'는 하야 동사로 기록되어 있다. 이 단어는 히브리 문장구조에서 하야^{Haya}동사인데, 그 뜻은 영어의 비^{Be}동사와 같이 존재적 의미를 가지고 있다. 결국 우리가 하나님의 말씀을 마음 판에 새긴다는 말은 존재 동사로 기록하여 마음에 하나님의 말씀으로 가득차도록 만드는 존재가 되라는 의미이다. 하나님의 말씀을 우리의 마음에 새기는 것은 다른 방법으로는 불가능하다. 하나님의 말씀이 마음에 기록되도록 반복을 거듭하여 기억되게 하는 방법뿐이다.

예를 들어, 어린 아이가 말을 배울 때의 원리와 동일하다고 볼 수 있다. 어린이가 말을 배울 때 똑같은 단어를 단순히 반복해서 엄마가 들려주면 그 아이는 그 단어가 머리에 자리 잡음과 동시에 엄마의 입 모양을 따라서 그 단어를 말하는 것으로 한 단어씩 배워가는 것과 같다. 언어학자들은 어린 아이가 한 단어를 말하게 되기까지 3,000번 정도 반복해서 들으면 머리에 새겨지고 그 단어를 입으로 흉내 내어 말하게 된다는 것이다. 그 단어들이 많이 기억되고 단 문장부터 시작하여 긴 문장까지 말하게 되는 것은 하루 아침에 만들어 지는 것이 결코 아니다. 어린 아이가 우리처럼 말하기까지는 긴 시간이 필요하다.

마찬가지로 하나님의 말씀이 내 마음에 새겨지기까지는 긴 시간이 필요하다. 그 말씀을 반복하여 암기하고 암송하는 방법 밖에는 다른 지름길이 없다. 하나님을 사랑한다고 말하지 말고 하나님의 말씀을 당신의 마음에 새기고 그 양이 풍성해지고 많아지면 그것이 바로 하나님을 진정으로 사랑하는 사람이 된다는 것이다. 이것이 하나님의 말씀을 마음에 새기는 하야동사의 히브리 문장구조의 설명이다. 하나님의 말씀이 우리 마음에 새겨지는 것은 하루 아침에 되는 것이 아니라 많은 시간동안 각자의 마음에 새기는 반복이 있을 때 가능한 것이다.

　북한의 김일성은 이런 성경적 원리를 알지는 못했지만, 자신만의 방법으로 어린 아이들을 유치원에 모아 놓고 세뇌라는 전대미문의 학습법을 통하여 공산당 이론으로 무장해서 수십 년이 지난 지금까지도 그 세뇌된 사고에서 벗어날 수 없는 바보 같은 존재로 만들어 버리고 말았다. 그는 가짜를 진짜로 믿게 하는데는 어린 아이 때 십년이면 충분하다. 반복의 방법으로 세뇌를 시켰더니 성인이 되어 수십 년이 지난 지금도 진짜로 알고 살고 있는 비극이 우리 민족에게 일어났다. 정말 비참한 일이 우리 민족에게 일어났는데, 정작 우리는 생명의 말씀을 가지고 있으면서도 세뇌는커녕 말씀의 사람으로 만드는 일조차 하지 못한 우리가 너무 한심스럽다고 고백할 수밖에 없다. 하나님은 자신을 사랑할 수 있는 구체적인 방법까지 가르쳐 주었는데 우리는 그것을 유대인에게 주어진 말씀 정도나 아니면 관념적인 말씀으로 받아들이는 어리석은 짓을 하고 말았던 것이다.

　한편 히브리 문장구조에서 하야 동사인 존재동사는 살아있는 동적인 실재로 받아들여 하나님의 말씀이 히브리인들의 마음에 존재할 때가 그 말씀이 살아서 움직이고 역사하는 것으로 받아 들인다. 이것은 하나님의 말씀이 언제나 살아 움직이려면 그 말씀이 나와 하나가 되어 살아서 활동할 때 가능한 사실이 된다. 이는 하나님의 말씀이 사람들의 마음에 계속 있게 하여 그 말씀이 살아 움직일 수 있기까지 계속하라는 의미이다. 이것을 현대적 의미로 적용하면 자녀의 머리 안에 온통 하나님의 말씀으로 채워 두뇌 세척Brain Wash을 하라는 뜻이다. 그 구체적인 성경 교육에 대한 이야기는 다음 절에 방법론이 자세히 나와 있기 때문에 그때 언급하고자 한다.

e(7절) 테필린 교육 방법

"네 자녀에게 부지런히 가르치며 집에 앉았을 때든지 길을 갈 때든지 누워 있을 때든지 일어날 때든지 이 말씀을 강론할 것이며"

본 절에 하나님께서 가르쳐 주신 테필린 방법을 따라 유대인들은 자신의 어린 아이에게 하나님의 말씀이 마음에 새겨지도록 만드는 사명을 하나님으로부터 받은 사명이 자신들에게 있다고 생각하여 그렇게 수천 년간 말씀대로 실천했다. 이스라엘 부모는 누구든지 자기 자녀의 마음에 새기는 교육을 해야 한다는 당위성을 말씀하고 있다. 그러면 우리가 자녀의 마음에 하나님의 말씀을 새기는 방법이 무엇인가? 그것은 각 부모의 몫이다. 이 땅의 어떤 부모라도 그들은 자녀가 하나님의 말씀을 전념할 수 있는 교육을 통해서 그 말씀대로 살 수 있는 사람으로 교육하라는 의미이다. 이는 부모들이 자기 자녀들로 하여금 마음에 새겨진 그 말씀에 전심전력할 수 있도록 교육하는 것으로 끝나지 않고, 그 말씀대로 순종하면서 살 수 있는 수준까지 책임지는 것을 말한다.

이스라엘 부모들은 누구든지 자기 자녀가 하나님의 말씀을 자신의 마음에 전념할 수 있도록 수천 년간 지도했다. 이것이 이스라엘 부모들이 하나님의 자녀로 특수하게 교육하는 하나님이 가르쳐준 방법대로 살았더니, 그 말씀을 가진 탁월한 아이들로 하여금 세상을 변화시키는 역사의 자료들이 임상이 끝나서 우리에게 전달할 수 있는 모든 노하우들을 그들은 가지고 있다. 이 책에서 저자는 유대인 자녀교육에 대한 임상의 자료들을 가지고 수천 년의 비밀을 설명하고자 한다.

자녀에게 부지런히 가르치라

본 절에 '네 자녀에게 부지런히 가르치라'고 되어 있다. 여기서 '부지런히 가르치며'는 히브리어로 솨난인데 그 뜻은 '송곳으로 네 자녀의 마음에 콕 콕 찔러 새겨질 때까지 계속하라'는 의미이다. 하나님은 테필린의 방법으로 성경 말씀을 새기는 대상이 누구인지와 언제 그 대상에게 가르쳐야 할지에 대하여 너무 분명하게 말씀하시고 있다. 역시 하나님은 우리가 자신을 어떻게 사랑할 수 있는지에 대해서 구체적으로 적용하여 가르칠 뿐만 아니라, 그 대상은 어린 아이들에게 하는 것이 가장 효과적인 방법임을 잘 알고 계시기 때문에 구체적으로 알려줄 수 있다. 테필린은 누구에게 하는 것이 가장 효과적인가에 대한 문제는 네 자녀에게 부지런히 가르치라고 말씀하셨다.

하나님께서는 세상적인 가치관이 그의 생각을 지배하기 전에 어린 자녀에게 성경 말씀을 암송해서 말씀의 사람으로 무장하도록 하셨다. 즉 어린 시절부터 말씀으로 먼저 세뇌를 시키고 말씀의 사람이 되도록 만드는 것이 목적이었다. 유대인 부모는 이 말씀을 수천 년간 그대로 실천하여 자기 자녀를 말씀의 사람으로 무장시켜 영적인 유대인으로 키웠다. 오늘 저자는 우리로 하여금 그들이 가르쳤던 임상적으로 성공했던 방법을 구체적으로 배워 오늘의 자녀교육의 문제를 해결하기 위해 이 책을 쓰고 있다.

언제 어디서 가르치는가?

먼저 유대인들은 그들의 자녀를 수천 년 동안 부지런히 가르쳤다. 자녀들이 게을러서 성경을 암송하지 않으면 송곳으로 찔러 새겨지도록 하는 갖가지 방법을 동원해서 서로의 노하우를 공유하면서 결국 말씀을 암송하도록 만드는 일에 성공한 성경적인 자녀교육을 했다. 지금도 유대인 부모는 자녀에게 모세오경 전체 5,843절을 암송시키는 일을 하고 있다. 유대인 부모들은 만일 자신의 자녀가 성경을 암송하지 못하면, 자신은 부모로서 자녀에게 말씀전수에 실패했다고 생각한다. 그 이유는 하나님이 명령한대로 자녀를 가르치지 못했기 때문이다.

그들은 하나님이 가르쳐 준대로 집에 앉아 있을 때에 자녀에게 성경을 암송하는 갖가지 방법을 동원해서 암기하도록 했다. 지금 우리 자녀들이 집에 있으면 TV를 보든지 아니면 컴퓨터 게임이나 인터넷 서핑 중독에 빠져 있는 현실을 볼 때에, 유대인 자녀들의 테필린 암송을 하는 것과는 비교가 된다. 지금도 어린아이들이 있는 유대인 가정에 가면 TV는 물론 컴퓨터가 없는 가정이 대부분이다. 그 이유는 테필린의 말씀을 암송하는데 방해가 될 모든 요소는 제거하기 위함이다. 부모는 자신들의 세상적인 욕구는 포기하면서 자녀교육에 올인하는 것을 볼 수 있다. 심지어 유대인 부모들은 길을 걸을 때에도 성경암송하는 것을 게임처럼 하는 모습을 볼 수 있다. 물론 잠을 자기 위해 누웠을 때에도 하나님 말씀을 암송하는 것으로 하루를 마감하는 테필린을 하고, 아침에 눈을 뜨자마자 제일 먼저 하나님의 말씀을 암송하는 것으로 하루를 시작한다. 정말 그들이 말씀으로 생명을 걸고, 자녀교육을 일생의 사명으로 사는 것을 보면서 하나님은 왜 유대인을 택했는지를 알 수 있다.

진짜를 가지고 가짜처럼

살아계신 하나님을 믿는 우리는 진짜를 가지고 가짜처럼 믿고 있는데 반하여, 가짜들은 진짜처럼 믿는다는 비극적인 현실에 살고 있다. 이단들은 가짜를 정말 진짜처럼 믿고 세뇌되었고 자신들의 신앙에 광신도가 되었다.

또한 그들은 자신의 잘못된 신앙에 대한 판단도 할 수 없는 무기력한 존재가 되고 말았다. 그들은 자신이 믿는 이단의 집단이 잘못되었다고 판단할 수 있는 기준조차 상실한 상태로 세뇌당한 존재가 되었기 때문에 사탄의 올무에 걸린 불쌍한 존재로 전락하고 말았다. 그 이유가 과연 무엇인지 이제는 우리가 냉정하게 판단할 때가 되었다. 우리에게 이런 일이 왜 일어났는지 깊이 생각해야 할 때가 되었다. 저자는 우리가 자신도 모르게 매너리즘Mannerism에 빠져 살다가 진짜를 당연한 것으로 알고, 그 가치를 잊어버리고 사치품의 하나로 여기며 살다가 정작 우리가 믿는 기독교 신앙을 타락의 자리에 빠지게 했다고 생각한다. 우리가 진짜이기 때문에 극성맞은 이단들보다도 열배는 더 열심이고 진실하게 열정적으로 믿어야 마땅하다.

유대인 자녀교육 학가다

유대인들은 히브리 사고의 한 방법으로 학가다라는 반복교육의 원리로 자녀를 양육하고 있다. 반복교육이라고 말하는 학가다는 하나님이 이스라엘 백성에게 가르쳐주신 자녀교육의 탁월한 방법이다. 학가다의 반복교육은 최선의 방법이 바로 단순 반복하여 마음에 새기는 원리이다. 사실 이 방법은 단순 무식한 반복이라는 지루한 방식이다. 하지만 이런 학가다의 방법보다 아이들의 마음에 하나님의 말씀을 새길 수 있는 탁월한 방법은 지금까지 전무하다. 이는 하나님이 가르쳐준 방법이기 때문에 결과적으로는 최고의 방법이다. 실제로 어떤 문제든지 사람들은 어리석어서 반복하지 않으면 금방 잊어버린다. 예를 들어, 세상에서 제일 골프를 잘하는 사람은 다른 사람보다 동일한 방법을 얼마나 많이 반복해서 연습했는가에 따라 등수가 결정된다는 사실이다. 정작 이런 단순 무식한 반복이 가장 큰 능력이 된다는 사실이다.

학가다 반복교육은 유대인의 미드라쉬 Midrash—율법을 자세히 해석해 놓은 유대인의 주석—가 있는데 여기에 학가다의 교육 방법론이 나온다. 이는 단순히 반복해서 하나님의 말씀을 가르치고 외우고 암송하여 그 말씀이 삶으로 자동으로 실천할 수 있게 체질화시키는 방법이다. 이런 방법을 가지고 세계적으로 성공한 사람들이 의외로 많다. 앞에서 언급한 북한의 공산주의 체제로 성공한 김일성은 세계에서 가장 단순한 반복교육으로 최고의 교육효과를 본 사람이다. 그는 반복을 너무 시켜서 세뇌라는 새로운 교육 방법의 고안자이기도 하다. 세뇌는 아주 개인의 생각이나 사상이 아닌 공산주의 사상으로 계속적인 단순 반복으로 가짜를 진짜처럼 뇌에 새겨 넣는 방법이다. 실제로 북한 사람들은 태어날 때부터 죽을 때까지 반복해서 이런 교육을 받아 왔기 때문에 당연히 그런 가짜가 진짜로 입력되어 있다. 이제는 도리어 진짜를 말하는 사람이 그들 앞에선 이상한 사람이 되어버린다. 이것이 김일성이 70년간 성공한 잘못된 반복교육의 모습이다.

그런 반면에 우리가 알기로 하나님의 말씀은 영원한 진리이다. 이런 진리의 말씀은 인간의 이해나 지혜로 알 수 있는 것이 아니기 때문에 단순한 방법으로 반복해서 가르치는 것이 가장 좋은 교육이다. 우리의 믿음은 하나님의 말씀을 들음에서 생긴다고 했다. 따라서 하나님의 말씀을 반복하여 듣다보면 믿음이 생긴다. 이것이 반복교육의 핵심인 학가다 교육이다. 학가다 교육은 우리 아이들 정신이 온전히 하나님의 말씀으로 무장하여 학가다 될 때까지 반복하여 가르쳐야 한다. 이제 우리는 유대인의 학가다의 반복교육을 따라 우리 자녀들을 하나님의 말씀으로 암송시켜 말씀의 사람으로 무장하고 체질화시켜야 한다.

지금 이대로라면 한국교회도 서양교회처럼 건물만 남을 가능성이 있다

지금 이대로라면 서양교회처럼 교회 건물만 남고 수십 년 안에 한국교회도 무너질 가능성이 있다. 하지만 수천 년간 나라 없이 지낸 이스라엘이 자녀교육에서 성공한 민족으로 남아 있는 것은 단 하나 말씀이 대대로 전수되었기 때문에 가능한 일이었다. 이것이 우리가 유대인들이 자녀교육을 통하여 말씀의 아들로 만드는 테필린을 배워야 하는 이유이다. 하나님께서 이스라엘 백성들에게 쉐마 교육을 하는 원리는 단 한 가지 때문이다. 그것은 그 아이들로 하여금 철저히 무장되어진 하나님의 백성으로 살아갈 수 있는 교육이 필요했기 때문이다.

여기서 가르치라는 날카롭게 선 칼날처럼 만들라는 의미이다. 그 선 날로 요리사가 삶의 요리를 해서 하나님께 영광을 돌릴 수 있도록 말이다. 이는 또 끝이 뾰쪽하게 날선 정처럼 만들어 조각가가 자신의 걸작품을 삶에서 만들 수 있도록 우리 자녀를 가르치라는 말씀이다. 실제로 날이 잘 선 칼은 어린아이가 가지고 놀거나 강도가 들면 흉기나 자해하는 칼이 되지만 하나님의 말씀으로 잘 새겨진 칼은 하나님의 필요한 사람으로 만들기에 충분하다.

또한 가르치라는 말씀은 교육을 통하여 자녀로 하여금 하나님이 기뻐하시는 사람으로 만들어 가라는 뜻이다. 그 말씀을 계속 반복하여 가르치므로 자녀의 마음 판에 깊이 새겨 자신의 삶의 모습이 될 때까지 만들라는 의미이다. 마지막으로 가르치라는 말씀은 자녀가 삶으로 실천하는 것이 자동으로 될 때까지 계속 만들어 가라는 의미이다. 자기 자녀가 하나님이 기대하시는 명품이 될 때까지, 작품이 될 때까지 계속해서 가르치는 것을 포기하지 않는 것이 부모의 사명이라는 말씀이다. 여기서 쉐마 본문의 말씀을 통해서 하나님께서 기대하는 기대치가 있다. 그 기대치는 자녀로 하여금 삶에서 세상을 찔러 쪼갤 수 있는 능력의 사람이 만들어질 때까지 교육을 포기하지 말고 계속하라는 말씀이다. 왜냐하면 하나님의 말씀은 그 자체가 살았고 운동력이 있어 말씀을 받는 사람의 마음을 변화시키고 행동하도록 하시는 능력이 있기 때문이다.

하지만 이 말씀은 우선순위의 전제가 있다. 이 말씀을 맡은 부모가 먼저 변화되어 삶으로 나타나야 가르칠 수 있게 된다. 실제로 유대인들은 수천 년간 이 말씀대로 순종하여 역사 속에서 말씀이 살아 있다는 사실을 증명했다. 둘째로 이 말씀의 교육을 부모가 책임져야 한다는 전제가 있다. 이는 비록 하나님의 말씀을 랍비가 자녀를 가르치기도 하지만 전적으로 부모에게 그 책임을 위임하셨기 때문이다. 하나님의 말씀의 교육만이 사람을 변화시킨다. 이 테필린의 말씀대로 교육해서 그 결과로 평범한 사람이 특별한 하나님의 사람으로 만들어진다는 것이 유대인의 역사 속에서 증명된 사실이다.

마지막으로 부모가 본을 보여야 자식 대대로 살아 있는 말씀이 전수된다는 사실이다. 한국 교회가 유대인처럼 테필린으로 무장된 자녀를 만들 수 있다면 주님 오시는 날까지 소망이 있지만, 우리가 지금 이 문제의 심각성을 모르고 실행하지 않는다면 서양교회처럼 건물만 남아 있는 전철을 그대로 답습할 것이 분명하다.

어떤 방법으로 학가다의 삶에 적용할 것인가?

1. 손목에 매어 : 행위와 실천의 지침
2. 미간에 붙여 : 사고와 판단의 중심
3. 네 집 문설주와 바깥문에 기록하라 : 가정생활과 사회생활의 중심

왜 하나님은 유대인들에게 유독 테필린의 말씀만을 선별해서 이마와 손목, 문설주와 인방에 붙이라고 했는가? 하나님께서 유대인에게 특별하게 테필린의 말씀을 이마와 손목에 문설주와 인방에 붙이라고 하신 이유가 있는데, 원래 이마에 무엇을 표시하는 것은 히브리인들에게는 소유의 개념에 해당하는 행위이다. 이는 하나님의 백성이 특별히 말씀으로 구별하여 자신의 백성만이 행할 수 있는 특별한 의미로서 명령하셨다고 볼 수 있다. 하나님께서 인간을 만드셨을 때 사람이 하나님을 섬기며 살도록 원하셨다. 이 때문에 사람은 언제나 하나님 중심으로 살아가야 한다. 하나님은 인간의 악함을 아시고 다음과 같이 테필린에 말씀을 담아 상징적으로 가르치고자 하셨다.

1. 테필린을 이마에 붙이는 이유

사람은 자신도 모르는 사이에 죄인의 속성을 가지고 살아간다. 하나님은 인간의 이러한 악함을 아시고 말씀을 중심으로 살아가도록 미간에 붙이라고 하셨다. 보통 사람들은 자기 자신의 삶의 원칙을 세워 놓고 그 기준으로 살아가게 되어 있다. 그러므로 하나님은 유대인들이 하나님의 말씀을 중심으로 살아가도록 그 생각 속에 오로지 말씀만이 원칙이 되도록 이마에 붙여 살라고 하셨다.

사람의 미간은 인간의 중심으로 그 머리에서부터 사고 판단의 기준이 되는 곳이다. 사람의 머리는 생각하는 기관이다. 우리가 어떤 것을 사고하고 판단할 때의 기준을 어디에 둘 것인가? 이런 모든 종합적인 판단을 하는 곳이 바로 사람의 머리이다. 그래서 우리의 생각이 잘못되면 행동도 잘못될 가능성이 크다. 반대로 우리의 머리가 좋은 생각을 하면 결과적으로 행동도 좋은 방향으로 갈 가능성이 많다. 그러므로 사람이 무엇을 생각하느냐에 따라 그 행동이 결정된다. 이런 원리를 잘 아시는 하나님은 우리가 무엇을 생각하기 전에 하나님의 말씀이 우리 머리의 중심에 있어 모든 생각을 하나님의 말씀 중심으로 할 수 있도록 그 이마의 중심인 미간에 테필린을 붙이라고 말씀하셨다.

따라서 하나님은 유대인들에게 테필린의 말씀을 미간에 붙여 무엇이든지 하나님의 말씀으로 판단하고 결정해야 한다는 것을 가르쳐 교육하기 위한 하나님의 방법 가운데 하나라고 볼 수 있다. 사람은 참으로 어리석어서 어떤 것을 판단할 때 자기 기준의 자로 분별하고 판단해 버리는 경향이 있다. 하나님은 이런 인간의 어리석음을 아시고 말씀을 미간에 붙여 하나님의 말씀이 기준이 되어 세상을 판단하고 행동하라고 말씀하신 것이다. 그러므로 한 민족이 살아가기 위해서는 기준이 반드시 있어야 하는데 그것이 바로 하나님의 말씀이다.

그러한 판단 기준이 전통이거나 아니면 사람의 잘못된 가치관들이 기준이 되어서는 안 된다. 그 기준은 언제나 하나님의 말씀이어야 한다. 테필린의 말씀을 이마에 붙이는 것은 이제부터 너는 자신의 생각을 그치고 하나님의 말씀에 고정하라는 강력한 하나님의 메시지이다. 하나님의 말씀 교육의 핵심은 반복이다. 하나님은 그의 백성들을 말씀으로 반복하기 위해서 눈에 제일 가까운 미간에 붙여 말씀을 늘 반복해서 기억하고 판단의 기준을 삼으라고 말씀하시고 있다. 이스라엘 사람들은 하나님의 원리대로 말씀을 늘 반복하는 교육을 가정에서 실천하고 있다.

2. 테필린을 손목에 매는 이유

사람의 행동은 생각한 후에 손이나 발로부터 시작한다. 그래서 하나님은 유대인들에게 모든 행동과 실천의 지침인 테필린을 원칙적인 삶으로 삼고 손목에다 매라고 하셨다. 하나님의 말씀을 손목에 매고 살라는 의미는 대단히 중요한 명령이며 지침이다. 왜냐하면 사람이 어떤 행동을 할 때 그 행동의 기준이 무엇인가에 따라 그 결과가 엄청나게 다르기 때문이다. 사람이 생각의 판단과 행동이 대부분이 일치한다. 무엇을 생각하느냐에 따라 행동이 바로 나오기 때문이다.

따라서 우리가 어떤 원칙으로 생각하는가에 따라 어떤 행동이 나올 것인지가 결정된다. 우리가 하나님의 말씀을 미간에 붙이고 하나님의 말씀을 손목에 매고 있으면 그 사람의 생각의 판단과 행동의 기준이 말씀에 입각해서 할 가능성이 매우 높다. 하나님은 눈에서 멀면 마음에서도 멀고 눈에 가까우면 마음에서도 가깝다는 인간의 보편적인 현상을 너무 잘 아시기 때문이 이러한 명령을 내린 것이다. 인간의 선한 역사도 손목으로부터 시작되고 죄의 시작도 손목으로부터 출발한다. 따라서 하나님의 말씀을 손목에 매고 생활하라는 명령은 보다 강력한 하나님의 의도가 있다. 즉 하나님의 말씀을 기준으로 행동하고 손을 놀리고 발걸음을 옮기라는 강력한 메시지가 있다. 이런 하나님의 명령은 삶과 죽음을 결정하기도 한다.

통곡의 벽에 붙여진 메주자

테필린

3. 문설주(메주자)에 다는 이유

히브리인에게는 문설주Mezuzah가 그 집안의 중심으로 이는 가정생활의 중심으로 살라는 의미이다. 메주자Mezuzah란 문자 그대로 말씀을 담아 놓은 함을 말한다. 주로 나무 또는 금속이나 유리로 되어 있는 8cm 정도의 크기로 유대인 가정의 문설주에 붙여 들어가며 나가며 말씀을 기록하여 기억하라고 하나님께서 말씀 하셨기 때문이다. 메주자는 일반적으로 집안의 출입문 안에서 오른쪽에 있는 기둥 사이에 방바닥에서 150cm 정도의 높이에 달아 놓는다. 메주자 안에는 말씀을 적은 양피지가 접혀 있는데 신명기 6:4-9절의 말씀이 아주 작은 글씨로 들어가 있다.

그들은 들어가거나 나갈때 메주자에 손을 얹고서 기도하면서 오늘도 하나님의 말씀으로 승리하게 해 달라고 기도하고 말씀으로 생활에서 승리하는 삶을 살겠다고 서원한다. 그들은 매일 이런 반복된 방법으로 말씀 중심으로 살아가려고 몸부림을 친다. 이와 같이 히브리 민족은 계속적인 반복을 통해서 삶에 체질화를 목적으로 이런 아주 단순하지만 강력한 교육방법을 사용하고 있다. 이 모든 것들의 중심은 모두 반복에 있다. 인간은 너무나 연약하고 어리석어서 하나님께서는 우리를 교육하기 위한 방법으로 반복적인 원리로 삼으셨다. 그 반복으로 인해 히브리인들은 그 삶이 서서히 체질화되고 고유의 독특한 민족성으로 바뀌었다는 사실이다.

하나님께서 특별히 인방에 테필린의 말씀을 걸어 두라고 하신 것은 집안의 중심이 말씀이 되어야 함을 강조하심이다. 이런 하나님의 강한 명령은 수천 년의 유대인의 역사 가운데 실천되고 순종하는 민족으로 만들었다는 사실이다. 하나님의 반복적인 교육 방법이 축복 받은 백성의 모델이 되기에 충분하다. 저자가 알고 있는 유대인의 가정의 교육은 우리가 생각하는 것보다 훨씬 더 강하고 하나님의 말씀이 중심이 된다는 사실이다. 유대인의 역사가 이를 증명하고 있기 때문이다. 그들은 지금도 하나님의 말씀을 생명처럼 가정생활의 중심으로 살아가고 있다.

4. 바깥문에 기록하는 이유

이는 바깥문에 기록하여 그 말씀으로 사회생활의 중심과 원칙을 삼으라는 말씀이다. 그래서 하나님의 말씀대로 자신의 바깥문에 메주자를 붙여 들어가고 나가면서 하나님의 말씀을 기억하라는 말씀이다. 따라서 히브리인들은 나갈 때마다 문설주에 있는 메주자를 잡고 "여호와께서 나의 출입을 지금부터 영원까지 지키리로다."라는 시편 121:8절을 외우면서 기도한다. 또한 그들은 계속해서 아래와 같이 기도한다.[19]

---

19. 김남철, 《유대인의 신앙교육》 도서출판 국제문화, 1998 p.49

"주님 오늘도 사회생활에서 이 말씀으로 승리하게 하소서. 또한 이 말씀이 기준이 되어 사람을 만나게 하시고, 이 말씀이 원리가 되어 무엇인가를 결정할 때 하나님의 말씀대로 살게 하소서. 누군가를 만나게 될 때도 이 말씀의 원리로 만나고 헤어지게 하소서. 이 말씀이 사회생활의 승리의 기준이 되게 하시고, 이 말씀으로 사회에서 하나님의 영광을 드러내게 하소서."

또한 유대인은 세상에서 돌아올 때도 문설주에 있는 메주자를 잡고 또 한 번 하나님 앞에서 오늘 하루의 삶이 말씀대로 살았는지에 대하여 반성하며 자신의 삶을 점검하는 기회로 삼는다. 그러므로 유대인들은 문설주에 하나님의 말씀을 붙이고 사회생활의 원리로 삼는다. 이렇게 사람이 생각하는 것부터 시작하여 행동의 기준이 되는 손과 발이 무엇이 기준이 되어 살아가고 있는지를 분명하게 제시하는 유대인들이 세상에서 리더가 되는 것은 당연하다. 그들이 하나님의 말씀이 기준이 되어 하루를 시작하고 사회생활을 하며 집에 돌아와 다시 한 번 하나님의 말씀을 잣대로 하루를 반성하며 부끄럼 없이 살아가는 유대인들이야 말로 하나님의 주목을 받고 그분의 축복으로 세상을 이끌어가는 것은 어쩌면 지극히 당연한 결과로 여겨진다.

4. 제4의 말씀(신 11:13-21) - 축복의 말씀

테필린의 네 번째 방에는 축복의 말씀이 들어 있다. 이 본문에는 축복이란 단어가 계속해서 나타나기 때문이다. 왜 네 번째 방에 축복의 말씀이 있는가? 그것은 첫째 방에 구속에 대한 이야기가 나오고, 둘째 방에

바깥문과 문설주에 붙이는 메주자

구속 받은 장자의 헌신이 나오고, 셋째 방에 하나님만을 섬기는 이야기로 대대로 자녀에게 계승하라는 교육의 내용이 나오면서 그런 자에게 넷째 방의 축복의 주인공이 된다는 의미이다. 유대인들은 테필린의 말씀대로 살고 순종하면 반드시 축복이 따라온다고 믿고 살아왔다. 정말 유대인들이 테필린의 말씀대로 순종할 때 수천 년 동안 그들은 하나님의 축복을 받아 왔다. 그들은 이 말씀의 증인들이다. 유대인의 삶이 이 말씀을 임상으로 삶에서 증거하고 있다. 어느 누구도 테필린의 말씀대로 살면 축복이 오지 않는다고 단정할 수 있는 사람은 아무도 없다. 그것은 역사 속에서 이미 증명되었기 때문이다. 지금도 유대인들은 세계 모든 사람들의 중심에 서서 축복을 증명하고 있다.

당신도 유대인처럼 되고 싶은가? 그러면 테필린의 말씀에 생명을 걸고 순종하면서 살면 반드시 축복은 찾아온다. 하지만 마음에 명심해야

할 문제가 하나있다. 그것은 테필린의 말씀이 축복의 말씀인 것은 사실이지만 도리어 말씀대로 살지 않으면 유대인처럼 수천 년을 고난과 저주 속에서 살 수도 있다. 이것이 테필린 안에 들어있는 말씀의 진실이다. 무조건 축복만 있는 것이 아니다. 말씀대로 순종하고 지킬 때는 당연히 축복이 있지만, 말씀대로 살지 않으면 원하든 원하지 않든지 엄청난 고난과 저주가 삶에 그대로 임한다.

1. 축복의 조건(13절)

본문의 말씀은 너희가 "만일, 하나님의 말씀을 청종하고 하나님을 사랑하고 섬기면"이란 조건 충족 명령형 문장의 구조로 되어 있다. 특히 구약의 율법에는 이런 형태의 문장 구조가 흔히 나타난다. 이런 문장 구조는 조건이 충족되어야 그 약속이 축복으로 찾아오고, 만약 조건대로 충족되지 않으면 반대로 축복대신 저주가 온다는 말씀이다. 실제로 하나님 말씀의 명령형 문장 구조는 항상 조건을 전제하고 시작한다. 이 조건이 선행되고 충족될 때는 약속된 축복은 반드시 이행된다.

하지만 여기 조건 충족 명령형 문장 구조는 우리의 세심한 주의가 필요하다. 왜냐하면 그 말씀의 효력이 영원까지 지속되고 있기 때문이다. 다시 말하면 이런 문장 구조의 형태는 과거에 지나간 말씀으로 끝나는 것이 아니라 도리어 현재와 미래의 주님 오시는 날까지 그 힘이 지속된다. 이 말은 우리가 가볍게 넘길 사안의 말씀이 아니다. 만약 우리가 말씀대로 순종하고 지키면 축복이 영원히 지속되지만, 혹시 말씀대로 살지 못하면 자손 대대로 저주를 받기 때문이다.

먼저 테필린 네 번째 방의 본문은 축복의 말씀으로 청종하는 부분에 대한 언급으로 시작한다. 히브리어로 청종이란 원형이 "쉐마 쉐마"로 이는 '들으라' 는 쉐마 동사가 반복해서 나온 형태의 문장이다. 히브리인에게 이런 문장 구조는 동사가 겹쳐서 두 번 계속해서 나온 형태로 이 말씀을 강하게 강조할 때 쓴다. 쉐마 동사가 부정사 절대형과 미완료형이 반복되어 이 말씀을 듣고 또 듣고 계속 들어야 함을 강조하고 있다. 이런 단어의 반복은 과거도 들었지만 현재도 들어야 살고 미래에도 너희의 살 길과 축복의 길이 말씀을 듣고 실천하는데 있다는 의미이다.

우리나라의 표현으로 말한다면 '너 정말 잘 들어라' 는 식의 강조형의 문장구조이다. 하지만 히브리인들은 같은 단어를 두 번 반복하는 것으로 그 단어의 강조를 표현하는 일에 익숙하다. 이는 마치 예수님이 중요한 말씀을 하실 때 '진실로 진실로' (원어는 아멘 아멘)라고 말씀하신 것과 같다. 이와 같이 어떤 단어와 그 의미를 강조할 때 문장형태의 형용사나 부사를 써서 말하는 것보다 같은 단어를 반복하여 사용하는 히브리적인 문장 형태가 훨씬 더 의미가 강세를 나타낸다.

2. 축복의 내용(14-15절)

영어의 축복Bless이라는 단어는 피Blood라는 단어에서 파생되었다. 따라서 복Bless을 주는 자의 입장에서는 피를 주어야 하는 어려움이 있지만, 정작 받는 자에게는 피를 통한 복을 받기 때문에 좋다. 받는 우리에게는 복이지만 예수 그리스도에게는 피를 흘려야 하는 은혜의 단어이다. 성경에서 예수의 피가 흘러가는 단어마다 그것의 영향을 받는 자마다 그 피로 인한 사죄의 복을 받은 사람들에 해당한다. 예를 들어, 아담은 죄로 인해 하나님의 형벌을 피할 수 없었지만 하나님께서는 가죽옷을 지어 입힘으로 그 가죽 안에 흘려진 피로 인하여 용서함을 받고 복의 자리에 들어왔음을 보여주는 경우로 설명할 수 있다.

하지만 본문에 나오는 복은 하늘의 신령한 복보다는 이 땅의 물질적인 복으로 눈에 보이는 복이다. 히브리인들이 생각하는 복은 주로 구약성경에 나오는 대로 눈에 보이는 이 땅의 복에 더 관심이 많다. 특히 유대인은 하늘에 속한 눈에 보이지 않는 복에 대해서는 별로 관심이 없다. 우리가 상식적으로 생각할 때 이른 비가 내리는 계절은 봄이라고 생각할 수 있다. 마찬가지로 늦은 비는 가을로 생각할 수 있지만 그것은 우리의 상식이지 히브리 민족의 경우는 다르다. 이런 것이 우리가 히브리 사고를 배워야할 이유가 된다. 그들은 이른 비를 가을(9-10월)에 내리는 비이고, 늦은 비는 3-4월에 내리는 봄비에 해당된다.

하나님께서 제일 먼저 이스라엘 백성들이 말씀대로 순종하면 주시는 복이 이른 비와 늦은 비의 축복을 주신다고 말씀하셨다. 우리가 생각하기는 하나님이 주시는 축복이 크고 놀랍고 상상할 수 없는 것을 기대하지만 실제로 진짜 복은 때에 따라 적당하게 내리는 단비의 축복이다. 이는 때에 맞는 축복으로 시기와 절기에 따라 필요한 것을 적당하게 내리는 축복이야말로 진정한 축복이 된다. 하나님의 축복이 우리가 상상하지 못하는 엄청난 것이 아니라 이 땅에서 필요할 때마다 적당하게 임하는 축복이 진정한 축복이다.

여기서 우리가 알아야할 진리는 하나님의 축복이 우주적인 질서에 따라 임하는 자연적인 복조차 하나님이 허락하신다는 사실이다. 우리가 생각하는 비는 기도 안 해도 때가 되면 내리는 것으로 당연히 여긴다. 그러기 때문에 특별히 비가 오기를 기도하는 사람은 아무도 없다. 혹시 비가 오랫동안 오지 않아서 가물 때에 기도하는 것 외에는 그 누구도 평상시에 비가 오고 그치는 것에 대해 기도하는 사람은 없다. 그러나 성경은 비가 오고 안 오고의 문제조차 하나님의 손안에 있다는 것을 선포하고 있다. 결국 우리가 말씀대로 살면 적당한 때에 비가 오도록 자동으로 하늘 문을 조절하여 가장 적합하게 축복을 베푸신다는 말씀이다.

자연재해가 끊이지 않는 마지막 시대를 살아가는 우리에게 이런 자연을 하나님이 자동 조절해 주시는 축복은 실로 대단한 것이다. 특히 본문에 적당한 때의 히브리 단어는 '뻬잇토 Behito 인데 이는 '꼭 필요한 그때그때마다 내가 줄 것이다' 라는 뜻이다. 이는 자연의 섭리 가운데 하나님께서 알아서 비의 양과 시기를 가장 적합하게 조절해서 농사짓고 살아가는데 아무런 불편함 없이 조절하시는 축복의 은혜를 주신다는 말씀이다. 축복의 타이밍을 하나님이 조절하신다는 말씀이다. 그래서 곡식과 포도주와 기름을 축복이 될 정도로 넘치게 기본이 100배가 되게 조정하신다는 말씀이다. 정말 자연현상 배후에 하나님의 간섭과 도우심이 나타나는 것은 다름 아닌 유대인이 하나님의 말씀을 따라 순종할 때 축복의 간섭을 받는다는 사실이다.

3. 축복 대신 저주의 내용(16-17절)

혹시 이스라엘 백성들이 하나님을 섬기지 아니하고 마음이 다른 신에 미혹되어 그것을 섬기면 하나님께서 진노하사 하늘을 닫아 비를 내리지 않으시고, 땅이 소산이 없어 그 순간부터 속히 멸망의 삶을 살게 된다. 단지 유대인이 하나님 대신에 다른 신에게 관심을 갖고 섬긴다면 앞에서 허락한 이른 비와 늦은 비의 축복 대신에 하늘 문을 닫아 비가 내리지 않는 자연재해를 허락하는 것이 저주의 시작이다. 다시 말해 자연적 축복이 제거되는 것이 저주의 시작이다. 그 저주는 이 땅에서의 멸망이다. 민족의 미래가 사라진다는 저주이다. 이는 다른 말로 하면 자손이 이 땅에서 끊겨지는 엄청난 재앙이 자연재해로부터 시작된다는 논리이다. 참

하나님의 저주는 하루아침에 일어나는 것이 아니라 서서히 자신도 모르는 사이에 민족이 사라지는 재앙을 당한다는 것이다.

좀 더 구체적으로 말하면 하나님은 이스라엘 백성들이 자신을 떠나 우상을 섬기고 다른 신을 섬기면 두렵다고 말씀하신다. 그 이유는 그들이 멸망당할 것을 알고 계시기 때문이다. 그들이 하나님 대신에 선택한 것이 이방신이라면 이런 결과는 얼마나 한심한 일인가? 천지를 창조하신 하나님 대신에 피조물의 수준인 잡신을 섬기니까 하는 말이다. 그들이 하나님 대신에 잡신에 마음을 빼앗긴다면 그것보다 더 큰 비극적 교환이 이 땅에는 없을 것이다.

한편 이스라엘이 조물주이신 하나님 대신에 이방신에 미혹된다는 말씀은 히브리어로 '이프테'Ipte인데 이는 '열려 있다'는 파다Pada의 미완료형으로 '너희들의 마음이 넓게 열려 있다'라는 의미이다. 이는 그들이 자의적으로 마음을 열어 놓은 모습을 드러내는 것으로 스스로 자신을 지켜야 한다고 주의한 앞 문장과 좋은 대비를 보여 준다. 또한 이 단어는 '속이다, 유혹하다'는 뜻이 있어서 이 경우로 보면 이스라엘 자손이 마음을 지키지 못한 결과로 미혹 당할 수도 있음을 보여준다. 이로 보아 하나님께서 마음을 다하여 자신을 섬기라고 말씀하신 명령에는 한 치의 마음도 다른 것에 빼앗기지 말라는 의미가 강하게 내포되어 있음을 보여 준다.

하나님 대신 이스라엘이 이방신을 섬기면 주께서 '진노하사'라고 기록된 히브리어는 '웨하라 아프'Wehala Ap로 이는 '뜨겁게 불붙어 있는 상태'로 하나님의 심판이 즉시 임할 것을 암시하고 있다. 이는 하나님의 진노가 크심을 은유적으로 보여주는 단어로 적절하다. 하나님의 저주 가운데 가장 빨리 나타나는 동사가 진노하심이다. 이런 단어의 표현은 하나님의 진노가 즉각적이고 순간적으로 나타나는 질투하시는 하나님의 모습을 잘 보여주고 있다.

그리고 하나님은 진노의 표현으로 하늘 문을 닫는다. 히브리 사람들은 하늘이라는 단어가 나오면 그것은 하나님이 계시는 곳이란 의미도 내포하고 있다고 생각한다. 이로 인해 하늘 문을 닫는 다는 것은 하나님의 관심에서 벗어나서 그분의 저주 거리가 된 버려진 존재가 보여 진다. 그러므로 하나님께서 하늘을 닫으시면 더 이상 자연이 주는 축복을 경험하지 못하는 비참한 존재의 인간으로 전락하게 된다. 그들은 더 이상 비를 볼 수 없고 땅의 소산을 기대할 수 없고 서서히 먹을 것이 고갈된 기근으로 비참하게 죽어갈 수밖에 없게 된다. 이것이 하나님께서 자신 대신에 다른 신을 택한 사람들에게 주시는 저주인데 그 속도가 아주 서서히 일어나기 때문에 아무도 그것이 하나님의 재앙인지도 모르고 죽어간다.

4. 다시 테필린 교육(18-20절)

이스라엘 백성들이 하나님을 버리고 다른 신을 섬기면 일어날 수 있는 모든 저주의 가능성을 말씀하신 후에 다시 한 번 테필린의 교육으로 자녀들을 양육할 것을 권면하고 있다. 이 말씀의 반복은 쉐마 본문의 교육하라는 말씀과 동일하게 언급하고 있다. 하나님의 말씀은 전혀 새로운 것이 아니다. 율법의 핵심이 위로는 하나님을 사랑하고 아래로는 이웃을 내 몸과 같이 사랑하는 것이 구약의 중심이다. 따라서 이 핵심의 말씀을 자손 대대로 가르치고 전수해서 계승하는 반복교육이 그 전부이다.

하나님 말씀의 새로운 것만 추구하는 행위는 극히 비정상적인 태도이다. 하나님의 말씀은 아주 단순하고 명쾌하기 때문에 쉬운 것이 특징이다. 따라서 우리가 하나님의 말씀을 지키는 것은 아주 쉬워서 하나님을 사랑하는 일이 모든 삶의 중심이 되면 된다. 만약 우리가 하나님만 사랑한다면 다른 모든 것은 질서가 세워질 수밖에 없다. 이런 말씀의 원칙이 있기에 단순히 반복해서 가르치는 방법이 탁월할 수밖에 없다. 단지 하나님께서 이스라엘 백성들로 자신들의 자녀들에게 테필린의 말씀만 반복해서 가르치는 것으로 만족하지 않는다. 하나님께서 이렇게 테필린의 말씀을 반복해서 삶이 되도록 가르치라는 명령은 그 자녀들로 하여금 대대로 살아가면서 말씀이 삶의 체질화가 되어 절대로 하나님을 배반하지 않고 그분의 백성으로 살아가게 하기 위함이다. 하나님께서 기대하는 것은 이스라엘 백성들과 자녀들로 하여금 말씀의 체질화 교육이 반복교육의 목적이다.

말씀이 체질화되기 위해서는 단순하고 미련해 보이는 교육의 방법이기는 하지만 어리석은 인생에게 가장 확실하고 분명하게 각자의 마음과 생각 안에 각인 시키고 말씀의 생활화가 가장 잘될 수 있는 길이다. 이를 위해 하나님은 자녀들의 마음에 새겨질 때까지 가르치고 그 말씀이 삶의 생활화가 될 때까지 반복교육하라고 하셨다. 이스라엘 백성들이 자신들의 자녀들이 삶이 말씀화가 될 때까지 무조건 하나님의 방법을 따라 반복해서 체질화가 되도록 했기 때문에 수천 년 동안 말씀의 전수가 가능했던 것이다.

그들이 다시 '그 도에 부종하면' 이라고 말씀하신 단어가 히브리어로 '떼레크 다바크' Delek Dabak인데, 이는 떼레크(그 도)는 '그 하나님의 길들 안에서 걸어 다니다' 라는 의미이다. 이는 우리가 하나님께서 말씀하신 모든 것들 안에서 살면이란 의미가 된다. 또한 '부종하면' 이라고 번역되어 있는 다바크는 '그의 말씀 안에 붙어서 살' 는 의미이다. 이는 주님께서 강조하신 비유 중에 포도나무 가지가 줄기에 붙어 있는 말씀과 동일하다. 주님은 포도나무요, 우리가 그의 가지에 붙어만 있으면 잘 살뿐만 아니라 많은 열매와 함께 풍성한 축복의 결실이 있다.

5. 그리하면 하나님께서 약속하신 가장 큰 복이 온다(21절)

'하늘이 땅을 덮는 날의 장구함 같으니라' 는 말씀은 테필린의 말씀대로 순종하는 자에게 주는 가장 큰 복에 해당한다. 앞의 문장을 원문을 그대로 직역하면 '그 땅위에서 그 하늘의 날들과 같이' 라는 의미이다. 이는 하나님의 복이 하늘이 영구히 있는 것같이 땅에서의 복도 영원히 계속된다는 뜻이다. 또한 하늘의 날들이란 영원한 시간을 의미하기도 하지만 또 하나는 하나님께서 통치하시는 하나님 나라의 영원한 날들이 이 땅에서도 계속되는 영구한 복을 말한다. 이 말씀이 단순히 이 땅에서 오래 잘 살 것이라는 의미를 넘어서 영생하는 하늘의 축복까지 포함하는 엄청난 뜻이 내포되어 있다.

먼저 하나님의 말씀대로 순종하는 자에게 우리가 발바닥으로 밟는 모든 곳에 지경을 넓혀 주시겠다고 약속하셨다(24절). 지경이 넓혀지는 축복은 하나님이 우리에게 이 땅에 주신 가장 큰 복 중에 하나이다. 히브리인들에게 발은 힘을 상징하기 때문에 발로 밟는다는 것은 단순히 돌아다닌다는 의미가 아니라 그 땅을 정복하고 또한 그 땅의 지경을 넓혀 축복해 주신다는 뜻이다. 또한 하나님의 말씀대로 살아가는 자들에게 이 땅의 그 어떤 사람도 능히 당할 자가 없게 된다. 역사 속에서 이스라엘 백성들이 테필린의 말씀대로 살았을 때 능히 대항하는 나라도 없었고, 혹시 대적하다가 나라가 없어지는 경우도 허다하였다. 구약 성경은 바로 이런 축복의 모습들을 역사 가운데 증명하고 있다. 하나님의 백성의 무기는 테필린의 구약 성경의 모든 말씀이다. 이스라엘이 말씀으로 무장하면 그 어떤 나라도 감히 이기지 못했다.

대조되는 가문

어린 때부터 한 동네에서 함께 자란 두 명의 친구가 있었다. 한 친구는 뉴욕으로 나가 매춘부를 둔 술집으로 부자가 된 맥스 쥬크이다. 또 한 친구는 청교도적인 신앙생활로 경건하게 살았던 존 에드워드이다. 에드워드는 어릴 때부터 교회와 말씀 중심으로 살았기 때문에 그의 후손들은 하나님의 복을 많이 받았지만, 친구였던 맥스 쥬크의 후손들은 하나님을 믿지 않고 술과 여자들과 함께 인생을 살았기 때문에 미국의 대표적인 비극의 집안이 되어 두 집안의 삶이 수백 년을 지나면서 많은 대조가 되고 있다.

다음은 두 집안의 후손들에 대한 내력이다. 먼저 맥스 쥬크의 후손들은 총 1,062명으로 자손들은 많았으나 삶은 지극히 비참했다. 이들 중에 교도소 생활을 5년 이상 한 사람이 96명, 알콜 중독자가 58명, 창녀 65명, 정부 보조를 받는 극빈자 286명, 학교를 다니지 못한 자가 460명, 사고로 죽거나 비참한 최후를 맞이한 사람이 대부분이었다. 술집으로 돈을 벌었으나 자손들에게 하나님의 말씀을 전수하지 못한 집안의 최후는 너무 비참했다. 지금도 이 집안의 대부분의 사람들은 어두움과 음지의 삶에서 벗어나지 못하는 비극적인 인생의 주인공들이 되고 말았다.

하지만 참으로 하나님이 보시기에 경건하게 살았던 에드워드의 후손들은 896명이다. 먼저 그의 아들이 프린스턴 대학교의 설립자요 미국 대각성 운동을 주도한 조나단 에드워드 목사이다. 아마 미국의 청교도 시대와 현재 시대를 통 털어 가장 훌륭한 목사이며 교수라고 해도 틀린 말은 아니다. 그의 후손들은 대학교 총장이 13명, 대학교 학장이 66명, 언론인이며 문학가가 75명, 주지사가 3명, 상·하원의원이 4명, 부통령이 1명, 사업가가 73명, 법조인이 103명, 의사가 93명, 발명가가 21명, 목사가 116명, 그 외에도 미국을 움직이는 사람들로 역사에 남아 있다. 또한 범죄로 구속되어 사회적인 물의를 일으킨 사람이 없다는 것이다. 하나님을 믿는 후손과 믿지 않는 후손의 수백 년이 흐른 삶은 너무도 많은 차이가 있다는 사실이다.

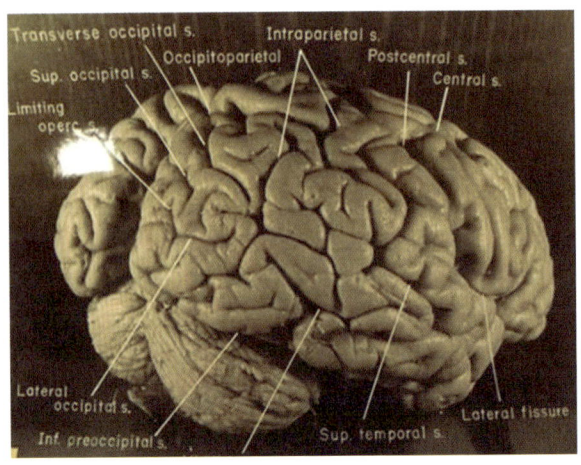

유대인 천재 아인슈타인의 뇌

6 tefillin

테필린,
하나님이 가르친 성경암송 사례

테필린 교육에 실패하면 유대 부모의 삶도 실패

유대인은 누구든지 자신의 자녀에게 하나님이 가르치신 방법대로 성경을 암송하는 교육을 하고 있다. 그들은 4살부터 13세가 되어 말씀의 아들 선포식이라고 부르는 바 미쯔바 예식을 할 때까지 무조건 토라Torah를 암송할 수 있도록 교육한다. 유대인 부모는 자기 자녀에게 테필린 교육을 통하여 바 미쯔바 예식을 하지 못하면 자신은 자녀교육에 실패한 부모라고 여긴다. 그 이유는 하나님이 친히 가르쳐주신 테필린의 방법대로 성경을 암송하도록 만들지 못했기 때문이다. 우리가 자녀를 낳고 먹을 것과 기본적인 교육을 시키는 것은 사람의 도리가 아니다. 그 이유는 짐승도 이 정도의 본능적인 교육은 자기 새끼에게 당연히 시키기 때문이다. 만약 우리가 자기 자녀에게 기본적인 교육만 시킨 것으로 끝 난다면 그것은 짐승과 동일한 본능적인 교육외에는 한 것이 없는 것과 같다. 그래서 유대인은 하나님의 아들로 만들어 주는 것이 바로 자신에게 선물로 주신 하나님께 당연한 삶의 모습이라고 여기기 때문이다.

자녀에게 테필린 교육

먼저 유대인이 자녀를 낳으면 그것은 육적인 이스라엘 사람이라고 부른다. 그는 생태적으로 유대인이 된 것이지 그 아이가 종교적인 유대인이 되는 것은 아니라고 생각한 것이다. 정작 유대인의 아이가 종교적인 유대인이 되는 것은 테필린의 교육을 통해서 하나님의 말씀이 그 자녀에게 전수되어야 진정으로 유대인이 된다고 여긴 것이다. 그렇지 않으면 그는 어느 시점에서 이스라엘 백성으로 살아갈 수는 있을지 몰라도 그가 진정한 종교적인 이스라엘은 되지 못한다. 그러므로 유대인 부모는 무조건 테필린의 방법으로 자녀를 교육하여 13세가 되면 말씀의 아들 선포식으로 자신이 부모의 사명을 다했다고 여긴다. 유대인 부모는 자기도 그의 부모로부터 테필린의 자녀가 된 것처럼 자신 또한 자기 자녀를 테필린의 아이로 만드는 것이 자신에게 주어진 유일한 사명이라고 여기고 실천했던 것이다.

말의 훈련 방법에서 얻은 힌트

하나님이 가르쳐 주신 성경암송의 방법은 아주 단순하고 무식하며 반복하여 암기하는 것이다. 그것은 새로 태어난 자녀가 어느 정도의 나이가 되면 말을 배우게 되는데 모든 부모는 자기의 자녀에게 가장 쉬운 단어부터 반복해서 아이의 귀에 들려준다. 보통 아이들은 제일 먼저 말하는 단어가 엄마라고 말하는 것을 볼 수 있다. 왜 아이들은 제일 먼저 엄마라고 말하는 것인가를 아는 것은 우리가 성경을 암송하는 원리와 같기 때문에 대단히 중요하다. 그 아이들이 엄마라고 제일 먼저 말하는 것은 혹시 자기 엄마가 먹을 것을 주기 때문인가? 결코 아니다. 그러면 무엇 때문에 엄마라는 단어를 처음 말하게 되는가 하는 문제이다. 그 이유는 그 아이가 자기 엄마로부터 반복해서 듣는 단어가 엄마라는 단어이고, 그 단어를 계속해서 아이에게 강요한다.

"엄마라고 말해봐!"
"엄마라고 말해, 존!"
"엄마야, 존!"
"엄-마, 엄마, 엄마" * 3,000번 반복

언어학자의 실험에 따르면 어린 아이가 어떤 단어를 뇌에 기억이 되고 그것을 흉내 내어 말하게 되기까지는 적어도 3,000번 정도로 반복해서 듣게 되면 그 아이는 그 단어가 세뇌되어 그대로 따라하게 되는데, '엄마'라고 흉내 내게 된다. 그러면 그 아이는 그 단어가 계속 입에 중얼거리고 그 단어가 자신의 언어로 각인이 되는 것은 또 다시 몇 백번을 반복하면 이제 그 아이의 뇌에는 엄마라는 단어는 인식할 수 있는 언어가 된다. 하지만 이 아이가 계속해서 엄마라는 단어를 영원히 기억되는 것이 아니라 그 후에도 계속해서 반복할 때 자기의 언어로 입에 자동으로 인지되는 것이 말의 형성이다. 결국 어린아이가 언어를 습득하는 과정은 동일하게 이런 일을 계속해서 반복하면서 형성되는 것이다. 한 아이가 말을 하는 것은 대단히 많은 시간과 노력, 그리고 반복이라는 지루한 방법을 통해서 만들어지는 것으로 보면 된다.

적어도 한 아이가 정상적인 말을 하게 되는 것은 부모의 끝없는 반복적인 훈련으로 만들어진 노력의 결과이다. 이것은 기적도 아니고 놀라운 일도 아니고 오직 훈련으로 만들어진 것이 우리가 지금 누구나 말하는 언어이다. 한 사람이 말을 하고 글을 쓰는 것도 결국 마찬가지의 훈련을 통해서 반복된 결과라고 보면 된다. 그래서 말을 해도 글을 모르는 것은 글에 대한 동일한 훈련을 하지 않으면 도저히 형성될 수 없는 것이다. 말과 글은 자기 뇌에 반복적으로 훈련한 것들의 결과로 만들어진 것들 중의 하나이다. 마찬가지로 하나님의 말씀을 훈련하는 것도 이것과 동일하다. 이런 방법이 아니고는 어느 날 갑자기 성경 말씀이 외어지는 일은 결코 없다. 하나님은 이런 방법만이 성경 말씀을 암송하는 유일한 원리임을 잘 알고 계셨다.

성경암송의 어려움

그러나 우리가 왜 성경암송하는 일이 어려운가를 알아야 한다. 그 이유는 생존에 꼭 필요한 말과 글과는 달리 성경을 암송하는 것은 생존하는데 최우선적인 일이 아니기 때문이다. 이런 이유 때문에 유대인들조차 모두 테필린을 통해서 성경을 암송하는 것이 아니라 정확한 통계는 낼 수 없지만, 모든 유대인들은 성경을 암송하는 것이 대단히 중요하다는 사실을 알고 있기 때문에 그들의 부모가 어릴 때 성경을 암송하도록 환경과 여건을 만든다. 그러나 결과론적으로 볼 때 성경암송에 성공하는 사람들은 소수에 불과하다. 그만큼 성경을 암송하는 일은 너무도 어렵고 힘든 훈련과정의 하나라고 볼 수 있다. 특히 이방인의 사고로 무장된 우리는 성경을 암송해야 한다는 당위성도 없고 그렇게 어린 시절부터 배운적이 없기 때문에 성경을 암송하는 경우는 극히 드문 일이 아닐수 없다.

코헨 박사의 성경암송 훈련

유대인 자녀는 신명기 6:4절부터 9절에 나와 있는 방법대로 그의 부모의 의지를 따라 성경을 암송한다. 그들은 토라 즉 창세기, 출애굽기, 레위기, 민수기, 신명기 전체를 차례대로 암송한다. 저자의 스승인 코헨 박사도 13세 때에 토라는 물론 이사야 전체를 암송하여 바 미쯔바 예식을 행했다고 한다. 특히 그는 구약 성경의 대부분을 히브리어로 암송한다. 물론 13세 이전에 그의 부모에 의해서 훈련에 훈련을 거듭하여 거의 다 암송하게 되었다고 한다. 그는 대제사장 아론의 147대 손으로 대대로 대제사장의 집안이다. 그러므로 그의 부모는 자기 자녀에게 제사장의 집안으로 부끄럽지 않기 위해서 구약성경 전체를 외어야 하는 것을 당연한 것으로 알고 반복해서 외웠다고 한다.

그런데 신기한 것은 코헨 박사의 말에 따르면 자신이 4살 때 처음 외울 때는 창세기 1:1절 한 절을 외우는데 며칠이 걸려서 겨우 암송할 수 있었다고 한다. 그런 훈련은 창세기 10장까지 계속해서 외우는 속도가 진척이 없었는데, 10장을 넘어 갈 때부터 암기 속도가 배가하고 날이 갈

수록 그 암송 시간이 단축되더니 창세기 50장까지 외우고 출애굽기를 외울 때는 자신의 뇌가 암기할 수 있는 구조로 바뀌는 것을 느꼈고, 그 후부터 암송하는 속도는 급속하게 빨라졌는데 대부분 3번 부모가 읽어주면 자신도 모르는 사이에 암기가 되어지는 것을 경험했다고 한다. 그는 구약의 대부분을 몇 번 읽지 않고도 암송할 수 있는 지혜를 하나님이 성경암송 훈련을 통해서 주셨다고 몇 번이나 강조했다.

저자도 코헨 박사는 천재적인 머리를 가지고 있다고 느낀 것이 한 두 번이 아니다. 그는 신약 중에 요한계시록 전체를 헬라어로 외우고 있다는 것이 저자에게 더 큰 충격이었다. 그것은 헬라어가 그의 모국어도 아니고 나처럼 배운 언어인데 어떻게 그렇게 외우고 있는가 하는 점이 이해가 되지 않았다. 하지만 저자는 그의 말을 듣고 어떻게 그런 일이 가능할 수 있는지를 알았다. 그것은 자기의 머리 구조가 천재적이기 때문에 지금은 어떤 것을 보거나 들으면 자동적으로 암기된다고 말하는 것을 들으면서 참으로 코헨 박사가 부러웠다. 그는 참으로 성경의 말씀이 증명되는 순간을 자신이 경험으로 알게 되었다고 말하는 것을 강의를 통해서 들었다.

저자는 그때 딱 한 번 우리 부모님을 원망한 적이 있다. 그 이유는 내가 만일 유대인의 부모처럼 어렸을 때 성경을 암송하는 훈련을 했다면 나는 지금 천재적인 두뇌를 가지고 있었을 것인데 말이다. 하나님의 말씀은 정말 지혜와 지식의 근본임이 틀림없다.

"하나님의 말씀은 지혜와 지식의 근본이니라" (잠 1:8)

이단들도 성경을 도용해서 세뇌 교육을 하는데

　이단들이 왜 역사적으로 흥왕 하는가 하는 문제는 우리가 다시 한 번 질문하고 그 답을 알아야 한다. 저자가 볼 때 이단들은 이런 기본적인 반복의 훈련이 얼마나 무섭고 대단한가를 잘 알고 있는 똑똑한 사람들이 아닐 수 없다. 물론 그들이 잘못된 길을 갈 뿐만 아니라 다른 사람들의 영혼까지 죽이는 일이기 때문에 조심스럽기는 하지만 저자가 말하지 않을 수 없다. 이단들은 자신들이 잘못되었다는 생각보다는 교주 자신도 자신이 추구하는 교리에 세뇌되었기 때문에 다른 사람들에게 그 세뇌를 반복적으로 교육시키고 훈련시켜 훈련생으로 하여금, 그 잘못된 교리가 진짜인 것처럼 착각하게 하는 광신도를 만드는 작업을 반복한 결과라고 보면 된다. 그들에게 아무리 진리를 가지고 말을 해도 이미 세뇌된 그들의 두뇌는 다른 것을 적으로 인식하고 공격할 뿐이지 그들에게서 다른 것을 기대하는 것은 불가능하다.

　가짜는 진짜처럼 자신들의 잘못된 교리를 진리로 알고 가르치는데, 왜 우리는 그들보다 못하는가. 사실 우리는 이단보다 더 강하게 성경을 암송하는 훈련을 해야 한다. 그래야 우리와 우리 자녀의 시대에 소망이 있지 만약 말씀 전수하는 일을 우리 자녀 세대에 실패하면 그 다음은 한국교회의 문을 닫는 것은 시간의 문제일 뿐이다. 이제라도 다시 시작하면 늦지 않았다. 우리가 몰랐을 때는 할 수 없었지만, 이제 유대인들이 독창적으로 발견한 것이 아니라 도리어 그들도 하나님이 하라는 방법대로 했더니 정말 그 말씀의 사람이 된 것처럼 우리도 시작하면 된다. 정말 우리는 진짜가 진짜되게 하는 사명을 가지고 있다. 테필린의 말씀암송의 방법은 하나님이 직접 우리에게 가르쳐준 원리이다.

유대인은 실천했고, 우리는 관념적으로

유대인과 우리의 결정적인 차이는 그들은 하나님이 하라는 데도 말씀 암송의 방법을 그대로 순종했다면, 우리는 그 말씀을 동일하게 받으면서 머리로만 이해하고 순종하지 않았다는데 그 차이가 있다. 그들이 특별하기 때문에 성경암송에 성공했다고 생각하지 않는다. 단지 그들은 순종하는 방법을 택해서 단순 무식하게 반복해서 지금의 자녀교육에 말씀전수라는 놀라운 결과를 만들었다. 하지만 우리는 지난 2000년 동안 그 어떤 교회도 이런 방법을 실천하지 않고 오늘에 이르렀다. 결국 우리의 성경을 대하는 방법의 실패라고 저자는 분명히 말하고 싶다. 다시 우리부터 유대인들이 수천 년간 임상으로 성공한 방법이라면, 분명히 우리도 그들의 방법을 배워 순종하면 성공할 수 있다고 믿는다. 이미 저자의 강의를 듣고 테필린의 말씀을 암송하는 그룹들과 개인들이 많이 있고 그들이 성공적으로 암송하고 있다는 소식을 계속해서 듣고 있다.

공산주의조차 세뇌교육으로 승부

칼 막스Karl Marx의 책을 읽고 스스로 공산주의가 되어 이 땅에 최초로 구소련 공산주의를 세운 레닌Lenin은 다음과 같이 고백했다.

"나에게 공산주의 사상으로 세뇌되어 무장된 백 명의 젊은이만 있다면 나는 반드시 러시아 전체를 공산주의로 만들 것입니다."

자신의 고백대로 레닌은 십년 이상 젊은이들에게 공산주의 사상을 세뇌시켜 결국 혁명을 통하여 구소련 공산주의의 나라를 세웠다. 무엇이든지 반복하여 세뇌가 되면 엄청난 일들이 일어난 것을 우리는 역사 속에서 잘 알고 있다. 마찬가지로 북한 당국이 자국민을 세뇌시켜 70년이 넘도록 정권을 유지하고 있다. 물론 이러한 잘못된 세뇌는 긴 세월동안 지속되지는 않는 것 또한 역사가 증명하고 있는 사실이다. 하지만 반복의 능력은 엄청나다. 지금도 세상 어느 곳에서인가 반복교육을 통하여 세뇌되어 나쁘게 이용당하고 있는 사람들이 많이 있다는 사실이다.

하나님이 가르친 성경암송, 테필린 교육

신명기 6장은 이미 테필린 세 번째의 방에 들어 있고 그 구체적인 내용은 자세히 설명했기 때문에 다시 반복하지는 않지만, 수천 년간 유대인들이 어떻게 그 내용을 자기들의 자녀교육에 적용해서 하나님의 사람으로 훈련시켰는지에 대한 구체적인 설명을 하고자 한다. 출애굽 후 하나님은 시내 산에서 토라를 주시면서 이 말씀을 너희 마음에 새기라고 한 것을 그대로 실천해서 말씀의 사람이 되고자 했다. 물론 하나님께서 주신 말씀을 각자의 마음에 새기라고 하신 말씀을 그대로 암송하라는 의미로 받아들였다. 여기서 마음에 '새기라'는 명령형 동사의 히브리어의 의미는 '송곳을 가지고 하나님의 말씀을 돌에 새기듯이 너의 마음에 새겨라'는 뜻이다. 따라서 그들은 그 말씀이 마음에 새겨질 때까지 암기하고 또 암송하고 반복하여 완전히 외울 때까지 계속했다.

이러한 과정은 너무나 단순하고 무식하기 때문에 결코 쉬운 일이 아니라는 사실을 그들은 경험을 통해서 알게 되었다. 그래서 하나님께서 "너의 자녀에게 이 말씀을 가르치고 잠에서 깨어 일어날 때든지, 잠을 잘 때든지, 길을 걸어갈 때든지, 앉아 있을 때든지 반복해서 암송하게 하라"는 명령을 그대로 순종하여 자기의 자녀에게 성경을 암송시키는 일에 생명을 걸게 되었다. 유대인들은 어른이 되면 어떤 일에 분주하여 하나님의 말씀만 외우고 반복해서 암송하는 일이 절대 쉽지 않다는 사실을 자신의 경험으로 알고 하나님께서 왜 어린 아이 시절에 암송하라고 명령했는지를 잘 알고 그대로 실천했던 것이다. 그들은 어린 자녀에게 성경을 암송할 수 있도록 모든 환경을 만들었다.

유대인의 성경교육의 나이

그들은 수천 년의 체험을 통해 4살부터 13세까지가 말씀암송 교육하기에 가장 적절한 나이임을 알았다. 4살 이전에는 아이들이 너무 어리고 산만하여 암송교육이 거의 불가능함을 알았다. 또한 13살이 넘어간 아이는 이미 다른 것들에 자신도 모르게 세뇌되어 하나님의 말씀을 암송할 수 있는 집중력이 떨어진다는 사실도 알았고, 이미 그 나이가 넘어가면 누군가가 시켜서 집중할 수 있는 나이가 아니라는 사실도 경험을 통해 체득했다. 그래서 유대인들은 4살부터 13세까지 10년 동안 테필린의 나이로 정하고 그 나이까지는 무조건 집에서 엄마와 아버지로부터 암송의 훈련을 받는다. 유대인들이 디아스포라가 되어 백여 개의 나라에 흩어져 살았지만, 끝까지 포기하지 않은 것이 바로 자기 자녀에게 테필린 암송교육을 시키는 것이다.

이런 훈련은 몇 가지 유대인이 유대인 되는 공통분모가 되어 세계 어디에 살든지 한 민족으로의 가치를 공유하는 결정적인 계기가 되었다. 결코 그들이 미리 이 사실을 알고 테필린의 성경암송을 한 것은 아니었다. 단지 자신들이 하나님의 백성이기 때문에 하나님의 자녀로 살아남기 위해서 할 수 있는 유일한 일을 한 것이 유대인의 고유한 가치가 형성된 것이다. 먼저 그들이 세계 어디에 있든지 테필린의 훈련을 통하여 성경을 자녀에게 암송시킬 때 히브리어를 사용하여 수천 년의 간격에도 불구하고 살아 있는 언어로 다시 부활하는 결정적인 계기를 만들어 주었다. 또한 그들이 각자의 나라에서 테필린의 말씀대로 가정에서 절기를 지키고 안식일을 지키려고 몸부림을 치면서 성경적인 연대감과 절기로 인한 공감대가 유대인을 하나로 만드는 계기가 되었다는 사실이다. 정말 테필린의 성경암송은 하나님의 사람들을 하나로 묶는 동기가 되기에 충분한 사건이다.

성경암송 방법

그들은 4살짜리 아이에게 창세기 1:1절 한 절을 가지고 몇 개월을 씨름하며 암기할 수 있도록 반복하고 또 반복하는 지루한 훈련을 계속했다. 드디어 이 아이가 1절의 여섯 단어를 암기하는데 걸린 시간은 피를 말리는 반복 훈련으로 대부분의 가정에서 몇 개월을 소요했다. 유대인들은 이런 단순한 방법을 가지고 한 아이가 하나님의 사람이 될 수 있도록 시간과 정력을 투자했다. 그들이 훈련한 방법은 단순했다. 처음에는 한 단어만 가지고 자기 자녀가 암기하도록 반복했다.

예를 들어, 히브리어로 창세기 1:1절이 다음과 같다.

"베레쉬트 바라 엘로힘 에트 하쇠마임 에렛 하아렛츠" (한글음역)
"태초에 창조하셨다 하나님이 하늘들과 땅을"

유대인 부모는 '베레쉬트'(태초에)라는 단어를 가지고 4살 아이에게 그 말이 그 자녀의 뇌에 새겨질 때까지 계속해서 자신의 입으로 말한다. 그리고 그 아이가 적어도 천 번 이상을 '베레쉬트'라는 말을 듣고 자신도 모르게 지금까지 들었던 단어가 아이의 입에서 터져 나올 때까지 계속한다. 정말 유대인 부모들의 노력은 대단하다. 하지만 한국인의 부모도 다른 방면에서는 이 정도는 다 한다. 예를 들어, 말을 아이에게 가르치기 위해서 그 아이가 그 말을 할 때까지 포기하지 않고 하는 것과 같다. 그런 방법으로 자기 아이에게 성경을 암송할 수 있도록 환경을 만들고 훈련한다면 당연히 우리의 아이들도 말씀의 자녀가 될 것이 분명하다고 저자는 확신하고 있다.

한 단어가 끝나면 아이도 신나고 부모도 덩달아 신이 나서 다음 단어로 넘어간다. 그것은 바로 '베레쉬트 바라'를 이어서 암기할 수 있도록 계속 훈련한다. 이렇게 훈련하다보면 창세기 한 장을 외우는데 빠른 아이는 3개월이 걸리고 늦은 아이는 6개월이 걸린다고 한다. 하지만 점점 암기하는 속도가 붙는 것이 하나님이 만드신 아이들의 놀라운 잠재력이다. 이렇게 암기하면서 약 1년이 지나면 창세기 10장까지 암송하는데 이미 그 아이의 머리는 천재적인 암기구조로 바뀐다. 아이의 뇌의 전두엽에 있는 뉴런이 최고로 활발하게 활동하여 슈퍼 컴퓨터의 두뇌로 바뀌고 그 어떤 것이 입력되고 귀로 듣게 되면 어떤 내용이라고 할지라도 사진 촬영하는 것처럼 그 말들이 입력되는 뇌 구조로 바뀐다는 사실이다. 이런 것은 이미 성경의 토라를 암송하는 아이들의 IQ가 대부분 150이 넘어 천재적인 머리 구조로 바뀐 것은 이미 오래전에 임상으로 밝혀진 사실이다.

창세기 10장을 넘어가면 그때부터는 부모가 성경을 읽어주고 아이는 듣게 되는데 빠른 아이는 세 번만 들으면 암기가 되고 다시 세 번만 암송하면 그의 뇌에 새겨진다는 것이다. 그때부터는 성경암송 속도가 빨라져서 빠른 아이들은 학교 가기 전에 이미 창세기, 출애굽기, 레위기, 민수기, 신명기를 암송하고 다른 성경책들도 암송하는 대단한 하나님의 사람으로 성장한다는 통계이다. 나의 스승 코헨 박사가 바로 그런 경우로 그는 구약 성경의 대부분을 다 암송하는데 13세가 되기 전에 끝냈다는 것이 증명이 된다. 유대인들이 세계 모든 분야에서 리더가 되는 것은 당연하다. 이런 성경적 교육이 이미 어린 시절에 끝나고 모든 학문적인 분야에서 조차 주인공이 되는 것이다.

성경암송의 실제적인 테크닉

성경을 암송할 때 반복이 능력이 되는 것은 우리 모두가 알았다. 만약 창세기 1장을 암송할 때 먼저 1절을 암송했으면, 이제 2절을 암송하기 시작해서 다 암송했다고 하면 바로 3절로 암송을 시작하면 그런 사람들은 결국 실패할 수밖에 없다. 그 이유는 암송에 집중하면서 각 절은 암송이 가능할지 모르지만 이미 암송하고 지나간 구절들이 자기의 뇌에 새겨진 것이 아니라 임시로 저장되어 있다가 조금 지나면 잊어버리는 결과가 나타난다. 이런 경험은 우리가 학교에서 시험을 본다고 벼락치기로 공부하고 시험을 보고 나면 다 잊어버리는 것은 바로 암기는 했지만, 계속해서 반복하여 암송하는 훈련을 하지 않으면 모두에게 공통적으로 까먹는 일이 일어나는 것은 너무도 당연하다. 그러므로 1절과 2절을 암기했으면 다시 한 번 1, 2절을 암기하고 난후, 3절을 암기하여 다 끝나면, 다시 한 번 1, 2, 3절을 반복하여 암기하는 방법으로 하게 되면 매절을 암기하고 난후 다시 반복하여 완전히 그것들이 자신의 머리에 새겨지도록 훈련하는 방법으로 실천하면 절대로 잊어버릴 염려가 없다.

그리고 1장 암송이 다 끝나면 다시 반복하여 암송을 하고 2장을 외우면 된다. 하지만 2장을 외울 때도 1장을 외울 때와 동일하게 한절이 끝나면 외운 절까지 반복하여 암송하고 다음 절을 암기하는 방식으로 하되 1장은 이 때 반복할 필요가 없다. 만약 1장부터 다 외우고 2장을 다시 외우면 너무 시간이 걸리고 아이로 하여금 너무 진도가 나가지 않아 질리게 할 가능성이 많기 때문이다. 그러므로 2장 전체를 다 암송하게 되면 그때는 3장을 시작하지 말고 1, 2장을 이 때 다시 암송하여 두 장을 다 외웠다는 것을 확인하고 또 한번 자신의 뇌에 새기는 일을 반복한다. 그렇게 계속하게 되면 창세기 50장을 다 외웠을 때는 50번을 반복하는 결과를 가지게 되어 절대 잊어버리지 못하도록 훈련에 훈련을 거듭하는 방법 밖에 없다. 그동안 유대인들의 임상으로 보면 창세기를 외운 아이는 토라 전체인 5,843절을 다 외울 수 있는 잠재력과 가능성을 다 가진 것으로 보고 결국 그런 아이는 몇 년 안에 전체를 외울 수 있다는 결과가 증명되었다.

부모가 읽어주고 아이는 듣고 암송

나이가 어린 아이는 그의 부모가 읽어주고 암기하도록 하는 방법이 가장 효과적이라고 유대인들은 말하고 있다. 하지만 13세가 넘었거나 어른의 경우는 자신이 암기하는 방법 외에는 다른 방법이 없다. 그런 사람들은 스스로 하나님의 말씀을 암기하기 위해 처절한 노력을 해야 한다. 성장한 사람의 경우에는 어린 아이가 부모에게 암기하도록 훈련하는 방법보다 10배의 노력이 필요하다. 어린 아이를 훈련시킬 때는 부모의 노력이 다른 사람들보다 10배 이상이 들고 자기희생이 없이는 도무지 하나님의 사람으로 훈련시킬 방법은 없다. 부모의 의지만으로 하나님의 사람이 만들어지는 것을 알아야 한다. 그런 면에서 보면 유대인 부모는 정말 대단한 사람들이라고 칭찬하지 않을 수 없다. 자기 자녀를 하나님의 사람으로 훈련시키기 위해서 자신의 모든 삶을 희생하여 자녀에게만 온전히 시간을 투자하여 10년을 훈련시키는 결과로 테필린 아이가 만들어지는 것이다.

테필린의 성경암송 방법을 적용한 사람들

저자가 몇 년 전부터 테필린에 대하여 전 세계를 다니며 가르쳐 왔다. 그런 후 세월이 흘러 서서히 결과들이 곳곳에서 일어나기 시작했다. 먼저 저자는 세계 각국의 선교사들에게 테필린의 하나님이 친히 가르친 성경암송하는 방법에 대하여 가르쳤다. 그런데 많은 곳에서 테필린의 암송훈련을 한다는 보고와 함께 그 변화들이 들려오기 시작했다. 제일 먼저 들려 온 곳은 알라를 믿는 모슬렘이 가장 많은 나라 인도네시아에서 일어난 일이다. 그 나라에서 선교를 하는 분 중에 이 강의를 듣고 자신의 교회에서 설교하고 훈련하는 일을 하자고 했을 때, 백여 명의 성도들 중에 65세 된 분이 요한복음을 한 달 만에 5장까지 암송해서 모든 교인들이 놀라고 젊은 청년들이 도전을 받고 암송을 시작하고 한 걸음 더 나아가 노인들까지 그 성도와 함께 성경을 암송하는 운동이 벌어진 사례가 처음으로 들은 이야기이다.

또 저자가 몇 년 전에 모 교회에서 3일 간 테필린 세미나를 교사들 중심으로 강의한 적이 있다. 그 교회는 주일학교 교사가 오백 명이나 되는 대형교회로 한국의 성도라면 다 잘 아는 유명한 교회이다. 그 교회에서 테필린을 가르칠 때 당시 초등학교 6학년의 부모 되는 장로님 부부가 아이와 함께 3일 간 참석을 한 후 누가복음을 영어로 암송하기로 작정했던 일이 있었다. 저자는 한국에 영어 열풍이 불고 있는 시점에서 시간이 없는 아이들에게 한글 성경을 암송하라고 하면 더 역효과가 날 것을 알고 도리어 영어 공부도 할 수 있도록 영어성경을 암송하라고 가는 곳마다 도전하고 그렇게 시도하는 사람들이 많다고 듣고 있다. 그 아이는 누가복음 24장 전체를 영어성경으로 암송하기로 작정하고 그 대가로 아이가 원하는 노트북 컴퓨터를 사 주기로 약속했던 것이다.

그 사실에 대하여 저자는 전혀 몰랐다가 두 달 후에 그 장로님이 자기 회사에 와서 다시 테필린을 강의해 달라고 요청하여 말씀을 전하러 갔다가 이 간증을 자세히 들을 수 있었다.[20] 그 당시 초등학교 6학년인 그 아이는 처음에 영어 사고가 부족하고 영어에 대한 초보적인 문장으로 인해 엄청 힘든 시간을 보내면서도 암송의 진도가 나가지 않았다. 더군다나 누가복음 3장에는 영어권 아이들도 발음하기 힘든 예수님의 족보에 수백 명의 사람들이 등장하는데 그곳이 가장 극복하기 힘들었다는 고백을 했다. 그러나 그 고비를 지나 3장의 암기를 하기까지 한 달 동안 정말 수백 번을 반복하고 또 반복하는 어려운 시기를 잘 극복하자 나머지 한 달 동안 누가복음 13장까지 10장을 외우는데 시간이 단지 한 달 밖에 걸리지 않고 가능했다고 말했다. 그 아이가 누가복음을 외우는 두

---

20. 저자는 장로님과 아들의 실명을 기록하지 않는 것을 독자들은 이해하길 바란다. 이것이 더 좋다고 저자는 판단했기 때문이다.

달 동안 영어의 문장이 통째로 들어왔고 또한 영어 사고가 열리고 암기 구조로 두뇌가 바뀌게 되어 나머지 한 달 후에는 누가복음 24장 전체를 암송하게 되었다는 간증을 듣고 저자는 하나님께 감사를 드렸다. 정말 저자는 하나님께서 그의 말씀을 사모하고 암송하는 자에게 지혜와 명철과 총명을 주신다는 사실에 진심으로 감사를 드렸다. 그 아이는 지금 고등학교에 진학했는데 놀라운 것은 그 학교에서 영어를 제일 잘하는 아이가 되었고 물론 공부는 더 말할 것이 없는 하나님의 사람이 되었다.

중국에서 들려온 이야기

중국에서 몇 년 전에 선교사님들께 테필린 강의를 하면서 선교사의 가정은 특히 말씀암송 교육이 절대적이라고 도전을 강하게 했다. 그때 한 선교사님이 테필린은 하나님이 자기와 자신의 자녀들에게 주신 것이라고 확신하고 우리 가정에서 반드시 이 사역을 할 것을 다짐하고 돌아갔다. 그리고 몇 년이 흘렀다. 저자는 그 선교사로부터 소식을 간간히 들었고 결단한대로 그 자녀들에게 결행을 했다. 다른 선교사들은 결심은 했지만 결행을 하지 못한 상태로 몇 년이 흘렀다. 시간은 우리가 무엇을 행하든지 아니면 행동을 하지 않아도 그것과 상관없이 흘러간다. 그러나 하나님의 말씀을 실천하고 순종한 사람과 순종하지 못한 사람과의 격차는 너무도 큰 차이가 난 것을 눈으로 확인할 수 있는 것이 하나님의 시간이다. 그런데 그런 귀중한 시간이 지나고 나면 다시 돌이킬 수 없는 것 또한 세월이다. 그때는 하지 못한 것에 대한 후회만 있을 뿐 아무 것도 변하지 않는 것이 진리이다.

그 선교사는 초등학교 2학년과 5학년에 다니는 두 자녀에게 창세기를 한글로 암송하는 훈련을 시켰다. 방법은 저자가 가르친 대로 유대인의 방법을 그대로 동원해서 단순하고 무식한 방법을 반복적으로 시작하여 두 자녀가 암송이 될 때까지 훈련을 시켰다. 결국 그는 1년 만에 두 자녀는 한국어로 창세기 1장부터 50장까지 암송하는데 성공을 했다. 그는 고백하기를 하루에도 수백 번 포기하고 싶은 생각이 들었지만, 그 선교사는 자신의 실패가 자기 자녀의 신앙의 실패일 수도 있다고 생각이 들어 결국 포기하지 않고 성공의 결실을 맺었다고 했다. 그는 박사 과정에 있는 목회자들을 향해서 자신과 자신의 두 자녀의 경험담을 털어 놓았다. 이것이 우리 모두의 문제이기 때문에 그의 말에 공감하면서 간증을 들었다.[21]

그는 처음 3개월이 최고의 고비이자 최악의 시간이었다고 고백했다. 그 이유는 그 자녀들도 말씀을 암송할 준비가 전혀 되어 있지 않았고, 부부도 전혀 준비되지 않은 상태에서 저자의 강의를 듣고 열정과 사명만 가지고 시작한 상태였기 때문이었다. 막상 시작하자마자 어려가지 문제가 생겨났다. 제일 큰 문제는 아이들이 너무 많은 시간을 컴퓨터 게임과 놀이 문화에 젖어 있어서 성경을 암송할 준비가 전혀 되어 있지 않았던 것이다. 그리고 또 하나는 저자에게 이론적으로 강의만 들었을 뿐, 아직까지 임상적으로 암송을 한 대상이나 샘플이 유대인외에는 전혀 없었다는 사실이었다. 그 외에 여러 가지 열악한 상황에서 그들은 무조건 순종하는 마음으로 시작을 했다. 더 큰 문제는 아이들이 처음의 각오와 달리 집중력이 떨어져 10분 이상을 계속하는 것이 최고의 난관이었다. 하지만

---

21. 저자는 선교사의 이름과 지명을 밝히지 않는다. 그 이유는 그의 정보를 자세히 언급하는 순간 그가 중국에서 사역하는 일에 많은 제약과 문제가 있기 때문이다.

그런 모든 문제는 아직 어린 상태이기 때문에 그 선교사는 죽도록 죽지 않을 만큼만 때리면서까지 계속해서 훈련하는 일에 최우선을 두었다.

그리고 아이들에게 동기부여 할 수 있도록 당근을 제시했는데, 너희들이 만약 창세기를 암송하면 너희가 원하는 것은 무엇이든지 해 주겠다고 제시하며 훈련을 계속할 수 있도록 했다. 또한 그는 시간이 날 때마다 동료 선교사들을 집으로 초청해서 대접을 하면서 우리 아이들이 창세기를 5장까지 외웠다고 한번 시범을 보이겠다고 하면서 그들 앞에 내세워 지금까지 외운 성경을 암송하는 시범을 보였는데, 그 아이들에게 계속하고 싶은 자긍심을 심어주는 결정적인 역할을 했다고 고백했다. 그 이유는 아이들이 다른 목회자들 앞에서 시범하는 것을 통해서 모두들 놀랄 뿐만 아니라 박수를 치면서 잘한다고 격려해주는 그 사랑에 계속해서 더 암송해서 또 시범을 보이고 자랑해야지 라는 마음의 결단을 크게 심어주었다는 것이다.

그는 이런 마음도 내면가운데 있었다고 고백했다. 유대인 외에는 아무도 이렇게 하나님이 가르쳐 주신대로 성경을 통째로 암송하는 민족이나 사람이 없는데, 만약 우리 가정의 자녀들이 이 일을 이룬다면 그것은 정말 자랑스럽고 많은 사람들 앞에 자녀 때문에 영광스런 일이라는 자만심이 자리 잡고 있었다고 말이다. 물론 그들은 내가 중국에 방문할 때마다 박사과정에 있는 목회자들 앞에서도 암송하는 시범을 여러 번 보였다. 그때마다 저자는 박수를 치고 환호하고 너희들이 너무 자랑스럽다고 칭찬과 격려를 많이 했다. 결국 그들은 창세기를 다 외우고 많은 사람 앞에서 암송하는 시범을 할 때마다 돌아오는 반응은 폭발적이었고 그들은 그 환호 앞에 다른 성경도 외울 각오를 하고도 남았다고 여겨진다. 그런 저런 기대들이 녹아져서 그들은 그 많은 난관을 이기고 창세기 전장을 암송하는데 성공했다.

　이는 참으로 역사적인 일이 아닐 수 없다. 그는 그것으로 끝나지 않고 이것은 시작에 불과하다고 생각하고 또 다른 시도를 계획하고 있었다. 이미 자기 두 자녀는 암송할 수 있는 지혜와 두뇌의 능력이 계발되었다고 생각하고 이것으로 끝나면, 아무 것도 아니라고 생각하고 이것을 시작으로 신약 성경 중에 한권을 영어로 암송하는 계획을 실행했다. 그리고 이제는 그 아이들이 요한복음 21장을 영어로 암송하는데 시간이 6개월이면 충분했다고 간증했다. 물론 영어로 외우는 것이라 힘든 시간을 또 한 번 겪기는 했지만, 그런 고비는 처음 창세기를 외울 때보다는 훨씬 쉽게 극복할 수 있었다고 말했다. 그들은 국제학교를 다니지 않았지만 이미 국제학교에 몇 년 다닌 그 어떤 아이들보다 영어를 잘했고 나중에 국제학교에 편입해서도 그 아이들이 더 영어를 파워풀하게 잘 했다는 것은 지극히 당연한 일이 아닐 수 없다. 하나님은 그 아이들에게 언어의 지혜를 넘어 말씀의 지혜까지 부어 주셔서 머리가 천재적인 상태로 축복하신 것은 너무도 당연한 결과라고 생각한다.

　저자가 자신 있게 말할 수 있는 것은 이런 사건이 그 선교사의 자녀에게만 일어나는 현상이 아니라 말씀에 순종하여 오늘도 암송하는 모든 아이들에게 이런 축복은 계속될 것을 선언할 수 있다. 저자는 2010년에 극동방송에서 주최하는 하나님이 가르친 성경암송 방법 테필린 세미나 강사로 섬긴 적이 있다. 그때 저자는 그 두 아이와 아버지 선교사를 초청하여 그 세미나에서 남자 아이는 창세기를 암송하고 여자 아이는 영어로 요한복음을 암송하게 했다. 그때 이것을 본 수백 명의 참석자들은 충격과 함께 감동의 도가니에 빠졌던 것을 고백한다. 그리고 이 이야기를 들은 목회자 자신들도 아이들을 테필린의 방법으로 성경을 암송해야 할 당위성과 가능성을 모두 발견했다고 이구동성으로 고백했다. 물론 그 선교사는 모든 사람들 앞에 자신이 어떻게 아이들에게 동기부여를 해서 성경을 암송하게 했고, 그 많은 고비들을 어떻게 극복했는지를 통해서 서로 공감대를 형성했던 것이다. 저자가 백번 말해도 소용이 없다고 생각한다. 이제 당신도 자녀와 함께 하나님이 친히 가르쳐 주신 성경암송을 시작할 수 있기 바란다.

성경은 통으로 암송하는 것이 하나님이 가르쳐 준 원리

여기서 저자는 한국 교회에 쪽 절 암송을 하는 것에 대하여 언급할 필요가 있다. 우리가 주일학교 시절에 매주 한 절씩 성경을 암송한 경험은 있다. 그리고 대학생 선교회나 제자훈련에서 네비게이토 선교회에서 만든 60구절 성경암송을 한 경험을 가지고 있다. 하지만 문제는 이렇게 쪽 절은 암송할 당시는 외울 수 있었지만, 시간이 지나고 반복을 하지 않으면 다 잊어버리고 어렴풋이 기억이 날 듯 말 듯 하는 경험을 모두 가지고 있다. 이런 암송은 문제는 계속이어 암기하기 어렵고 지속할 수 있는 어떤 훈련이 계속되지 못하면 100퍼센트 잊어버리는 결정적인 약점을 가지고 있다. 그러므로 유대인들은 아무도 중요구절을 뽑아 암송하는 일은 하지 않는다. 이런 방법은 한국 교회와 이방인 교회에 생긴 권장할 수 없는 암송 방법이라고 생각한다. 성경은 하나님이 직접 가르쳐 준대로 통으로 암기하는 방법이 최선의 원칙이다.

한국교회에 불어오는 성경 통독 바람

저자가 볼 때 여기저기서 성경 통독 바람이 거세게 불고 있다. 이것도 한 시대의 유행이라고 생각한다. 하지만 통독이 좋은 이유는 성경을 통으로 보는 시각과 함께 통으로 암송할 수 있는 동기를 부여할 수 있는 가능성이라고 저자는 본다. 이런 한국교회의 통독 운동이 변하여 우리 모두 성경을 암송하는 테필린의 바람이 온 땅에 불기를 고대한다. 테필린의 방법을 따라 우리가 성경을 암송할 때 진정한 하나님의 사람이 길러지고 훈련되어지기 때문이다.

주님이 이 땅에 오신 이후 유대인들은 구원을 받지도 못하면서 테필린의 방법을 통해서 지금도 성경을 통으로 암송하고 있다. 이것은 무엇을 말하는가? 그것은 마지막 시대를 살아가는 모든 성도들을 향한 강력한 동기부여와 함께 도전을 주기 위한 하나님의 섭리라고 보고 싶다. 비록 구원 없는 저들도 저렇게 열심히 하나님의 말씀을 암송하고 있는데, 마지막 시대의 주인공인 우리에게 값없이 구원을 주셨는데 그 사명을 감당하기 위해서는 우리가 그들 대신에 하나님의 사람으로 훈련되어 테필린의 사람이 되어야 마땅하다고 믿는다.

삶의 체질화 될 때까지 훈련

그러면 우리가 언제까지 테필린을 해야 하는가? 그것은 언제라는 기준은 없지만 유대인의 경우는 만 13세까지 부모의 의지로 가능한 나이이고, 그 나이가 넘어가면 그 사람은 자신의 의지로 테필린을 할 수 있다고 볼 수 있다. 사실 어린 시절에 부모의 의지에 의하여 테필린이 된 사람은 쉽게 성경을 암송하는데 반하여 나이가 먹어 자신의 의지로 테필린을 하려고 하는 사람은 어린 시절에 멋모르고 타의에 의해서 외우는 것보다 10배 이상의 뼈를 깎는 의지가 필요하다. 실제로 테필린은 성경이 암송이 되어 자동으로 외울 수 있어서 자신의 삶에 말씀이 체질화가 될 때까지 하는 것이 원칙으로 말씀하고 있다. 따라서 테필린은 어린 시절에 성경을 암송하게 되면 평생동안 잊어버리지 않고 자신의 삶의 체질로 말씀이 생활화된 것을 알 수 있다.

저자가 만난 유대인들은 하나같이 테필린이 체질화되어 있는 사람이 많았고, 그들은 말씀대로 사는 훈련이 체질화되어 있어서 먹는 것에서부터 살아가는 모든 것에 자동으로 몸에 훈련이 되어 있어 해야 할 것과 하지 말아야할 것들이 온 몸과 마음으로 행동화되어 있는 것이 그 특징이라고 느꼈다. 즉 종교적인 삶이 일어나면서부터 체질화되어 잠자리에 들 때까지 모든 행동이 말씀의 체질화가 자동으로 되어 있는 것을 보면서 얼마나 부러워했는지 모른다.

저자의 테필린 학교에 대한 비전

저자가 이 책을 통하여 기대하는 것은 마지막 시대의 사람을 만들어 훈련시키는 일이 이 땅에 편만해지길 소원하면서 이제 남은 목회는 그런 사람을 만들어 내는 일에 집중하려고 한다. 저자는 이 마지막 시대는 한 두 사람을 훈련시키고 시간이 무작정 흘러가고 있는 시점에서 지난 세월처럼 각 가정에 훈련을 맡기는 것으로는 부족하다고 기도하는 중에 느꼈다. 그리고 하나님께서 선명하게 비전을 주셨는데 그것은 바로 테필린 훈련학교를 세우는 일이다. 저자는 이 일에 동역하는 사람들이 많

통곡의 벽에서 말씀을 암송하는 모습

아지길 기도하고 준비하고 있는데 먼저 물질의 후원자가 생겨야 학교의 훈련 사역을 시작할 수 있다. 그리고 이 사역의 동역자 중에 테필린의 비전에 생명을 걸고 훈련에 임할 수 있는 분들이 많이 나와야 한다.

저자는 하나님이 허락하시는 대로 테필린 훈련학교를 세울 것이다. 먼저 전 세계에서 고등학교를 졸업하거나 대학을 졸업한 아이들을 그 나라의 선교사들로부터 추천받아 유학생으로 학교에 데려와서 3년 과정을 통해서 테필린의 아이로 훈련시킬 구체적인 커리큘럼과 기도 제목을 가지고 준비하고 있다. 각 나라에서 데려 오는 인원은 나라와 인구를 따라 조금씩 차이가 있는데 약 300명에서 500명의 청년들을 모집해서 1년 동안 테필린의 구약의 창세기, 출애굽기, 레위기, 민수기, 신명기, 잠언을 암송시키고, 신약은 요한복음, 사도행전, 로마서, 요한계시록을 암송시키면 약 10,000절의 신구약 성경을 암송하는 말씀의 사람으로 온전히 훈련시키는 일을 할 것이다.

  그 다음에는 창세기에서 요한계시록까지 나머지 2년 동안 키아즘으로 성경을 가르쳐서 다시 자기의 나라로 보내 자신이 3년 동안 훈련받은 커리큘럼을 가지고 사역을 하도록 파송할 것이다. 이렇게 훈련생들이 매년 몇 백명씩 배출이 되고 각 나라에서 그들이 다시 사역을 시작하면, 우리 시대에 하나님 나라의 최고의 사람들이 나라별로 훈련되어 세움을 받게 될 것을 기대한다.

  저자는 이러한 일이 속히 시작될 수 있도록 이 책을 읽은 모든 분들에게 강력한 기도와 물질의 후원자로 배후에서 돕는 자가 되어 함께 동역자가 되어 줄 것을 요청하는 바이다.

7
tefillin

구약의 율법과 신약의 관계

테필린의 말씀의 비밀을 알면 율법과 구원의 문제가 해결

저자는 신약의 기독교인들이 율법을 어떻게 오해하는가 하는 문제를 먼저 말하고자 한다. 이것은 한 마디로 말하면 한국 사람들의 종교의식에서부터 잘못된 접근을 하기 때문이다. 우리가 구원을 받기 위해서는 무엇인가 구원 받을 만한 행위가 필요하지 않은가라는 접근에는 문제가 있다. 우리는 어떻게 죄인이 아무것도 안하고 구원을 받을 수 있는가에 도무지 이해할 수 없는 딜레마가 있다. 실제로 우리 자신은 아무것도 한 것이 없지만, 예수 그리스도이신 주님 편에서 보면 생명의 대가를 지불한 것이 구원이다.

그러므로 우리가 구원을 받으려면 아무래도 무엇인가

내가 하나님께 드려야할 대가를 지불해야 한다고 상식적으로 생각한다. 그런 생각이 우리로 하여금 자연스럽게 자신의 구원에 대해 확신을 못하고 흔들린다. 또한 자신이 구원 받은 자로 하나님께 바로 살지 못한다는 강박관념에 사로잡히면, 주님이 완성하신 구원의 확신은 깨지고 만다. 그때부터 주님께서 이루신 구원에 대한 확신이 없어지고 그 순간의 감정과 예배의 분위기에 따라 왔다 갔다 흔들리게 된다. 저자는 이것을 구원 출퇴근 증세라고 이름을 붙였다. 이는 교회에 와서 말씀을 들으면 구원이 찾아 왔다가도 세상에서 죄를 짓고 나면 그 구원이 흔들려 확신이 없어지면서 그 순간에 다시 나가는 증세를 말한다.

　이런 사람은 구원을 위해서 주님이 하신 것을 믿는 것은 너무 쉽고 가슴에 와 닿지 않으니까, 그 외에 자신의 행동으로 무엇인가를 해야 한다는 생각에 사로잡히게 된다. 이로 인해 구약의 율법을 지킴으로 구원에 이르지 않느냐는 개념으로 자연스럽게 연결된다. 이런 개념은 불교와 유교의 영향이 우리의 의식에 깊게 자리 잡고 있기 때문에 생기는 자연스러운 현상이다. 또한 이런 영향은 구약의 율법이 신약의 성도들에게 어떤 역할을 하는지를 잘 모를 때 목회자들의 혼동된 설교의 결과이기도 하다.

　그 이유는 목사가 설교할 때 행위로 인한 구원을 말하지는 않지만, 그래도 구원받은 자가 행위로 하나님께 보여야 하지 않느냐는 협박성에 가까운 설교의 내용에 있다. 마치 설교를 들으면 청중은 구원이 행위를 통해서 보여 주어야 살아있는 믿음이라고 강조할 때 더욱 혼동한다. 믿음은 행위가 따른다는 논리가 바로 이런 주장을 뒷받침하고 있다. 이는 설교자가 구약의 율법과 은혜에 대해서 바르게 논리적으로 정리가 되지 않았기 때문에 나타나는 혼돈된 논리로 설교 가운데 흔히 일어나는 현상이다.

신약의 성도들이 구약을 극단적인 두 양면으로 보는 현상이 있다. 하나는 율법은 악하다는 생각이다. 이는 율법으로는 구원 받을 수 없기 때문에 도리어 율법이 있어서 사람들을 더 악하게 규정한다는 점이다. 그런 이유로 인해 신약의 사람들은 율법을 자신도 모르는 사이에 악한 것으로 의식하고 있다. 사실 율법이 악하다고 생각하면 그것은 큰 문제가 아닐 수 없다. 율법이 악한 것이 아니라 율법주의가 악하다고 주님은 계속해서 말씀하셨다. 바울은 도리어 하나님이 주신 율법은 거룩하고 선하고 신령한 것이라고 선언하고 있다.(롬 7:12,14)

이런 구약의 하나님의 말씀인 율법이 신약에 와서 무조건 악하고 나쁘다고 생각하는 것은 큰 잘못이다. 또한 율법은 우리가 죄인임을 알게 해주기 때문에 도무지 지킬 필요가 없다고 판단하는 것 또한 경계해야 한다. 기독교인들이 유대인을 부정적으로 보는 이유는 그들이 율법적이기 때문이라고 생각한다. 율법은 절대 악한 것이 아니다. 도리어 우리가 경계해야 할 것이 바로 율법주의가 악하다는 점이다. 예수님도 바리새인의 구약인 율법의 가르침은 받고 그 행위인 율법주의는 본받지 말라고 하셨다.(마 23:1-4)

또 하나는 율법을 지키는 것은 불가능하다고 생각한다. 이는 어떤 면에서는 맞고 어떤 면에서는 틀리다. 왜냐하면 율법은 하나님께서 구원받은 사람들이 지켜야 할 말씀으로 주셨기 때문이다. 만약 율법을 지키는 것이 불가능하기 때문에 전혀 우리가 지킬 필요가 없다고 하면 그것은 하나님의 말씀을 부정하는 결과를 가져온다. 이런 극단적인 결과가 율법에 대한 많은 오해를 가져왔다. 물론 우리가 율법을 지켜서 구원에 이르는 것은 결코 아니다. 율법의 목적이 구원에 이르기 위해서 주신 것이 아니기 때문이다. 율법은 구원받은 백성이 그 말씀을 따라 살아 거룩한 백성이 되고자하는 것에 목적이 있기 때문이다.(롬 8:4)

이런 결과는 구속사적인 성경해석으로 인해 하나님의 말씀이 왜곡되었기 때문이다. 성경을 신약의 입장에서 구속사적으로만 해석을 하면 구약의 율법은 구원을 성취하는 도구가 아니라 도리어 구원을 방해하는 도구로 변하고 만다. 왜냐하면 많은 경우에 로마서를 해석하면서 구원을 위해서 우리가 율법을 지킴으로 구원에 이르는가, 아니면 예수를 믿음으로 구원에 이르는가에 대하여 강조하면서 율법의 목적은 구원을 이루는 도구가 아니라고 해석하는 것은 틀리지 않다.

하지만 우리가 율법을 지키므로 구원 받을 수 있는가라고 접근하는 방식은 아주 잘못된 방법이다. 우리가 이런 방식으로 율법을 접근하면 자신도 모르는 사이에 율법이 구원의 자리로 나가는데 방해물로 인식하게 되기 때문이다. 이런 방식으로 율법을 가지고 접근하는 사람은 도무지 율법이 무엇인지조차 모르는 사람이다. 율법은 구원을 위한 방편이 아니라 구원 받은 성도들이 어떻게 살아가는지에 대한 목적으로 기록되었다는 사실을 아는 것은 중요하다. 실제로 우리가 율법을 해석할 때 아래와 같이 구속사적 접근으로 인해 율법(구약의 말씀)이 너무 오해되어지고 신약의 많은 사람들이 의도적으로 멀리했다. 그러므로 구속사를 전부로 가르치는 사람들은 하나님 앞에서 깊이 회개하고 돌이켜야 한다. 이는 하나님의 의도를 버리는 큰 죄에 해당한다. 좀 더 강하게 말하면 구약의 하나님의 말씀을 부인하는 자리까지 서게 된다. 이는 구약의 율법인 하나님의 말씀의 무지가 이런 엄청난 결과를 가져왔다.

테필린의 비밀을 알면 자유의지와 예정의 문제가 해결

구약의 율법은 거의 대부분 구원받은 하나님의 백성들이 성화의 말씀에 초점을 맞추고 있다. 따라서 구약의 율법은 거룩한 하나님의 사람을 만들기 위한 목적으로 기록되어 있기 때문에 인간의 자유의지가 강조되는 것은 당연한 결과이다. 하지만 신약은 저자들의 의도를 따라 구원에 초점을 맞추기 위해서 하나님이 미리 아시고 예정이 강조되는 것 또한 당연한 결과이다.

비록 신약의 초점이 구원의 문제를 화두에 둔다고 해서 성화의 문제를 중요하게 취급하지 않는 것은 절대 아니다. 신약 성경 중에 바울 서신만 보아도 구원의 문제와 성화의 문제가 거의 반반 정도의 비율로 나타난다. 그럼에도 불구하고 성경을 해석하는 사람들이 한쪽으로 치우쳐 해석함으로 말미암아 마치 신약이 구원만을 위한 책으로 만들어 버렸다. 그리고 인간의 구원이 최고의 목적이기 때문에, 이방에 선교하는 문제로 자연스럽게 치우쳐 선교가 또한 전부인 것처럼 잘못된 결과로 발전하게 되었다.

물론 구원과 선교가 중요한 것은 누구도 부인하지 않는다. 그렇지만 구원과 선교가 전부가 되는 것은 잘못된 것이다. 하지만 한국 교회의 문제는 성화의 문제보다는 구원의 문제만 붙잡고 늘어지는 경향이 크다. 정작 우리가 깊이 관심을 가져야 할 것은 성도의 성화와 축복에 관한 문제이기 때문이다. 구약 성경은 이스라엘 백성의 구원에 관한 내용은 정말 거의 없고 대부분이 구원받은 사람들이 하나님의 사람으로 살아가는 성화와 축복의 내용이 대부분이기 때문이다.

한편 자유의지와 인간의 예정 문제는 지난 2000년간 논쟁에서 아직도 해결되지 않은 난제로 남아있다. 하지만 히브리 사고로 해석하면 예정과 자유의지 문제에 대하여 칼빈과 알미니안의 논쟁을 말하지 않아도 너무 쉽게 해결할 수 있다. 신약에 예정이 강조된 것은 유대인이 아닌 자들로 하나님을 전혀 모르는 이방인을 향하여 강조할 수밖에 없는 구원

문제가 가장 심각하고 중요한 일이 아닐 수 없다. 그래서 신약에는 하나님의 의지를 강조한 예정의 문제에 강력한 메시지가 있다. 이는 우리가 쉽게 생각해도 이방 사고를 가진 사람들에게는 너무도 당연한 일이다.

하지만 구원의 문제가 이미 해결된 이스라엘 사람들에게는 예정의 문제보다는 자유의지로 율법을 지키므로 거룩하게 성화되어가는 문제가 당연히 강조되고 있다는 점이다. 하지만 신약의 성도들에게는 구원 받아야 하는 문제가 시급하기 때문에 하나님의 의지로 구원하신다는 예정의 강조가 당연한 것이다. 먼저 구원의 문제가 해결된 다음에는 하나님의 자녀답게 살아가는 성화와 거룩의 문제로 관심을 갖게 된다는 점이다. 이런 이유로 인해서 신구약 성경에서 거룩과 성화의 문제를 다룬 율법과 구원의 문제를 중시하는 신약에서 차이가 확연한 것을 아래의 도표를 보면 쉽게 이해할 수 있다.

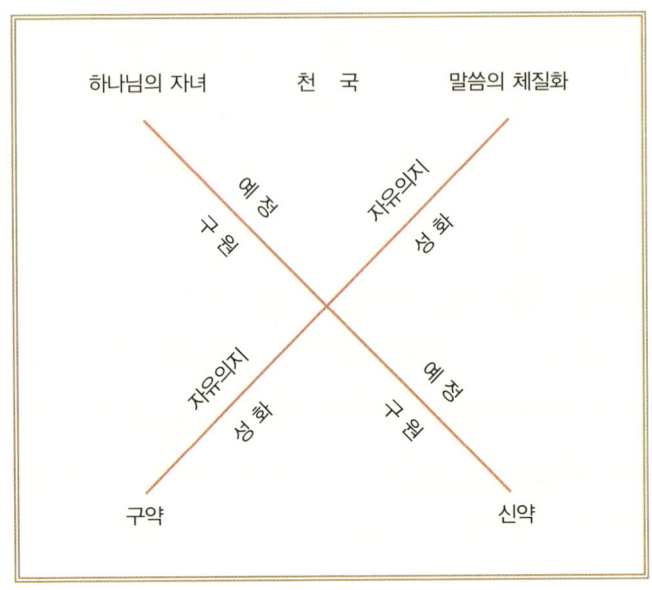

사람들은 자신도 모르게 편협한 생각에 사로잡히기 때문에 신학적인 균형을 잡기가 어려울 때가 많다. 예정론이 이런 편협함으로 인해 이해하기 어려운 신학적인 명제라고 보면 된다. 실제로 칼빈이 주장한 예정론은 실제로 구약에서 강조하는 내용이 아니라 신약에서 부각된 신학이다. 우리가 예정론하면 자신도 모르게 성경 전체에 적용하려는 시도가 자동적으로 이루어진다. 그런 면에서 보면 예정론이 마치 문제가 있는 신학처럼 비쳐지는 실수를 하게 된다.

예정론은 구약보다는 신약 몇 구절에서 강조되고 있다. 비록 몇 구절이기는 하나 신학적인 영향은 신약 교회에 아주 엄청나다. 칼빈의 신학 하면 무조건 예정론이 전부인 것처럼 단정해 버리고 만다. 실로 신약에서 몇 구절 강조하는 예정론은 신약의 관점으로 보면 아주 쉽게 해결될 수 있는 일이다. 왜냐하면 예정론은 이방인들의 관점에서 볼 때 구원의 문제가 심각하기 때문이다. 구약에서 유대인들을 하나님의 일방적인 선택으로 선민이 되었기 때문에 그들은 자신의 구원의 문제를 한 번도 의심하지 않는다. 그로 인해 유대인들은 구원의 문제보다는 성화의 문제로 인간의 자유의지가 강조되고 있다는 점이다. 하지만 구원의 확신에 문제가 있는 이방인들은 항상 구원에 의심을 하므로 또 다시 신약의 기자들은 하나님의 일방적인 선택과 예정에 강한 강조를 하고 있다.

교회 시대에 이방인 신학자들이 그렇게 구속사에 집착하는 것도 바로 신약 성도들의 구원관이 확실하지 않기 때문에 강조된 신학의 틀이라고 생각된다. 그래서 그런지 구속사적 관심은 구원과 구속의 문제는 아주 강하게 언급하지만 실제로 구원 받은 자의 삶의 부분이 많이 약화되고 있다는 사실이다. 또한 구약을 구속사적으로만 해석하면 실제로 하나님의 백성으로 살아가는 성화를 이루기 위한 거룩의 문제가 구약을 주신 하나님의 의도인데 이를 간과해버리는 실수를 범하게 된다. 정말 역사적으로 구약이 구속사적인 원리로 해석되어 오면서 많은 부분의 율법이 주는 성화의 관점에서 벗어나 있던 것이 사실이다. 또한 언약적 관심에서 신약 시대의 신학자들이 해석에 초점을 맞추다보니 성도들의 삶이 강조되어 있는 구약의 초점이 없어지는 과오를 범하게 되었다.

이 시대에 우리는 이제 신구약적 관점인 하나님의 의도를 바로 파악하고 성도의 삶에 적용하는 성경해석을 회복해야 한다. 다시 말하면 신구약에 나타난 하나님의 의도는 구원은 전부가 아니고 하나님 나라의 백성으로 입문하기 위한 시작의 과정 가운데 일부라는 사실이다. 따라서 구원은 하나님의 백성으로 살아가기 위한 시작일 뿐이다. 물론 구원이 없이는 다른 것도 시작할 수 없다는 점에서 중요한 가치가 있다. 그렇다고 구원이 전부가 될 수 없다. 구속사에서는 구원이 전부처럼 취급하고 그 이상의 성도의 삶에 대해서는 강조하지 않는다는 점이 문제이다. 이제부터라도 우리는 구원이 하나님의 백성으로 시작하는 첫 관문이고 더 중요한 일은 하나님의 백성으로 어떻게 살아가야 하는지에 더 중요한 초점을 맞추어야 한다. 이것이 구속사적 해석의 편향된 틀에서 하나님의 목적사에 맞는 삶의 균형을 회복해야 한다. 그리고 하나님 나라를 회복하는 일에 우리 모두가 주인공이 되어야 한다.

이런 결과는 구약과 신약을 사는 사람들의 구원의 방법이 다르기 때문에 나타난 당연한 귀결이다. 이스라엘 백성들은 태어나면서부터 선민으로 구원의 문제가 해결된 사람들이다. 그러므로 그들에게 주신 구약의 율법을 주신 말씀들은 거의 다 하나님의 백성이 된 사람들이 어떻게 하나님의 성품처럼 거룩하게 살 수 있는가에 모든 초점이 맞추어져 있다.

하지만 신약에 와서는 그 누구든지 구원의 문제가 해결되는 것이 절대적인 과제이다. 이방인들에게 구원받는 문제가 모든 것들의 시작이 되기 때문에 어떻게 구원을 받느냐가 우선의 목적일 수밖에 없었다. 그러므로 신약의 성도들은 하나님의 백성으로 어떻게 사느냐의 문제보다는 당연히 어떻게 구원을 받을 것인가에 온통 관심이 쏠릴 수밖에 없다. 구약을 보면 이스라엘 사람들은 자신이 하나님의 백성으로 선택되어 구원받았다는 사실로 인해 구원의 문제를 한 번도 의심하지 않았다. 왜냐하면 그들은 태생적으로 구원의 문제가 해결되었다고 생각하기 때문이다. 이것을 의심하는 것은 바로 하나님을 부인하는 것이고 하나님의 말씀을 못 믿는 것이 되기 때문이다. 그러면 신약에서 하나님을 믿는 사람들이 자신의 구원의 문제를 심각하게 의심하는 것은 구약의 사람들과 비교해 볼 때 믿음의 강도가 신약 시대의 사람들이 약하다고 말할 수 있다.

그래서인지 신약 사람들에게 구원의 문제는 인생 일대의 화두이고, 언제나 또 다시 확인해야 할 문제이기 때문이다. 이로 인해 신약의 기자들은 구원의 중요성을 알고 의식하기 때문에 당연히 예정과 구원의 확신을 항상 강조할 수밖에 없었다. 이런 관점은 신약에 중요하게 언급하고 있는 성화의 문제를 약화시키는 결과를 가져왔다. 그러므로 구약의 말씀이 구원 받은 자들의 성화에 초점을 맞추고 있다면, 신약은 구원 받아야 할 사람들에게 초점이 맞추어져 있다. 정말 신약의 중심 주제가 예수 그리스도의 구속의 사역과 이방 사람들에게 구원이 전부인 것처럼 강조하고 있는 것처럼 보인다. 그러나 구원은 언제나 하나님의 백성의 시작이 되는 시점이기 때문에 실제로는 성도가 구원 받은 후의 삶에 더 큰 목적을 두어야 한다. 정말 구원이 하나님의 백성이 되는 출발이지 전부가 되어서는 큰 문제가 아닐 수 없다. 비록 신약이 구원에 대해 강조하지만, 실제로는 구원받은 후의 삶에 더 큰 비중을 두고 있는 것은 부인할 수 없는 사실이다.

다만 이것을 적용하는 사람들이 구원의 문제가 가장 시급하기 때문에 구원에 대한 강한 강조가 지나쳐 문제가 된다. 어떤 경우라도 예수 믿는 것은 단지 신앙생활의 시작이다. 이런 기본적인 문제로 교회는 2000년 동안 논쟁하고 소모전을 벌이고 시간을 소모하고 수많은 성도들이 이 문제로 갈등을 겪었다. 이는 성경이 구원의 중요성을 강조하는 구속사적 해석의 몇 구절로 성경을 해석하려고 시도하는 너무도 잘못된 결과이다. 이런 결과의 후유증은 실로 심각하다. 사실 이 문제는 쉽게 생각하면 너무도 쉬운 문제이다. 우리가 예수를 믿음으로 구원 받은 성도들이 최고로 힘써야 할 문제는 바로 구원 받은 성도들의 삶에 관한 것으로 성화의 문제로 방향을 틀면 된다. 이는 바로 구약의 구원받은 성도들이 살아갈 거룩한 삶에서 해결해야 한다. 따라서 우리가 어떤 경우에도 구약의 율법을 무시하거나 의도적으로 멀리하는 것은 곤란하다. 왜냐하면 하나님의 성품을 닮아가는 모든 거룩의 문제가 구약에 너무 자세하게 나와 있기 때문이다. 정말 구약도 하나님의 말씀이라는 생각을 한시라도 잊어서는 안 된다.

주님은 율법을 폐하러 오신 것이 아니라 완성하러 왔다고 말씀하셨기 때문이다. 주님이 이 땅에서 이루신 구속의 완성이 구원의 문제는 단지 신앙생활의 시작일 뿐이고, 그 다음의 문제는 성화에 하나님의 모든 관심이 있기 때문이다. 성화의 문제로 기독교가 나아가지 못하면, 2000년의 신학의 갈등 속에서 또 다시 소모전으로 모든 힘을 소진하고 아무것도 할 수 없는 무기력한 성도로 전락할 수밖에 없다. 신약의 교회가 가장 필요로 하는 것이 바로 성화의 문제이다.

구약 시대에 하나님의 말씀은 오순절 날에 시작되었다

신약의 교회가 유대인처럼 하나님께 오랫동안 쓰임 받기 위해서는 바로 말씀으로 새로 시작하여 신앙교육을 회복하는 길이다. 우리가 말씀으로 다시 돌아가 교육하기 위해서는 구약 시대의 말씀을 받은 오순절에 대하여 알아야 할 필요가 있다. 왜 하필 하나님은 오순절 날에 하나님의 말씀을 주셨는지에 대한 그분의 의도를 알아야 한다. 모세가 시내 산에서 하나님의 말씀을 처음 받은 날이 구약의 오순절 날이었다. 이러한 사실은 유대인들이 오순절 날에 하나님의 율법을 받은 날이라고 지금도 지키고 있는 그 증거이기 때문이다.

구약 시대의 오순절은 어떤 절기인가?

구약에 나타난 오순절은 먼저 1년 중에 제일 먼저 추수하는 절기이다. 하지만 유대인에게는 오순절이 하나님의 말씀-율법-을 받은 절기로 받아들인다. 모세가 출애굽 후 시내 산에 올라가서 하나님의 말씀을 받을 때가 오순절 날이었다. 하나님께서 하나님의 말씀인 율법을 주실 때가 오순절이라는 사실은 중요하다. 그 이유는 이스라엘 백성들이 하나님의 말씀을 오순절 날에 받고 그때부터 선민으로 거룩한 백성이 되기 위한 시작이기 때문이다. 말씀을 받은 이 땅의 유일한 백성이 바로 유대인이 되었다는 점이 실로 중요하다. 그때부터 말씀대로 살아가는 하나님 나라의 백성이 되었다.

이스라엘 백성이 출애굽이후 하나님의 공동체로 구체적인 삶의 가이드 라인이 없어서 혼란이 가중되었다. 하지만 오순절 날에 하나님의 말씀을 받은 후에는 거룩한 백성으로 살아가는 구체적인 방법들이 제시되었기 때문에 삶에 질서들이 회복되는 일이 진행되었다. 말씀이 선포되면서 시작된 것이 그들은 말씀대로 성막을 만들었고 그곳에서 말씀대로 제사 의식이 정상적으로 시작되었다.

이때부터 하나님과 그의 나라 백성들이 말씀을 따라 정식으로 진정한 예배를 드리게 되었다. 이렇듯 오순절은 이스라엘 백성이 하나님 앞에서 그의 백성으로 살아가는 주인공이 된 날이기 때문에 그 의미가 더욱 크다고 하겠다. 정말 구약 교회가 오순절 날 이후로 말씀과 제사를 통해서 처음으로 시작되었다.

실제로 유대인들은 오순절 날 율법을 받은 것에 대하여 하나님과 자신들이 결혼한 날이라고 비유해서 이야기 한다.[22]

"새로 구입한 두루마리 성경(토라)이 회당에 안치될 때는 유대인의 결혼 그 절차가 진행된다. 이것은 하나님의 말씀이 이스라엘 백성과 결혼한다는 뜻이다. 그 의미는 이때부터 하나님은 신랑이고 이스라엘 백성은 신부로 비유된다. 유대인에게 유월절은 이스라엘에 대한 하나님과의 구혼기간이고 오순절 날 하나님의 말씀을 받은 날은 실제적인 결혼 축제일로 받아들이고 있다."[23]

---

22. 현용수, 《부모여 자녀를 제자 삼아라》 아름다운 세상, 2003. p.178
23. Stressfelt Michael, "*The Jewish Holidays, A Guide & Commentary Talmud*" NY : Harper and Row, 1985, p.85

유대인의 결혼식 모형

신약의 오순절 때 성령이 임재

신약에 오면 오순절 날은 더 확실하게 성령이 임재한 절기로 드러난다. 왜 신약에 성령이 임하심이 오순절에 있었는가? 그것은 구약의 오순절 날에 하나님의 말씀을 받은 사건을 확실히 드러나게 함이다. 이는 하나님의 말씀은 신약에 오면서 점점 더 점진적으로 계시가 발전하기 때문이다. 오순절 성령강림 사건을 보면 구약에 왜 하나님이 오순절 날에 자신의 말씀을 이스라엘 백성에게 주셨는지를 분명히 알 수 있다. 그 이유는 말씀과 성령 하나님이 하나이기 때문이다.

요한복음 4장에 보면 사마리아 여인과 주님이 예배에 대한 대화를 나눈다. 여인은 예수님께 어디에서 예배를 드려야 하며 언제 예배를 드려야 하는지 질문한다. 그때 예수님은 여인에게 예배할 때가 이른다고 분명히 말씀하셨다. 이 대답은 아직 예배할 때가 이르지 않았고 멀지 않은 때에 예배할 수 있게 된다고 말씀하시면서 다음과 같이 참으로 예배할 자에 대해서 언급하셨다.

"아버지께 참으로 예배하는 자들은 신령과 진정으로 예배할 때가 오나니 곧 이때라 아버지께서는 이렇게 자기에게 예배하는 자들을 찾으시느니라"(요 4:23)

주님이 여인에게 말씀하시면서 곧 다음과 같은 때에 "신령과 진정으로 예배할 때"가 올 것이라고 선언하셨다. 여기서 우리는 두 가지 언급을 통해서 그때를 찾을 수 있다. 먼저 '신령'이라고 나오는 단어는 마치 영적인 상태를 말하는 것처럼 오해할 수 있다. 하지만 신령이라는 단어의 헬라어 원어는 우리의 태도나 자세에 관한 언급이 아니라 성령으로 되어 있다. 주님이 말씀하시는 예배의 때는 성령과 관계가 있다는 것이다. 그리고 또 하나의 때는 '진정'으로 되어 있는데 이는 헬라어 원어로 진리로 되어 있다. 주님이 말씀하신 '진리'는 다른 말로 하면 '말씀'으로 대체할 수 있다. 그러므로 주님이 여인에게 선언하신 예배의 때는 성령과 말씀이 관계가 깊다는 것을 알 수 있다.

그러면 성령과 말씀이 만나는 때가 언제인가? 그것은 바로 구약의 오순절 때에 말씀을 이 땅에 주셨고, 신약의 오순절 날에 성령강림의 역사가 있었다. 그러므로 오순절 날에 성령이 이 땅에 강림하셨을 때부터 교회가 시작되었고 비로소 초대교회의 예배가 시작되었다. 교회의 시작은 바로 오순절 성령강림 직후부터이다. 그리고 진정한 예배도 교회가 생기면서 시작되었다. 예수님이 사마리아 여인과 대화하던 그 예배의 때가 바로 성령과 말씀이 만나는 날인 오순절 날부터 시작되었던 것이 역사적으로 증명되었다.

오순절 날에 하나님께서 말씀을 이 땅에 주시고, 성령이 이 땅에 강림하면서부터 다음과 같은 공식이 성립되는 것을 알 수 있다.

구약의 성막은 신약 시대의 교회로 대체된다.
구약의 제사는 신약 시대의 예배로 대체된다.
구약의 말씀은 신약 시대의 성령께서 역사하는 것으로 대체된다.
결국 오순절 날에 말씀과 성령으로 진정한 예배가 시작되었다.

그러므로 예배의 진정한 시작은 오순절 때부터이다. 그 이유는 구약의 오순절 날에 말씀을 받았고, 신약의 오순절 날에 성령을 받았기 때문이다. 주님은 사람들이 신령과 진정으로 예배할 때가 온다고 했는데 바로 이 때라고 말씀하셨다. 그것은 바로 산 예배를 드리는 말씀과 성령으로 드리는 때라고 말씀하셨기 때문이다.(요 4:23) 신약 시대의 성도들은 예배를 통하여 하나님을 만나고 말씀을 통하여 거룩한 하나님의 백성으로 성화되어 간다.

이스라엘 신앙교육의 핵심 - 성화(거룩)와 축복의 삶

왜 오늘날 우리가 다시 유대인 교육에 관심을 갖고 배워야 하는가? 그것은 역사속에서 유대인들이 성경교육을 통하여 이 땅에서 탁월한 지도자로 하나님이 주신 사역을 감당하고 있기 때문이다. 이미 유대인을 통한 구약의 테필린 교육이 성공을 거둔 사례가 충분하다. 그러면 이스라엘 백성들의 신앙교육의 핵심은 과연 무엇인가? 그것은 하나님의 말씀을 최우선으로 반복교육을 통해 삶으로 체질화되었기 때문이다. 우리가 다시 유대인 교육에 관심을 가지는 이유도 바로 하나님 나라의 주역인 성도들이 유대인보다 더 나은 삶을 살아야할 이유가 있기 때문이다.

유대인은 삶의 부분에서는 다른 민족들보다 우수하고 성공적인 삶을 살고 있기는 하지만 하나님의 나라에서 보면 실제로 실패한 민족이다. 그러기 때문에 하나님은 이방인인 우리를 택하여 하나님 나라의 일들을 맡기신 것이다. 또 다시 유대인처럼 우리가 하나님 나라의 실패자가 되어서는 안된다. 주님이 우리가 유대인의 실패를 다시 반복하지 않길 기대하신다.

유대인들은 구원 받는 것이 최고의 목적이 아니다. 그들에게 있어서 구원은 이미 하나님의 선택으로 태어나면서부터 해결된 민족이기 때문이다. 그래서 그런지 유대인들은 한 번도 자신의 구원의 문제를 의심하거나 다시 확인하려고 하지 않는다. 그들은 당연히 하나님의 백성으로 살아가지 어떻게 하나님의 선택하셨다는 사실 하나만으로 확신하는지 믿음하나는 대단하다고 할 수 있다. 비록 신약 시대에는 그들이 구원받지 못한다고 할지라도 지금도 그들은 자신들이 구원받는 문제로 기도하거나 흔들리지 않는다. 현재도 역시 자신들은 선민으로 구원받았다고 확신한다. 이런 믿음은 유대인들에게는 너무도 자연스러운 일이 아닐 수 없다. 이방인으로 구원을 받은 우리로는 도무지 이해할 수 없는 사실이다.

구원 문제가 태어날 때부터 해결된 유대인들은 자신들이 이 땅에 존재하는 목적이 바로 하나님 대신에 이 땅을 책임지고 하나님 나라를 만드는 일을 삶의 목적으로 알고 살아간다. 그들은 이 땅에 사는 동안 하나님이 자신에게 주신 사명을 따라 살다가 주님 부르시는 그날에 주님 나라에 가는 것을 당연시 여기며 산다. 그들은 하나님에 대한 자신의 신앙을 자녀에게 유산으로 물려주는 것을 최고의 사명이라고 여긴다. 그래서 자녀의 신앙교육에 생명을 다하며 산다. 자식에게 신앙을 물려주지 못한 부모는 실패한 인생을 살았다고 고백한다.

유대인들에게 구약의 하나님의 말씀은 어떤 의미가 있는가? 유대인들에게 있어서 하나님의 말씀인 율법은 생명이며 죽은 후에도 자녀에게 신앙의 유산으로 물려 주어야할 생명의 책이다. 유대인들은 율법을 어떻게 생각하는가? 그들은 하나님의 말씀인 율법을 자신을 하나님의 자녀로 거룩하게 만드는 책이요, 그렇게 거룩한 성화의 삶을 살면 반드시 자신과 자녀의 삶에 축복을 주시는 말씀이라고 여긴다. 그래서 그들은 자녀교육에 있어서 하나님의 말씀인 율법은 자신의 생명보다 중요하다고 가르친다.

유대인에게 있어서 율법은 구원을 받기 위한 책이 결코 아니라고 생각한다. 구약 성경에 나타난 율법은 하나님의 명령으로 구원을 받기 위한 책으로 만들어 지지 않았다고 생각한다. 하나님의 말씀인 율법은 이미 구원받은 성도들이 단지 어떻게 살아가야 하는지를 알려주는 삶을 위한 책으로 알고 있다. 구약 성경의 목적은 성도가 이 땅에서 과연 어떻게 살아야 성공한 삶을 사는지에 대한 성화의 책이다. 그러므로 유대인들은 구약 성경을 자신의 삶을 거룩하게 하고 깨끗하게 할뿐만 아니라 축복된 삶으로 이끄는 책이라고 확신한다.

하나님의 말씀인 율법이 하나님의 사람을 거룩하게 함과 동시에 그 거룩한 삶으로 말씀대로 순종하면 축복을 받는 유일한 책이다. 하나님께서 율법을 구약의 유대인들에게 주신 것도 바로 이런 목적 때문이다. 율법은 말씀대로 순종하는 성도를 거룩하게 함과 동시에 축복을 가져다주는 신비한 책임에 틀림없다. 이것이야 말로 하나님께서 유대인들에게 성경을 주신 목적이다.

8 tefillin

유대인의 현대 교육

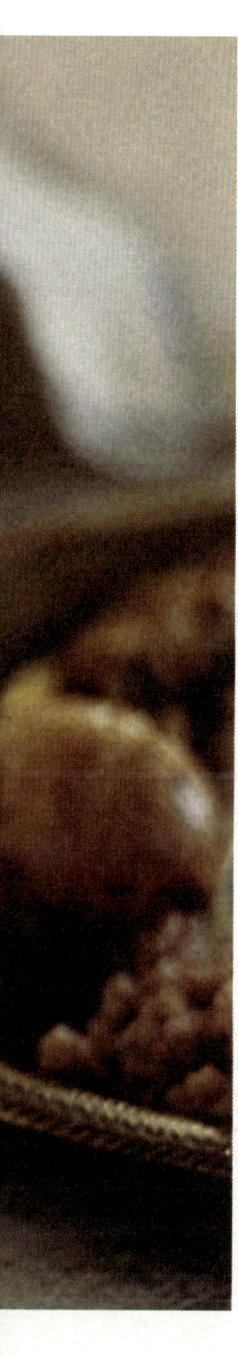

가정생활

현용수 목사는 그의 책에서 다음과 같이 신약 교회의 자녀 교육의 실패를 진단했다.[24] 그의 이러한 진단은 대체적으로 잘했다고 생각된다.

"신약 교회의 기독교인들이 자녀교육에 실패한 이유는 무엇인가? 다음 네 가지로 요약할 수 있다. 첫째, 자녀교육의 중요성을 유대인만큼 절실하게 깨닫지 못했다. 즉 이웃에 대한 전도나 세계 선교를 자녀교육보다 더 중요하게 여겼다. 둘째, 그들의 자녀교육 방법이 유대인만큼 성경적이지 못했다. 셋째, 자녀교육의 질이 유대인만큼 철저하지 못했다. 넷째,

---

24. 현용수, 《부모여 자녀를 제자 삼아라》 아름다운 세상, 2004. p.79

정통파 유대인처럼 자녀교육에 대한 일정한 원칙이 없이 세속적인 인본주의와 타협했다. 그 결과 그들은 자신이 갖고 있었던 신앙과 자녀들의 신앙 사이에 커다란 차이로 인해 결국 복음이 당대에 끝나거나 흐지부지하게 사라지고 말았다."

저자가 보기에도 이런 현상은 이제 결코 남의 일이 아니라 우리의 발등에 떨어진 심각한 문제가 되었다. 한국 교회는 그 어느 때보다 세계 선교에 생명을 걸고 사역하고 있다고 볼 수 있다. 하지만 문제는 한국의 대부분의 교회마다 주일학교가 현저하게 줄어들고 있다. 마찬가지로 중고등부와 청년대학부도 줄어드는 것은 어제 오늘의 일이 결코 아니다. 그러나 더 큰 문제는 이런 상황에 심각함을 느끼지 않고 지금 장년부와 어른들의 숫자가 줄어들지 않기 때문인지 안일하게 인식하고 있다는 점이다. 이런 상황이라면 앞으로 한 세대가 가기 전에 심각한 현실로 나타날 것이 눈에 보듯 뻔하다. 점점 서구 교회처럼 노인들만 예배드리려 모일 것이다. 앞으로 30년 안에 한국 교회는 서구 교회처럼 노령화되어 하나씩 교회의 문을 닫게 될 것이 분명하다. 이것이 교회 역사의 순리이고 지금까지 걸어온 발자취이다.

이런 상황에서 이 책은 한국 교회를 깨우고 세계 교회에 경종을 울리는 계기가 되길 소원한다. 그러므로 이 책은 다시 성경으로 돌아가서 우리 시대에 일어난 성령의 강력한 역사를 붙잡고 계속해서 우리 자손들 대대로 복음의 주인공이 될 수 있는 길을 제시하고자 한다. 실제로 우리가 어디로 가는지에 대한 방향성을 모를 때가 문제지 그 문제점을 파악하고 성경교육으로 철저하게 무장한다면 다시 한 번 복음으로 한국 교회가 역사의 주인공으로 쓰임 받을 수 있다.

이제 교회만 신앙교육으로 몸부림칠 것이 아니라 각 가정과 교회가 연계해서 유대인처럼 철저한 영적 무장을 통해 계속해서 쓰임 받아야 마땅하다. 기독교인의 가정마다 부모들이 자녀교육의 문제를 책임져야 한다. 그 누구도 자녀의 신앙 문제를 책임져 줄 사람이 아무도 없다. 주님은 자녀의 신앙을 전수하는 문제는 부모에게 전적으로 맡겼다. 그리하면 우리 민족에게 신앙 계승에 대한 희망이 있다. 이것이 주님께서 우리에게 기대하시는 것이다.

하나님이 기대하시는 성경적인 아버지상은 유대인처럼 영적 아버지의 역할까지 책임을 다하는 사람이다. 신약 시대의 가정의 아버지가 가장 먼저 해야 할 사명이 바로 영적 아버지로서 자녀를 하나님이 기대하시는 수준까지 만드는 역할을 다하고 난후, 교회는 이웃을 전도하고 세계를 향하여 선교하는 사명까지 감당해야 하나님이 기대하시는 두 마리 토끼를 잡을 수 있게 된다. 만약 우리가 어느 것 하나라도 소홀히 한다면 그것은 결국은 실패한 교회요, 실패한 가정이 된다는 사실이다.

선교의 우선순위는 마땅히 자녀교육으로 자신보다 더 철저한 신앙인이 되게 할 것이다. 그런 후 이웃을 향한 선교와 세계를 향한 선교의 사명을 감당하는 것이 하나님이 기대하는 수순이다. 구약의 이스라엘은 자녀교육에는 성공한 집단이 되었어도 실패한 신앙의 집단이 되었다. 그것은 이스라엘 백성들의 이방인에 대한 사고의 잘못으로 인한 실패의 모습에서 우리는 뼈저리게 배워야 한다. 또 다시 그들의 실패를 반복하지 않기 위해서이다. 그러나 참으로 안타까운 것은 신약 교회는 선교는 하는데 자녀교육에 실패해서 결국 실패한 교회의 역사를 보고 있는 현실이다. 이제라도 늦지 않았다고 생각한다.

하나님께서 교회를 세우신 목적이 세계 선교인 것은 당연하다. 그러나 그 안에는 "성령이 너희에게 임하시면 먼저 예루살렘…"(행 1:8)으로부터 시작해서 가장 가까운 자녀를 복음으로 변화시키고 헌신하게 하여 그들로 하여금 땅 끝까지 복음을 전하는 선교의 사명을 다하도록 해야 한다. 그러나 우리는 자신이 직접 선교사로 나가는 열정은 가지고 있었지만, 자녀를 철저하게 유대인처럼 하나님의 자녀로 교육시키는 것은 소홀하게 생각했다. 그 결과 신약 교회의 역사 가운데 그 어떤 나라도 수백 년간 선교 역사의 주인공이 된 예가 없었다.

다만 우리가 이렇게 헌신하면 하나님께서 자녀를 책임져 주실 것이라는 믿음으로 자신들은 그 아이들을 위하여 먹여주고 학교 보내는 것 외에는 별로 한 일이 없어 보인다. 이런 무책임한 반복이 자신의 사역이 당장에는 열매가 있었을지 모르지만, 정작 자녀교육의 문제는 믿음이라는 요행에 맡기고, 자녀에게 해야 할 신앙교육의 기회를 버리고 말았다. 남들은 선교해서 하나님의 자녀가 되었는데 내 자녀를 세상에 빼앗겼다면 그 책임은 누가 져야 하는가? 그 결과가 엄청난 것으로 우리에게 되돌아 올 때까지 아무도 그 심각성을 깨닫지 못했다.

우리가 이런 심각한 문제를 깨달았을 때는 이미 복음이 한 나라를 지나갔고, 다시 회복하는 일은 너무도 어려운 환경이 되고 말았다. 정말 어이없는 일이 신약 교회에 일어난 것이다. 이제라도 결코 늦지 않았다. 우리 한국 교회는 부흥이 멈춘 상태이지만 아직도 하나님은 우리와 일하고 계신다. 저자는 하나님이 한국 교회를 사랑해서 이와 같이 알게 하시고 다시 회복해서 일할 수 있는 기회를 주신 것이라고 확신한다.

자녀에게 테필린 교육이 유대인 부모된 사명

히브리인의 사고로 볼 때 유대인으로 부모가 되었다는 의무는 무엇인가? 부모의 가장 중요한 의무는 자녀를 말씀으로 교육하는 일이다. 하나님께서 선택하신 선민의 일원으로 키우기 위함이다. 그들에게 유대인이 된다는 것은 하나님의 말씀인 토라를 교육하는 일이다. 그러면 토라 즉, 율법이란 무엇인가? 그것은 한 마디로 테필린 안에 들어 있는 하나님의 말씀을 전수하는 교육이 바로 율법의 핵심이라 말할 수 있다. 이런 테필린 교육을 통해서 유대인의 자녀들이 후대에 말씀을 맡은 자가 되어 계속해서 대대로 이어가는 사명이 유대인들에게 주어진 가장 큰 사명이며 부모된 자의 의무이다. 이렇게 할 때 유대인 공동체가 세상 속에서 살아남아야 할 존재 이유가 된다. 또한 후손들에게 대대로 전해진 하나님의 말씀인 테필린이 세상에서 가장 큰 자신과 힘이 된다는 뜻이다.

그러면 유대인의 근본적인 하나님 중심의 교육 철학은 어디에서 시작되는가? 유대인의 종교 교육 즉, 말씀 교육의 핵심은 테필린 안에 들어 있는 말씀이다. 따라서 테필린 없이는 유대인 자녀교육을 말할 수도 없고 오늘날의 유대인도 존재할 수 없었다. 유대인의 역사적인 우수성은 그들의 율법 교육의 핵심인 테필린 교육의 결과라고 단정할 수 있다. 정말 유대인들은 테필린 없는 자녀교육은 생각할 수도 없고 말할 수도 없다. 테필린 안에 있는 네 개 방의 말씀은 무엇인가? 우리가 테필린이 무엇인지 아는 것이 유대인을 아는 것이고, 테필린 교육을 아는 것이 역사에서 유대인이 어떻게 세계의 중심이 되었는가를 알게 된다. 물론 이 테필린 안에 쉐마 본문이 들어 있다. 쉐마란 '들으라' 는 히브리어 단어로 많은 사람들이 유대인은 쉐마 교육이 전부인 것처럼 말하는데 실제로 쉐마 본문은 테필린 네 방안에 있는 세 번째 방의 내용에 해당한다. 그러므로 우리가 쉐마 교육을 언급하기 위해서는 반드시 테필린이 무엇인지를 먼저 알아야 한다.

유대인들은 기도 시간에 반드시 테필린을 손목에 매고 기도해야 한다. 그리고 기도할 때 테필린의 말씀을 소리내어 외우는 것이 특징이다. 또한 그 말씀들을 암송할 때 주의할 점은 그 말씀대로 순종하여 살겠다는 각오를 가지고 기도해야 한다. 만약 그런 각오와 다짐이 기도와 암송하는 가운데 생기지 않으면 그렇게 될 때까지 반복해서 외워야 한다. 혹시 암송하다가 잡생각이 들면 처음부터 다시 암송해야 한다.[25] 사실 유대인 자녀가 세상에 태어나서 처음으로 접하는 말씀이 있다면 테필린의 말씀이다. 유대인 자녀는 어머니 무릎에서 말을 하지 못할 때부터 쉐마란 단어를 통해서 하나님의 말씀을 듣는 훈련을 받는다. 그리고 마지막 임종하는 자리에서 유언도 역시 테필린의 말씀을 대대로 전수하라는 사명의 메시지를 유언한다. 그들은 이 땅의 보이는 것이 기업이 아니고 하나님의 말씀이 대대로 전해지는 것이 진짜 기업이라고 여긴다. 그들은 부모나 자녀들 모두 잠들기 전에 반드시 테필린의 말씀을 암송하고 잔다. 그 이유는 혹시 잠을 자다가 죽을 경우에도 테필린의 말씀이 마지막 유언이 되어야 하기 때문이다.

여기 테필린의 말씀은 하나님의 최고의 명령이다. 유대인의 일생은 테필린에서 시작하여 테필린으로 끝난다. 이 테필린의 말씀과 멀어지는 것은 곧 하나님과의 작별을 말하는 것이기 때문이다. 우리가 보아도 놀라운 정도로 유대인들은 테필린의 말씀을 귀하게 여기고 매일의 삶의 기준으로 살아간다. 그들은 자신의 자녀들에게 대대로 테필린의 말씀을

---

25. Scherman, Nosson. *"The Complate Art Scroll Siddur"* NY : Mesorah Pblication, 1992. p.293

안식일 저녁식사 - 테필린 성경암송

교육하여 하나님의 백성으로 살아가게 하는 것을 평생의 목적으로 여긴다. 이는 부모와 자식 간에 하나님의 말씀으로 하나가 되고 선민이 되기 때문이다. 유대인의 근본 사상은 테필린의 말씀에 그 뿌리를 두고 있다.

유대인과 쉐마 본문

테필린의 세 번째 말씀이 쉐마 본문이다. 앞에서도 언급했지만 보통 우리가 알고 있기는 유대인은 쉐마 본문만 있다고 생각하는 실수를 한다. 실제로 쉐마 본문은 테필린의 말씀 중에 사분의 일에 해당되는 말씀이다. 하지만 이 본문이 테필린의 말씀의 핵심이 되는 것은 사실이다. 그런 문제 때문에 사람들은 쉐마 본문이 유대인 교육의 전부인양 잘못 알게 된 것이다.

쉐마 본문은 실제로 축복이라는 단어가 전혀 없다. 하지만 유대인들은 쉐마 본문이 자신들에게 큰 축복이라고 여긴다. 어떻게 유대인들은 축복이란 언급이 없음에도 불구하고 축복의 말씀이라고 귀하게 여기는 이유는 무엇인가? 그 이유는 유대인은 하나님의 자녀이기 때문에 자신들이 지켜야 할 의무를 다 행할 때 하나님이 약속하신 축복을 받는다는 믿음이 있기 때문이다.

유대인에게 쉐마는 자신들의 신앙고백에 해당한다. 신약의 성도들이 고백하는 사도신경과 같이 신앙을 고백하는 내용인데 유대인들에게 한 가지 더 포함된 것이 있다면, 그것은 실천적인 방법과 원리가 너무도 구체적이라는 점이다. 신약의 성도들도 마찬가지로 신앙고백과 함께 실천적인 말씀에 깊은 관심을 갖는다면 유대인들이 이룬 역사적 업적보다 더 엄청난 역사를 일으킬 것으로 확신한다.

쉐마 교육을 하는 때와 방법

유대인이 한국인보다 더 우수하기 때문에 자녀에게 말씀을 전수하는 일에 성공한 것이 아니다. 이는 근본적으로 유대인들은 자나 깨나 자녀에게 말씀을 전하는 일에 온 힘을 다 쏟는데 비해 한국의 부모들은 말씀을 교육하는 열정과 의지가 거의 없기 때문이다. 한국의 부모들이 자녀에게 가장 많이 하는 말은 '공부해라'는 단어인데 엄마의 입에 붙어 다니는 습관적인 단어이다. 이런 상황에서 자녀를 하나님의 사람으로 키우는 일에는 이미 실패나 마찬가지이다.

정통파 유대인들은 하루에 두 번 아침과 저녁 기도 시간에 이 쉐마의 말씀을 외운다. 그들은 왜 하루에 두 번씩 쉐마를 외우는가? 그것은 누웠을 때와 일어날 때라고 언급했기 때문에 하루에 두 번은 꼭 쉐마 본문을 암송하는 것이다. 그들은 아침에 기도할 때는 오늘도 쉐마의 말씀으로 하나님 앞에서 살도록 도와 달라고 기도한다. 저녁에 잘 때에는 오늘도 혹시 쉐마의 말씀으로 하나님 앞에서 순종하지 못한 것이 있다면 용서해 주시고 이 밤도 쉐마로 평안하게 자도록 도와 달라고 기도한다.

유대인들은 민수기 15:37절에서 41절의 말씀을 근거로 '술단 저고리' (탈리트 카탄, Tallit Katan)라고 말하는 '찌찌트' zzizzit를 만들어 입는다. 그들은 이 옷을 만들 때에도 교육적으로 613가지 율법을 지키기 위한 일환으로 연관 지어 만든다. 찌찌란 옷에 다는 술Threads을 말한다. 여기서 우리가 알아야 할 것은 히브리 문자는 알파벳 마다 숫자 값이 있다. 한편 찌찌란 히브리 자음들의 알파벳 수치를 다 더하면 600이 된다. 이 600이란 숫자 값에 여덟 가닥의 술과 다섯 매듭인 13을 더하면 613이 된다. 실제로 613이란 숫자는 토라의 율법의 전체 숫자인 것은 우리가 앞에서 배웠다.

정통파 유대인들은 이 찌찌 옷을 항시 내복처럼 상의 안에 입고 다니면서 자신은 오늘도 613가지의 율법을 따라 살아가야 함을 의도적으로 드러내고 있다. 유대인들은 이 여호와의 율법을 상징하는 술과 매듭을 볼 때마다 모든 계명을 기억하고 준행하여 자기의 눈과 마음과 행동이 항상 말씀에 사로잡혀 살아가려고 피나는 노력을 하고 있다. 우리가 유대인에게서 배워야 할 중요한 것이 있다면 바로 이런 하나님의 말씀대로 살고자 애쓰는 노력이다.

탈리트(prayer shawl)에 달려 있는 것이 찌찌트

유대인 랍비가 집에 한 목사를 초대했다. 그리고 자연스럽게 유대인의 자녀교육에 대한 문제로 대화가 옮겨 갔다. 그런 중에 유대인이 자녀를 교육하면서 세속적인 문화의 문제를 어떻게 이기는가를 질문했을 때 다음과 같이 대답했다.[26)]

"우리도 다른 사람과 똑같은 인간이다. 우리도 텔레비전도 보고 싶고, 영화도 보고 싶고, 라스베가스 같은 곳에 가서 도박도 하고 싶다. 그러나 우

---

26. 현용수, 《유대인의 천재교육 I》 p.340

리가 그런 것을 모두 다 하고서는 조상들에게 물려받은 하나님의 말씀을 자녀들에게 전해 줄 수 없다. 우리는 하나님 말씀을 자자손손 전하기 위하여 테필린의 말씀을 누웠을 때에도, 앉았을 때에도, 길을 걸어갈 때에도 자녀에게 여호와의 말씀을 전하도록 최선을 다한다."

정말 그들의 이러한 처절한 노력이 없었다면 여호와의 두루마리 성경은 벌써 지구상에서 없어졌을 것이 분명하다. 말씀이 끊어지면 하나님의 구속의 역사도 자연스럽게 사라질 수밖에 없다. 더구나 구약 시대에는 인쇄술이 발달되지 않아 유대인들의 하나님의 말씀에 대한 철저한 신앙과 기록과 보존으로 인해 지금도 우리는 구약 성경을 가지고 있다. 그들이 비록 예수를 믿지는 않지만 바울이 말한대로 유대인이 말씀을 맡은 자로서의 사명을 다하기 위해 기울인 노력은 우리가 절대적으로 인정하고 받아 들여야 마땅하다.

왜 유대인 교육인가?

이스라엘 백성들이 구원 받는 방법과 신약의 성도들이 구원받는 방법이 어떻게 다른가? 실제로 다른 것이 하나도 없다. 그러나 유대인과 신약 시대의 성도들이 성경 해석하는 방법에 차이가 많이 있다. 그 이유는 유대인과 신약의 성도들이 구원을 이해하는 차이에서 일어난다. 그 차이는 유대인은 태생적 구원을 자연스럽게 받아들이므로 성화에 더 큰 관심을 가지고 있다. 유대인은 하나님의 택한 백성으로 하나님의 형상을 닮아가는 성화의 과정을 가장 중요하게 여기고 살아간다. 그리고 말씀을 받은 선민으로 대대손손이 신앙을 이어가는 역사성을 강조한다.

이러한 신앙교육을 하기 위해서는 자녀교육을 강조할 수밖에 없다.

그런 반면에 기독교인들은 신구약 성경을 화란 신학의 영향을 받아 구속사적인 입장에서 주로 해석해 왔다. 이는 구약도 신약도 예수 그리스도의 구속의 역사로만 해석하려고 노력했다. 이런 결과 구약의 말씀 중에 구속과 별로 관련이 없는 것들은 의도적으로 배제하고 아주 무시해 버렸다. 이로 인해 교회는 그리스도의 십자가에서 죽음과 부활만 강조하는 구원을 위한 복음으로 치우치게 되고 말았다. 이런 문제로 인해 신약 교회는 구원의 문제와 선교에만 중요시하는 편향적인 신앙을 가지게 되었다.

한편 구약의 유대인과 신약의 기독교인이 성경을 해석하는 관점과 과정이 왜 그렇게 다른가? 그 이유는 유대인이 하나님께서 아브라함과 약속하신 일방적으로 선택된 민족이라고 생각하기 때문이다. 또한 신약의 기독교인들은 예수 그리스도를 믿어 구원에 이른다고 생각한다. 사실은 구약 시대의 유대인의 구원과 신약 시대의 이방인의 구원에는 차이가 있는 것이 사실이다. 그러면 먼저 유대인들이 말하는 하나님의 선택된 선민이란 무엇을 말하는가? 이는 하나님께서 일방적으로 선택한 하나님의 백성이다. 이스라엘 사람들은 하나님이 자기 조상 아브라함을 통해서 태생적으로 그의 후손이 된 사람들은 무조건 선택된 민족으로 구원을 받는다고 믿는다. 이런 믿음을 가진 유대인들은 이런 선택된 구별된 민족으로 현재까지 계속되고 있다고 무조건 믿어 버린다. 이들의 믿음은 대단하다. 그들은 지금까지 하나님의 선민으로 믿음의 조상 아브라함과 이삭과 야곱의 혈통적 유대인임을 강조한다. 아브라함도 믿음으로 의에 이르고 구원 받았다고 신약과 구약 성경은 증거하고 있다.

물론 유대인들도 행위로 구원받는 것이 아니라 믿음으로 당연히 구원을 받는다. 비록 구원이 믿음으로 받는다고 하지만 그들이 가지고 있는 믿음은 자신들이 아브라함의 자손이라는 사실 하나만 가지고도 선택받은 민족이라고 믿는다. 유대인들 중에 자신이 아브라함의 후손이기 때문에 믿음으로 구원받았다는 사실을 의심하는 사람은 거의 없다. 도리어 이들의 이러한 선민의식은 역사 속에서 유대 민족의 고유한 신앙을 이어오는 원동력이 되기에 충분했다. 이스라엘의 수천 년의 힘은 자신들만이 하나님의 선택된 민족이라는 자부심에서 출발한다. 이런 자부심이 수천 년의 나라 없는 고난과 역경을 견디는 원동력이 되었다.

하지만 신약 시대의 성도들은 예수 그리스도께서 내 죄를 위해 십자가에 피 흘려 죽었다는 사실을 믿으면 구원을 받는다. 그런 면에서 유대인들의 구원과 이방인들의 구원에는 차이가 있다. 그럼에도 불구하고 실제로는 믿음으로 구원 받는다는 사실은 여전히 동일한 원리이다. 비록 유대인들이 믿는 것은 하나님께서 자신들을 일방적으로 택해서 선민으로 만드셨다는 확실한 약속을 믿는 것이다. 그리고 하나님께서 그들의 구원이 유월절의 어린양의 피를 대신해서 구속하셨다고 언약을 발전시킨 사실 또한 유대인들은 믿는다.

그러므로 유대인들은 하나님께서 약속하신 말씀을 믿는 것이다. 그리고 유월절의 피의 사건이 예수 그리스도의 피인 것을 몰랐을지라도 하나님께서 점진적으로 구원을 완성해 가는 방법의 하나를 믿음으로 받아들인 것이다. 따라서 구원은 하나님께서 우리 인간에게 일방적으로 베푸신 은혜이지 그 어느 누구도 스스로 선택할 수 있는 원리는 결코 아니다. 이런 유대인들의 믿음은 너무도 확고하여 자신들의 구원이 없는 신약 시대에도 자신들은 분명히 구원받은 하나님의 선택된 특별한 민족이라는 의식이 지배하고 있다. 그들은 지금도 어린 아이에서부터 어른에 이르기까지 자신이 구원받았다는 사실을 의심하지 않는다.

이런 반면에 신약의 성도들은 확실한 하나님의 약속과 함께 예수 그리스도를 믿음으로 받아드렸음에도 불구하고 구원의 확신에 많은 사람들이 흔들리고 있다. 왜 그렇게 구원에 확신이 없는가? 그 이유는 이방인들이 가진 구원에 대한 잘못된 선입관념 때문이다. 그 선입관념은 하나님의 일방적인 구원이 너무 쉽고 값이 없을 뿐만 아니라 그 구원에 대해서 자신이 하나님께 대하여 행위가 너무 없다는 갈등이 내재해 있기 때문이다. 다시 말해서 자신이 이 놀라운 구원을 받고도 할 수 있는 일이 전혀 없다는 점이다. 사실은 구원의 값은 너무 커서 그 누구도 값으로는 살 수 없기 때문에 공짜로 받은 것인데 반해 우리는 그 값이 너무 크기 때문에 무엇인가 자신도 그 대가를 치러야 한다고 어리석게 생각한다. 유대인은 무조건 선택한 것을 자손 대대로 믿는데 반해 이방인들은 자손 대대로는커녕 자신도 구원의 확신의 부분에서는 계속해서 흔들리고 있다는 아이러니한 상황이다. 이런 현상은 우리에게 가장 비참한 현실이 아닐 수 없다.

우리가 유대인들이 가진 믿음의 반만 가져도 엄청난 역사의 주인공이 될 것이 확실한데 말이다. 정직하게 말하면 신약 시대의 성도들은 구약의 성도들보다는 10배의 믿음을 가져야 당연하다. 이는 유대인들이 막연한 하나님의 구원의 약속으로 선택된 민족으로 확신한다면, 실제로 우리는 백 퍼센트 구원의 확실한 근거가 있기 때문이다. 그러나 현실은 정 반대로 나타타는 현상이 너무도 신기한 일이다.

유대인의 이러한 확고한 신앙은 그들의 아버지가 말씀을 대대로 가르치는 영적 스승의 역할을 다했기 때문이다. 물론 그들이 가르치는 내용은 구약 성경을 기초로 한다. 그 중에도 테필린이 아버지가 영적 스승이 되어서 자녀를 가르치는 내용의 전부라고 해도 과언이 아니다. 아버지는 자녀의 출생 때부터 선민으로 어떻게 살아야 이 땅에서 이방인과 구별되어 살아가는지에 대한 교육이 대부분이다. 이는 구약의 율법을 토대로 하나님의 백성으로 어떻게 살아가야 하는지 성화의 삶과 축복된 삶의 내용을 중심으로 가르친다. 이런 면에서 보면 구약의 내용은 어떻게 구원 받을 것인가의 문제보다는 거의 대부분의 내용이 구원받은 백성이 어떻게 살 것인가에 초점이 맞추어져 있다고 보면 틀림없다.

유대인은 새벽마다 쉐마의 말씀을 붙잡고 절규하는 기도를 드린다. 또한 저녁에 잠들기 전에 쉐마의 말씀대로 살지 못했음을 회개하고 말씀대로 살았다면 감사하며 하루를 마감한다. 오늘도 주님께서 주신 말씀으로 우리 가정이 바로 살고 하나님의 비전을 이루며 살게 해달라고 간절한 기도를 드린다. 쉐마는 이스라엘의 삶과 신앙의 근본이며 능력의 원천이 된다.

쉐마 교육의 중요성은 유대인의 삶에서 증명된다. 하나님의 기업을 상속하는 일을 제일 잘하는 민족이 유대인이다. 유대인은 자식을 하나님이 주신 가장 큰 선물로 생각한다. 그래서 자녀들을 말씀으로 양육해서 대대로 전수하는 것이 부모의 사명이라고 생각합니다. 그들은 자녀에게 말씀을 가르치고 전수하는 것이야 말로 하나님의 가장 좋은 기업이라고 여기기 때문이다.

유대인들은 자녀를 두 가지로 구분한다. 하나는 혈통적인 유대인이다. 또 하나는 하나님의 말씀을 기업으로 상속받은 유대인이다. 그리고 이 두 가지를 다 만족했을 때 온전한 영적 유대인이라고 여긴다. 이 영적 유대인을 만드는 것이야 말로 하나님께서 자신들에게 자녀를 주신 사명이라고 여기고 이 일에 생명을 건다.

유대인들은 먼저 자녀를 낳으면 혈통적인 유대인을 하나님께서 주셨다고 감사한다. 그리고 이제부터 진정한 유대인으로 키우기 위해 쉐마 교육을 한다. 따라서 유대인들은 자녀들에게 제일 먼저 가르치는 단어

유대인의 아침 기도문

가 쉐마를 주신 하나님이라고 말해도 과언이 아니다. 유대인 자녀가 태어나서 제일 먼저 듣는 단어가 쉐마이고 죽을 때 마지막으로 유언으로 남기는 말도 쉐마라고 말해도 틀리지 않다. 유대인으로 태어나 쉐마를 듣고 쉐마의 말씀을 따라 살고 쉐마를 전수하고 쉐마를 후손에게 가르치라고 유언하며 죽는 것이라고 말할 수 있다.

그렇다면 유대인들이 이렇게 쉐마 교육을 위해 생명을 건다면 진정한 하나님의 기업을 상속한 우리는 어떻게 해야 하는가? 적어도 우리는 유대인보다 더 열심히 하나님의 말씀을 자손에게 가르치고 전수해야 할 사명이 있다. 만약 신약의 성도들이 자기 자녀의 신앙 교육에 실패한다면 그것은 그 어떤 큰 일을 성취했다고 해도 결국 실패자나 다름이 없다. 왜냐하면 하나님께서 원하시는 신구약의 정신은 자녀에게 복음과 말씀을 전수하는 것이기 때문이다.

종교생활(절기, 말씀, 기도)

에메트אמת는 진리를 의미하는 히브리어 단어이다. 어떤 언어든지 단어마다 각각의 단어의 머리 글자를 모아 새로운 단어를 만드는 것이 보통이다. 특히 요즈음 젊은 아이들이 핸드폰으로 문자를 보내면서 압축된 문자의 축약형을 사용하는 것은 아주 자연스러운 일이 되었다. 우리 부부가 오랜만에 영화를 보는 어느 날 딸이 문자를 보내 왔는데 '즐감'이란 짧은 단어로 온 메시지가 무슨 뜻인지 몰라 한참동안 생각하게 되었다. 그러던 중 그 뜻이 즐겁게 감상하라는 의미임을 한참 후에 알게 되었다. 이렇게 젊은 아이들에 의해서 만들어진 단어의 축약형들은 너무도 급속하게 퍼져 한글의 문법이 파괴되는 우려를 낳고 있다.

이와 같이 머리글자를 모아 만들어진 단어를 '두문자어' 頭文字語라고 말한다. 히브리인은 진리인 에메트가 '두문자어' 라고 확신한다. 에메트의 첫 문자 알레프Aleph는 히브리어 단어 하나님에 해당하는 단어인 엘로힘Elohim의 첫 문자이고, 두 번째 문자 멤Mem은 히브리어 왕이라는 단어의 멜렉흐Meleck의 첫 문자이며, 타우Tawoo는 영원이라는 의미의 히브리어 단어인 타미드Tamid의 첫 문자이다.[27] 히브리어로 진리라는 단어는 하나님께서 이 글자를 만드실 때부터 그 의도를 담겨 있다. 그것은 다름이 아니라 각 글자마다 그 의미를 부여하고 있기 때문이다. 그래서 히브리 사람들은 진리라는 글자를 보면 모두 다 같은 의미로 받아들인다. 그 의미는 먼저 첫 글자를 알렙으로 이 문자는 히브리어 첫 글자에 해당한다. 하나님께서 진리라는 단어를 편집할 때부터 그 의미를 부여하고자

---

27. 변순복, 《유대인 자녀에게 가르치는 이야기》 쿰란출판사, 2003. p.26

했기 때문이다. 이는 진리라는 첫 문자는 알파벳의 시작이 되는 문자로 진리의 의미도 모든 것들의 시작을 알리는 문자이기 때문이다.

그러므로 진리는 모든 것들의 시작이 되는 단어이다. 진리가 시작의 의미를 가지는 것은 너무도 당연하다. 사람들은 진리가 무엇인지 모르지만 히브리 사람들은 진리는 모든 만물의 시작을 의미한다고 당연히 생각하고 있다. 진리는 모든 시작의 의미를 강하게 부여하는 단어임에 틀림없다. 진리는 원래 하나님을 의미하는 엘로힘에서 첫 글자인 알렙을 의미하고 있다. 이는 진리가 하나님으로부터 시작되고 있다는 사실이다. 하나님과 상관없는 것은 그 어느 것도 진리일 수 없다. 왜냐하면 진리란 하나님과 연결될 때만 진리이기 때문이다. 하나님과 상관없는 것들은 모두 진리가 아니다. 비록 그런 것이 상대적인 진리가 될 수 있을지는 몰라도 영원히 변할 수 없는 절대적인 진리는 될 수 없다. 실제로 상대적인 진리는 진리가 되지 못한다.

하나님과 연결되어 진리가 시작되고 끝나야 절대적인 진리가 될 수 있기 때문이다. 진리는 하나님으로부터 시작되기 때문이다. 진리에 하나님이 없으면 진리로 생각하지 않는 것이 히브리 사람들의 공통된 생각이다. 그러므로 진리는 하나님으로부터 시작된다. 그래서 그런지 예수님께서 자신은 알파와 오메가요, 처음과 나중이요, 시작과 끝이라고 말씀하신 것은 바로 진리가 가지는 절대성을 내포하고 있는 선언이다. 진리는 언제나 하나님으로부터 시작되고 하나님으로 끝나는 것이 그 특징이다. 하나님께서 히브리어로 진리라는 단어를 통해서 무엇이 진리인지를 분명하고 정확하게 가르치고 있다.

진리의 두 번째 글자가 멤인데 이는 이 단어가 무엇의 근원(-로부터)이 시작됨을 말해주는 단어이다. 좀 더 깊이 들어가면 어려워지는데 이 단어를 간단하게 설명하면 멤은 진리의 샘이 시작된다는 사실을 선포하는 단어이다. 특히 두 번째 단어가 시작되는 멤은 멜렉의 축약형 글자로 왕이라는 뜻이다. 그 한편 구약 성경에서 사람의 이름에 멜렉이라는 단어로 끝나면 그는 분명히 그 나라나 부족의 왕을 의미한다. 아비멜렉이 그 대표적인 이름이라고 말할 수 있다. 따라서 진리라는 글자의 축약형 문자를 이어보면 "하나님은 왕이시다"라는 말이다. 히브리인들은 진리라는 글자를 보면 제일 먼저 떠 올리는 생각이 바로 하나님은 자신들의 왕이라는 의미로 받아들인다. 물론 아무도 하나님이 자신들의 주인이시며 왕이라는 사실을 부인하는 사람이 없고 지극히 자연스럽게 받아들인다. 진리는 바로 하나님이 왕이 되는 것부터 시작하기 때문이다.

특히 히브리어의 멤이 여기에 사용된 것은 알파벳의 22글자 중에 문장의 끝에 단어가 배치되면 꼬리가 길어지는 글자까지 포함하면 27자가 된다. 그 가운데 14번째의 글자가 멤이다. 이런 히브리어 글자 배열부터 하나님은 그 단어의 의미를 부여하고 있다. 진리의 첫 글자와 중앙 글자가 정 가운데 배열하고 마지막 타우가 마지막 글자에 해당한다. 우리는 여기서 하나님께서 진리라는 히브리어를 만들 때 어떤 의도를 가지고 배열했다는 것을 쉽게 알 수 있다. 즉 히브리어의 진리는 처음과 중간 그리고 마지막 글자로 배열하면서 진리는 처음과 중간, 마지막을 모두 포함하는 의미를 내포하고 있다.

진리는 아주 단순하다. 이는 진리가 "하나님은 나의 왕이시며 주인이시다"라는 사실을 이 땅에 선포하는 단어이다. 히브리말 중에 선포형 단어는 진리의 선포이며 영원히 변치 않는 사실을 말할 때 쓴다. 진리가 하나님이 왕이 될 때 그 의미가 있기 때문이다. 진리는 변할 수 없는 사실이기 때문에 변치 않는 하나님과 관계가 있을 때만 그 공식이 적용되기 때문이다. 진리는 언제나 하나님으로부터 시작하여 그분이 이 세상의 왕이시며 주인이실 때 사실로 증명될 수 있다.

진리의 마지막 글자가 타우인데 이 단어는 영원이라는 뜻의 타미드의 축약형 단어이다. 그러므로 진리라는 단어는 히브리인들은 당연히 "하나님은 영원히 왕이시다"라고 생각한다. 따라서 진리라는 한 단어만 가지고도 히브리인들은 하나님이 누구시며, 진리가 무엇인지를 자연스럽게 인식한다. 하지만 이방 사람들은 진리가 무엇이냐고 물으면 사람마다 그 대답이 다르다. 그 이유는 그들은 진리가 무엇인지 알 수 있는 방법이 전혀 없기 때문이다. 그렇지만 히브리인들은 자신들이 쓰고 있는 진리라는 단어만 가지고도 "하나님은 영원히 우리의 왕이시다"라고 고백한다. 진리는 바로 하나님으로부터 시작하여 하나님으로 끝나는 것이기 때문이다.

한편 히브리인들은 진리가 하나님으로 시작하여 하나님으로 마감된다고 믿는다. 이런 보편적인 하나님에 대한 인식이 너무도 확고하여 다른 초등학문적인 왜곡된 진리관이 설자리가 없다. 진리는 불변하고 영원하다. 시편 기자는 119:160절에 진리가 무엇인지를 잘 설명하고 있다. "주의 말씀의 강령은 진리오니 주의 의로운 모든 규례가 영원하리이다" 그러므로 하나님의 입에서 나온 모든 말씀은 진리이고 그 말씀은 영원하다. 히브리인들의 진리가 무엇인지를 분명하게 보여주는 구절이다. 진리는 하나님의 말씀으로부터 시작하여 그 말씀이 영원까지 변하지 않고 계속되는 것을 말한다.

정말 성경은 말하기를 "어리석은 자는 그 마음에 이르기를 하나님이 없다"고 고백했다.(시 14:1) 이 세상의 진리의 시작은 하나님으로부터 나오고 하나님으로 마감하는 것이 진리의 전부이다. 단지 "진리는 거짓이 아니라는 말 이상의 것이다"는 선언이 히브리인들이 생각하는 진리관이다. 에메트는 하나님의 인감도장이기 때문에 어떤 사람이 거짓을 만들 가능성이 있는 일까지도 하지 말라고 탈무드는 가르치고 있다. 진리가 변한다면 그것은 이미 진리가 아니다. 왜냐하면 진리는 하나님으로부터 시작되어 영원히 변하지 않기 때문이다. 한편 히브리인들은 진리라는 글자만 가지고도 하나님과 영원히 변치 않는 말씀, 또한 하나님은 영원히 자신의 왕이라는 신앙고백까지 내포하고 있다는 사실이다.

법(토라, 탈무드, 말씀) : 탈무드식 논쟁

유대인 학교에서 탈무드와 구약의 율법을 가지고 학생들이 논쟁하는 것을 보고 깜짝 놀란 적이 있다. 그 이유는 한 주제를 놓고 고등학생들이 벌이는 논쟁이 마치 법정에서 검사와 변호사 그리고 판사가 재판하는 것과 동일한 느낌을 받았기 때문이다. 그들은 한 주제를 놓고 그 주제로 인해 나타나는 모든 가능성을 생각하며 서로 토론하고 또 다른 학생들이 반론을 하며 변론하는 일이 그 시간만 그런 것이 아니고 매 시간마다 이런 교육적인 환경에서 공부한다는 교사의 설명을 듣고 또 다시 놀랐다.

암기식 학습법으로 지금까지 공부한 내 생각으로는 도저히 익숙하지 않은 분위기가 틀림없었다. 한 시간이상 토론하고 또 다른 가능성을 제기하고 그 문제에서 파생할 수 있는 질문과 답변이 몇 시간이 지나갈 때 참관하는 나는 호기심에서 출발하여 이제는 지루하기까지 한 과정을 보면서 유대인 아이들의 무한한 가능성을 보는 좋은 계기가 되었다. 여기

유대인들이 성경 다음으로 중요하게 여기는 탈무드

서 나는 유대인 교육방법의 독특함과 아울러 왜 유대인이 매사에 정확하고 분명한가를 알 수 있었다. 특히 유대인 변호사들이 왜 유능하며 학자들이 왜 대단한가를 직접 체험하는 경험을 했다.

유대인들은 어린 시절부터 학교에서나 가정에서 그리고 회당에서 말씀을 연구하며 매사에 이런 방법으로 배우고 익히기 때문에 사회에 나와서 성공하는 이유를 찾을 수 있었다. 유대인 변호사와 다른 나라의 변호사가 어떻게 다른가는 그들의 계약서를 보면 쉽게 알 수 있다. 일반 변호사들과 계약을 맺으면 보통 계약서가 2-3 페이지가 고작이다. 하지만 유대인 변호사들과 계약을 맺으면 사건의 케이스에 따라 작성되어진 계약서는 보통 수십 페이지를 넘어 책으로 편집되는 것이 일반적인 현상이다. 그 이유는 유대인 변호사는 그 계약이 시작되면서부터 발생할 수 있는 모든 변수들과 부담되는 요소들을 조목 조목 적어 대비책을 세워 구체적으로 작성하기 때문이다.

유대인들이 성경 다음 경전으로 생각하는 탈무드는 인간이 살아갈 때 발생할 수 있는 모든 변수들과 가능성들을 수천 년간 랍비들이 토론과 변론을 통해 집대성하여 편집한 책이다. 그러므로 어떤 유대인이든지 탈무드를 가지고 토론을 할 때 비록 그 책에 정확한 해결책과 답이 나왔다고 할지라도 무조건 그것을 취하는 것이 아니라 또 다시 다른 가능성과 해석을 해서 비록 탈무드에 나오지 않은 문제까지도 해결할 수 있는 전천후 능력을 소유할 수 있게 한다. 탈무드에 나오는 주제는 가정에서 시작하여 정치, 법학, 경제, 교육, 의학에 이르기까지 인생의 모든 문제를 총체적으로 다루고 있다. 오늘도 유대인들은 탈무드에 적용하지 않은 문제들을 토론하고 계속해서 편집하여 가르치고 있다.

탈무드식 논쟁은 두 사람 이상의 그룹이 짝을 지어 책상에 둘러 앉아 탈무드를 연구하는 교육 방법이다. 그들은 탈무드를 읽다가 모르는 것은 서로 의논한다. 그 후 각 사람의 주장에 대해서 서로 간에 토론하고 반론을 제기한다. 특히 상대방이 논리적인 허점을 보이면 사정없이 날카롭게 질문하여 상대방의 주장을 공격하고 자신의 주장을 펼치는 방법이다. 이때 서로 최선을 다하여 질문하고 응답하면서 각각의 문제가 삶에 찾아왔을 때 대처할 수 있는 무장을 갖추는 훈련이다. 비록 이런 교육이 책상에서 논쟁으로 끝난다면 아무런 소용이 없지만 실제로 논쟁의 대상들이 자신의 삶에 가장 필요한 문제들이기 때문에 삶에서는 해결책을 찾아가는 지름길이 된다. 이런 토론 학습이 학교와 회당 그리고 가정에서 매일 일어나기 때문에 어떤 경우를 당하더라도 유대인의 문제해결 능력은 대단하다.

탈무드식 논쟁의 토론 방법도 상대방과 서로 큰 소리로 논쟁을 벌이기 때문에 멀리서 들으면 싸우는 사람처럼 보인다. 유대인이 탈무드를 논쟁하는 자리에는 항상 시끄럽고 소란하다. 비록 다른 사람들이 볼 때는 싸우는 것 같지만 그 어떤 유대인도 개의치 않고 서로의 주장을 굽히지 않기 때문에 큰 소리와 고성이 오갈 때도 결코 이상하게 생각하는 사람은 없다. 그 후 토론이 끝나면 서로가 언제 싸우고 논쟁을 했냐는 듯이 아무 일 없이 생활한다. 그러므로 유대인은 매사에 어떤 일이든지 그냥 지나가는 법이 없다. 그들은 어려서부터 이런 교육을 통해 사회에서 살아갈 때 능력 있는 사람으로 성장하게 된다.

유대인 아버지들은 자녀에게 어릴 때부터 이런 탈무드식 논쟁에 의한 교육 방법으로 가르치는 일을 하나님께서 자신에게 맡겼다고 믿기 때문에 철저하게 훈련시킨다. 현대 교육학에서도 토론식 교육 방법이 아이들의 머리를 논리적이고 극히 지성적이며 분석적이고 통전적인 사람이 되게 만들어 준다고 가르치고 있다. 어떻게 유대인들이 강한가? 그것은 탈무드식 논쟁 교육으로 학습하기 때문에 지능이 발달되고 영성이 강한 하나님의 사람들로 만들어 간다는 것이다.

유대인들은 질문하기를 좋아하는 민족이다. 유대인 부모는 누구든지 학교에 가서 선생님께 많이 질문하고 오라고 부탁한다. 이에 반해 한국의 부모들은 자녀에게 학교에서 선생님 말씀 잘 듣고 오라고 말한다. 이것이 한국 아이들과 유대인 아이들의 차이라고 생각한다. 한국 아이들은 듣기만 잘했기 때문에 학교에서 배운 것과 사회에 나와서 적용할 것이 거의 없이 새로 배워야 한다. 하지만 유대인들은 탈무드식 논쟁으로 교육을 받아 왔기 때문에 사회에서 접하는 모든 문제를 풀어갈 수 있는 능력이 현저하게 탁월하다.

법률 - 언약

유대인 삶의 구조는 구약의 율법에 기초하면서 법사상을 가지고 있다. 유대인의 선민사상은 언약에서 출발한다. 언약은 하나님 편에서 인간의 의지와 상관없이 일방적으로 행해졌다. 그래서 인간은 하나님이 주신 일방적인 법(언약)을 자신의 의지와 상관없이 일방적으로 받아야 했다. 하나님은 대신에 인간에게 선택된 백성이 되는 언약의 백성으로 인정받는 특권을 누리게 되었다. 하지만 언약의 백성이 누리는 특권에는 반드시 인간에게 주어진 법의 내용을 지켜야만 한다.

하나님의 언약은 바로 구약의 율법이다. 이것은 모세가 시내 산에서 받은 말씀으로 토라라고 한다. 이 토라가 바로 하나님께서 인간에게 주신 일방적인 언약으로 이때부터 이스라엘 백성들이 생명처럼 알고 지켜야 할 법이 되었다. 따라서 유대인은 가정이나 사회에서 일어나는 모든 사건을 해결함에 있어서 행동지침의 원리를 성경에서 찾는다. 우리가 이런 하나님의 법을 사랑하고 삶의 해결의 지침서로 알고 찾으려는 유대인의 태도는 반드시 배워야 한다.

신약의 성도는 유대인보다

신약의 성도는 아무리 못되어도 유대인보다는 더 나아야 한다. 그 이유는 예수도 믿지 않는 유대인도 이 시대의 축복의 주인공이 되었는데 예수 믿는 신약의 성도는 가장 부족한 사람도 당연히 유대인보다는 더 축복을 받아야 마땅하기 때문이다. 그러면 신약의 성도들이 유대인보다 더 큰 축복을 받았는가? 결코 아니다. 도리어 가장 작게 받은 유대인보다 신약의 성도들이 받은 축복이 작아 보인다. 왜 이런 비극적인 일이 있는가? 하나님의 말씀이 죽었는가? 아니다. 그것은 바로 신약의 성도들의 삶에 잘못이 있다.

적어도 신약의 성도들인 우리는 유대인보다 잘되어야 할 이유가 많이 있다.

1) 신약의 성도들은 하나님께 새롭게 선택 받은 사람이다.
2) 신약의 성도들은 예수 그리스도를 믿음으로 구원 받은 사람이다.
3) 신약의 성도들은 하나님의 축복을 약속 받았기 때문이다.
4) 신약의 성도들은 세계 선교의 주인공이기 때문이다.
5) 신약의 성도들이 축복을 받아야 하나님께 영광이 되기 때문이다.
6) 신약의 성도들은 사명을 감당하기 위해 축복이 절대적이다.
7) 신약의 성도들은 하나님 나라를 확장하기 위해서 축복 받아야 한다.
8) 신약의 성도들은 하나님의 나라의 주인공이기 때문이다.
9) 누군가 축복을 받아야 한다면 당연히 신약의 성도들에게 주셔야 일할 수 있기 때문이다.

신약의 성도인 우리는 하나님의 말씀의 주인공이 되었기 때문이다. 하나님은 이스라엘 백성을 버리셨지만 신약의 성도들을 사랑하고 함께 일하고 있다는 사실이 축복을 받아야할 당연한 이유이다. 유대인들은 예수를 믿지 않기 때문에 구원도 받지 못한다. 하지만 우리는 세상에 가장 귀한 구원을 받은 사람들이다. 하나님이 유대인을 축복해서 얻을 것이 아무것도 없다. 하지만 신약의 성도들을 축복해야 우리들로 하여금 영광을 받으시고 세계 선교의 사명을 감당할 수 있다. 그러므로 적어도 유대인보다 우리는 더 많은 축복을 받아야 한다.

하지만 무엇이 문제이기에 유대인들보다 더 받아야할 우리가 축복을 받지 못하는가? 그 이유는 한 가지 때문이다. 유대인이 예수를 믿는 축복은 비록 받지 못했지만 아직도 그들은 구약의 말씀을 생명보다 더 귀하게 여기고 그 말씀대로 살아가기 때문이다. 이것은 구약이 어떤 책인가를 우리에게 보여주는 단적인 예라고 할 수 있다. 구약은 구원받기 위한 책이 아니라 구원받은 사람들이 율법을 지키므로 축복에 이르는 책이기 때문이다. 유대인이 현재 구원은 받지 못하지만 구약이 하나님의 말씀이기 때문에 여전히 살아있고 그 말씀의 능력은 여전히 나타나기 때문에 유대인들이 구약의 말씀대로 살아가는 한 여전히 축복을 받는 것이 당연하기 때문이다.

그런데 우리 신약의 성도들은 구약의 율법의 말씀을 구원을 받기 위한 책이 아니기 때문에 우리에게는 필요 없는 책처럼 취급하였기 때문이다. 혹시 우리가 구약의 책이 필요 없다고 말하는 사람이 있다면 그는 이단 이상의 사람이라고 말할 수 있다. 왜냐하면 구약은 여전히 하나님의 말씀이고 오늘도 살아있는 책이기 때문이다. 신약의 성도들이 구약의 말씀을 가볍게 여기고 말씀대로 살지 않았기 때문에 말씀대로 순종하는 자에게 주는 축복들을 받지 못했다는 사실이다. 이것은 신약의 성도들에게 가장 큰 불행이 아닐 수 없다. 이제라도 우리가 구약의 말씀대로 순종하여 말씀에 약속된 축복들을 유대인보다 더 받아야 마땅하다.

유대인들은 2000년 동안 나라 없는 가운데서도 구약의 말씀으로 민족의 역사를 이어오고 신앙으로 가문을 이어왔다. 더구나 현대에는 유대인이 세계를 지배한다고 해도 틀린 말이 아닐 정도로 모든 분야에 위대한 인물들이 배출되고 있다. 비록 구원과 연관하지 않더라도 하나님 말씀 자체에는 능력이 있고 살아 있기 때문에 유대인들이 지금도 말씀대로 순종하는 자에게 주시는 그 엄청난 축복을 받고 있는 것이 사실이다. 그들이 세계의 주역이 되는 것은 테필린 교육의 성공이요, 구약 성경의 말씀대로 순종하기 때문에 나타난 결과임이 분명하다. 즉 구약의 율법대로 산 결과이다.

　이는 유대인들이 선천적으로 우수하게 태어나서 그렇게 된 것이 아니라 테필린 교육의 결과로 우수해진 것이다. 결코 그들이 머리가 좋고 노력했기 때문에 그런 결과가 온 것이 아니라는 사실이다. 이는 성경 교육을 잘해서 얻어진 하나님의 축복의 결과가 분명하다. 단순히 유대인이 자녀교육을 잘해서도 아니요. 그들이 특별한 민족이고 뛰어난 민족이기 때문에 축복 받은 것이 아니다. 그들이 받은 축복은 언제나 말씀대로 살았기에 얻어진 하나님의 축복하신다는 약속의 성취의 결과이다.

　그렇다면 신약의 성도들이 유대인보다 더 축복을 받아야 됨은 하나님께서 더 바라고 원하시는 일이다. 그러면 우리가 어떻게 하여야 유대인보다 더 큰 축복을 받을 수 있는가? 이 책을 쓰는 이유가 바로 여기에 있다. 신약의 성도가 축복을 받으려면 유대인처럼 구약의 말씀대로 순종하면 당연히 그들보다 더 큰 축복을 받을 수 있다. 이것 외에는 신약의 성도가 축복을 받는 것은 하나님의 특별한 은혜가 임해서 물질을 부어 주시면 가능하다. 하지만 하나님은 특별한 경우를 제외하고는 구약에 약속하신 것처럼 말씀대로 순종하는 자에게 축복을 허락하시는 원칙을 그대로 준수하신다. 이제부터 유대인보다 하나님 나라의 주인공인 우리가 더 받자.

9 tefillin

현대의 유대인은
세계의 주인공

유대인이란 이름의 기원

많은 사람들은 유대인을 영어로 'Jewish' – 줄여서 Jew – 라고 부른다. 이는 영어의 보석이라는 단어의 'Jewelry' 와 어원이 같다. 왜 보석이라는 이름의 앞 단어를 따서 유대인이라고 했을까? 그것은 유대인들과 보석은 떨어질 수 없는 관계이기 때문에 자연적으로 보석을 취급하는 사람들이라는 의미로 쥬Jew라고 불렀다. 역사적으로 보면 유대인들이 보석과 맺은 인연은 유대인의 기원과 거의 같다고 본다. 유대인들이 보석에 집착하는 것은 역사적으로 보면 필연적인 일이다.

그 이유는 유대인들이 수천 년 동안 자신의 나라가 망하고 난 후 이 나라 저 나라로 정처없이 떠돌아 다니는 디아스포라의 삶을 살았다. 그런 상황에서 어느 나라에서나 통용할 수 있는 가치 있는 보석에 눈을 돌리고 관심을 집중하는 일은 당연한 결과였다. 실제로 중세 시대와 피나는 핍박 속에서 보석으로 뇌물을 주고 생명을 건진 유대인이 많다. 유대인으로 세계적인 영화감독인 스티븐 스필버그가 감독한 '쉰들러리스트'는 나치의 죽음의 수용소에서 실제로 쉰들러라는 사람이 돈으로 유대인들을 풀어주는 사건을 영화화해서 전 세계 사람들에게 유대인의 생존에 대한 진실을 전달하고 영화를 본 많은 사람들에게 감동을 주었다.

유대인들은 지금도 보석에 관해 상당한 경지에 이르는 전문가들이 많다. 예를 들어, 다이아몬드는 16세기 전까지는 너무 단단해 연마가 불가능해서 특이한 보석이면서 가치가 별로 없는 보석이었다. 하지만 16세기에 다이아몬드에 집착하고 연마법을 연구한 유대인 한 사람으로 인해 단시간에 세계에서 가장 가치 있는 보석으로 매매되었다. 그 유대인은 가장 강한 다이아몬드를 같은 재료인 다이아몬드로 연마하는 기술로 이것을 가공할 수 있는 특별한 집단이 되었고 그들의 손에 연마되어 빛을 발하는 것마다 최고의 값으로 사람들의 사랑을 받게 되었다. 이후 유대인들은 값비싼 다이아몬드의 제작과 유통 그리고 판매등으로 세계적인 부호 그룹으로 부상할 수 있게 되었다. 그리고 그들은 자신들의 이름이 자연스럽게 보석을 잘 취급하고 보석에 미쳐있는 사람들이란 별명 Jew이 나중에는 자신들의 민족을 대변하는 이름이 되었다.

구약 성경에도 보면 대제사장이 입고 있는 에봇에 12지파 각 지파를 상징하는 보석이 기록되어 있다.(출 39:10-14) 이 보석들의 이름은 우리가 잘 아는 보석 중에 사파이어, 에머날드, 토파즈, 자스퍼, 다이아몬드 등으로 12보석의 이름들이 나와 있다. 대제사장은 언제나 유대인 12지파를 대변하는 보석을 가슴에 달고 하나님 앞에 기도하는 삶을 살았다. 그들은 자기 백성 12지파의 이름이 새겨 있는 보석을 가슴에 품고 기도했다. 이런 것을 보면 유대인과 보석의 역사는 아주 깊이 연관되어 있는 것을 볼 수 있다. 또한 유대인 이름답게 과거와 현재의 시대에 보석의 황제로 군림하고 있다.

유대인의 학교 교육

유대인 아이들은 하나님의 말씀에 입각해서 학교 공부를 한다. 그들은 학교에서 토라(하나님의 말씀, 율법)를 오전 시간에 공부하고 점심을 먹은 후 나머지 시간에 세상 공부를 한다. 따라서 그들은 무조건 먼저 토라인 하나님의 말씀을 공부한다. 유대인들은 나라 없이 떠돌기 시작하면서 자신들이 살고 있는 나라에서 스스로 교육기관을 만들어 후손들을 가르쳤다. 그들은 자신들이 어떤 나라에 가든지 먼저 회당을 만들고 교육과 예배의 처소로 삼았다. 유대인에게 있어서 두루마리 성경의 유무가 회당의 기준이 된다. 만약 두루마리 성경이 있다면 회당이라고 부르고, 없다면 그곳은 유대인들이 기도처라고 말한다.

초대 교회 시절에 바울이 전 세계에 다니면서 선교를 할 때 제일 먼저 찾아간 곳이 유대인들이 모여 예배를 드리고 교육하는 회당을 찾아 설교한 일은 바울 선교의 매우 중요한 선교방법에 속한다. 바울이 3차례 세계 선교 여행을 하면서 다닐 때 먼저 회당을 찾아 복음을 전할 때 각 도시마다 회당이 없는 도시는 거의 없었다. 이렇게 유대인들은 어디에 살든지 회당을 세워 자신들의 신앙교육을 할 뿐만 아니라 자녀들의 신앙교육과 일반교육을 책임지는 일을 했다.

유대 자녀들이 공부할 나이가 되어 회당(학교)에 가면 제일 먼저 히브리어 알파벳으로 만든 과자에 꿀을 발라 글자를 익히게 한다. 이렇게 하는 이유는 하나님의 말씀을 공부하는 것은 꿀처럼 달콤한 것이고 맛있는 것이라는 의식을 어린 시절부터 반복하여 가르치는 행위였다. 그 아이들은 하나님의 말씀을 평생 읽으면서 그 말씀이 일생 먹어야 할 생명임을 배우게 된다.

따라서 유대인들에게는 공부가 바로 하나님의 말씀을 배우는 행위요, 그 내용은 하나님의 말씀이 전부였다. 현대에 와서 그들은 세상 지식도 병행해서 가르치고 있지만 아직도 세상 공부보다는 하나님의 말씀에 더 많은 시간을 할애해서 가르친다. 그들은 이것을 당연하다고 생각한다. 그 이유는 하나님께서 지혜를 주셔야 세상의 주인공이 되고 세상에 대한 지식이 자신을 크게 만든다고 생각하지 않는다. 이것이 역사 속에서 증명된 그들의 삶이기 때문이다.

유대인들의 교육열은 한국의 교육열보다 몇 배는 더 크다. 유대인들의 교육열은 한국의 교육열과는 그 내용이 판이하게 다르다. 한국 부모들의 교육열은 100% 세상 교육에 있지만, 유대인들의 교육열은 어린 시절부터 하나님의 말씀인 성경을 교육한다. 그런데 그 방법이 아주 특이하고 새롭다. 우선 세 살이 되어 유치원에 가면 꿀로 만든 과자에 히브리어 알파벳을 적어 한명 한명에게 그것을 혀로 핥으며 글자를 깨우치게 한다. 그 아이들로 하여금 하나님의 말씀은 재미없고 지루한 것이 아니라 이 꿀 과자처럼 달콤하고 맛있는 것을 자연스럽게 느끼고 배울 수 있도록 배려한다. 이런 교육은 그 아이들이 히브리어 알파벳을 외울 때까지 계속된다.

이런 반복을 통해서 하나님의 말씀은 하루만 배우고 끝나는 것이 아니라 자신의 삶이 계속되는 한 죽는 날까지 배워야 한다는 사실을 반복해서 교육한다. 그 아이들은 하나님의 말씀으로 글을 깨우치고 제일 먼저 읽고 쓰는 것도 토라(모세오경)를 쓴다. 물론 모세오경을 암송하는 것이 테필린이고 이 일을 그 무엇보다도 먼저 암기하기 시작하는 것을 최우선으로 교육한다.

우리가 생각할 때 그렇게 공부해서 과연 정상적인 사회생활을 할 수 있을까를 염려할 수 있지만 이런 염려는 기우에 불과함을 알 수 있다. 왜냐하면 그렇게 공부한 아이들의 지능과 재능이 세계의 그 어떤 아이들보다 우수하고 각 분야에서 뛰어나게 활동하고 있기 때문이다. 유대인들이 이런 성경적 자녀교육으로 인해 두뇌가 다른 아이들보다 후천적으로 훨씬 우수해지기도 하지만, 교육에 대한 태생적 열성으로 인해 그 결과는 전 분야에서 아주 두드러진 활약을 보이고 있다. 유대인들은 금융, 법조, 언론, 첨단산업 등 머리를 쓰는 지식산업에 유난히 강한 사람들이 되었다. 그러므로 유대인의 하나님의 말씀 교육 방법이 임상적으로 증명되었기 때문에, 우리도 빨리 하나님의 말씀이 자녀교육의 핵심적 내용이 되어야 한국 민족의 미래도 소망이 있다.

지방에서 사업가로 신앙으로 존경받는 장로님의 대학생 아들이 저자의 교회에 출석했을 때의 이야기이다. 이 청년의 어머니가 자녀를 교육시킨 간증을 듣고 많은 충격을 받은 적이 있다. 이 장로님의 가정은 지방의 도시에서 개척교회를 섬기고 있다. 그들은 개척교회를 섬기면서 자녀들도 당연히 그 교회의 주일학교와 학생회를 다니면서 성장을 했다. 그런데 사람들이 아이들이 개척교회에 다니기 때문에 신앙교육에 문제가 있으니까 아이들은 큰 교회에 다니라는 권유를 많이 받았다는 것이다. 그럴 때마다 장로님의 부인은 다음과 같이 말했다고 한다.[28]

"나는 우리 아이들이 개척교회에서 신앙의 교육을 받는 것이 얼마나 좋은지 몰라요. 그 이유는 다른 아이들은 큰 교회에서 신앙교육을 받기 때문에 전도사님들에게 사랑을 받기 힘들지만 우리 아이들은 하나님의 말씀을 배우는데 과외 공부하는 것처럼 개인지도를 받으면서 성경을 배우고 있으니 얼마나 행복해요. 다른 사람들은 좋은 과외 선생을 위해서 수십만 원씩 들여 선생을 모시고 과외 하는데 우리 아이들은 개척교회 다니는 그 이유 하나로 인해 과외 전도사님께 제대로 성경을 배우고 있으니 당연하잖아요."

한국 교회 안에 이런 긍정적이고 창조적인 사고를 가지고 있는 신앙의 어머니가 있어서 한국교회는 아직도 희망이 있다. 그 분의 자녀는 참으로 잘 자라 우리 교회에서 멋진 하나님의 사람으로 성장하고 있다. 하지만 많은 성도들의 생각에는 좋은 조건의 교육을 위해서는 대형 교회에 보내야 한다는 의식이 지배적인 것이 한국 교회의 비극임을 알아야 한다. 그렇지만 저자가 확신하기는 그 어머니의 성경교육의 관점으로 개인 과외로 성경교육을 받은 그 자녀가 하나님의 기대와 부모의 소망대로 미래의 큰 사역의 주인공이 될 것을 확신한다.

한편 청교도들이 미국의 신대륙으로 신앙의 자유를 찾아 건너오면서 유대인들이 회당을 지은 것처럼 자신들도 먼저 교회를 짓고, 그 다음에 학교를 짓고 난 후 자신들이 기거할 집을 지었던 일은 우리 모두가 잘 알고 있는 사실이다. 오늘날 미국이 세계의 가장 힘 있는 국가가 된 것은 바로 이런 신앙중심의 교육으로 이루어졌다는 사실을 부인할 사람은 아무도 없다. 현존하는 모든 국가 중에 유일하게 성경에 손을 얹고 기도하

---

28. 저자가 목회하는 교회에서 그 청년의 부모에게 직접들은 간증을 설명하고 있다.

면서 대통령에 취임하는 국가는 미국 외에는 없는 것도 하나님의 축복이 계속해서 그 나라에 있다는 사실이다.

옛날 선조들이 가르치던 것 중에 논어에 있는 말을 인용해서 인간이 가져야할 네 가지 덕목 중에 '신언서판'이 있어야 한다고 했다.

첫째 덕목은 신身으로 이는 인간이 가질 몸가짐의 예를 말한다. 우리는 이것을 맵시라고도 한다. 기본적으로 하나님의 사람은 몸가짐을 잘 해야 한다. 그 몸가짐이 흐트러지면 다른 사람들이 판단할 때 형편없는 사람으로 본다. 하지만 동양적 사고와는 달리 히브리 민족은 그 사람을 판단하는 기준이 외모를 중시하는 한국 사람들처럼 '얼굴'(한국사람)이 아니라 그 사람의 내면에 관심이 있다.

코헨 총장은 히브리인답게 어떤 사람을 말할 때나 어떤 사물을 표현할 때 외적 모양에는 거의 관심을 두지 않는다. 단지 객관적인 표현만 잠깐 언급할 뿐이다. 따라서 그들은 어떤 옷을 입었는지, 어떤 헤어스타일을 하고 있는지에 대해서 큰 관심이 없다. 특히 외적인 모양에는 어떻게 생겼는지의 구별이 필요할 뿐 아무런 관심이 없다. 그러나 그 안에 담겨진 의미와 뜻에는 아주 깊은 관심이 있다.

한번은 코헨 박사가 한국을 방문하여 여의도의 63빌딩으로 갔을 때의 일이다. 같이 간 교수가 코헨 박사에게 63빌딩이 어떻게 세워졌는지를 진지하게 설명할 때 그는 별 관심을 보이지 않아 의아해 하는 사람들이 있었다. 그 후 설명하는 사람이 빌딩의 모양이 기도하는 손을 본떠 설계를 했다고 말하자, 아주 깊은 관심을 가지고 진지하게 그 의미를 생각하는 모습을 보면서 히브리 사고를 하는 그 의미가 저자에게 깊이 있게 다가왔다.

둘째 덕목은 언言으로 이는 말로 믿음을 주어 신용을 쌓는데 필요한 덕목이다. 우리는 이를 말씨라고도 한다. 우리 속담에 "말 한마디로 천 냥 빚을 갚는다"는 것이 이것에 해당하는 말이다. 사람은 자신이 한 말을 어떤 일이 있어도 책임져야 한다. 말은 곧 자신의 인격의 표현이다. 따라서 말이 많아 실수하는 사람은 사람들에게 신용을 잃게 된다.

셋째 덕목 서書로 이는 책을 많이 읽고 글을 쓸 줄 아는 지에 해당하는 것으로 이것을 글씨라고도 한다. 사람의 수준은 말하는 것과 그 자신의 생각을 표현하는 것으로 판단할 수 있다. 따라서 글을 잘 쓰는 것 또한 현대인에게 절대적인 자기표현이라고 할 수 있다.

넷째 덕목 판判으로 이는 선악을 옳게 구별하여 의로운 판단을 함으로 어진 이가 될 수 있는 자질을 말한다. 이를 맘씨라고도 한다. 자고로 어진 사람은 선과 악에 대한 판단에 있어서 지혜롭게 하는 사람이다. 그는 늘 하나님 앞에서 언제나 선으로 악을 이기는 것이다.

유대인의 학교 수업

유대인의 교육과 이방인의 교육은 어떻게 다른가? 마찬가지로 가정교육 외에 학교교육은 이방인과 어떻게 다른가? 유대인은 수천 년의 역사 속에서 어디서든지 조상 대대로 물려오는 신본주의 사상을 우선적으로 가르친 후에 세상 교육을 가르쳤다. 유대인의 신본주의 교육이란 바로 성경을 토대로 하는 그들만의 교육방법이다. 지금도 정통파 유대인 학교의 교육 과정은 오전에는 종교 교육, 오후에는 세상 교육을 가르친다.

저자가 경험한 남가주에 있는 정통파 유대인들이 다니고 있는 '예시바 중·고등학교'의 하루 수업 과정을 보자.

먼저 그들은 7시 30분에 아침 기도회를 45분 동안 드린다. 그 후 9시부터 오후 12시 30분까지 성경교육과 탈무드를 가지고 오전 내내 말씀 교육을 한다. 그들은 점심을 먹고 낮 기도회를 15분 정도 가진 후, 5시 30분까지 4시간 동안 세상 학문을 가르친다. 우리의 입장으로 본다면 중·고등학교 시절은 대학 입시로 가장 많은 시간을 투자해야 함에도 불구하고 도저히 이해할 수 없는 교육을 하고 있다. 하지만 어떤 유대인도 자기 자식을 유대인 학교에서 전학을 시켜 공부 많이 하는 학교로 보내지 않는다.

그러나 유대인 랍비들의 설명을 들으면 우리의 의구심에 대한 해답을 명쾌하게 얻을 수 있다. 이러한 커리큘럼을 담당하는 랍비는 "그래도 우리 학교 학생들 중에 SAT(한국의 수능시험으로 볼 수 있음—옮긴이) 시험에서 2,400점 만점에 가까운 아이들이 수두룩하다"고 말한다. 이는 엄청난 점수이다. 왜냐하면 하버드대학교에 들어갈 수 있는 점수가 2,200점이면 충분하기 때문이다. 유대인들의 자녀들이 우수한 것은 바로 이런 독특한 말씀 교육 중심의 방법이 있기 때문이다.

유대인 아이들은 대부분이 이렇게 공부하는 것이 당연하다고 생각한다. 대부분의 유대 학생들은 "우리 유대 민족은 조상 대대로 이렇게 오전 내내 성경을 공부해야 마음이 더 집중될 뿐만 아니라 하나님께서 지혜를 부어 주셔서 세상 사람들이 10시간 공부할 것을 우리는 단지 1시간만 공부하면 따라갈 수 있다"고 말하는 것을 당연하게 여긴다. 결국 유대인은 신본주의 교육이 먼저이고 세상 교육이 나중인 그들만의 교육 방법이 세상의 주인공이 되는 비결이라고 하겠다.

바 미쯔바 - 말씀의 아들 선포식

유대인 아이들에게 자신의 나이가 13세가 된다는 것은 아주 특별한 의미가 있다. 이는 그 나이가 되면 우리가 지금까지 말하고 있는 성인식이라는 행사를 통해서 종교적으로 성인이 되었다고 선포해 주는 일종의 큰 잔치이다. 따라서 유대인 아이들은 13세가 되는 생일날이면 누구든지 성인식으로 아주 성대하게 잔치를 베풀어 준다. 일생에 가장 의미있는 행사가 두 번 있는데 그 중에 하나가 우리가 성인식이라고 잘못 알고 있는 바 미쯔바 예식이고 다음은 결혼식이다. 유대인 남자 아이들이 만 13세가 되면 '말씀의 아들 선포식' 이라고 부르는데, 이것을 히브리어로 '바 미쯔바 Bar Mitzvah' 라고 부른다.

많은 유대인 교육을 말하는 학자들이 '바 미쯔바' 예식을 성인식으로 번역해서 말하고 설교하는데 저자는 이 책을 통해서 우리가 지금까지 알고 가르쳤던 성인식이 잘못된 명칭이고 우리가 자의적으로 해석한 결과라고 말하면서 '바 미쯔바'의 진짜 의미를 살펴보고자 한다. 지금까지 우리가 잘못 알고 있는 성인식이라는 이름부터 히브리인들의 명칭으로 바꾸는 작업을 먼저 해야 한다고 저자는 말하고 싶다. 우선 '바 Bar'는 히브리어로 '아들'이라는 뜻이고, 미쯔바는 계명, 말씀이라는 의미이다. 따라서 '바 미쯔바'는 '말씀의 아들'이 되었다고 공인하는 히브리인 아들에게 가장 의미 있는 행사이다. 저자는 지금까지 우리가 말하는 성인식이라는 용어를 그들의 언어에 따라 '말씀의 아들 선포식' 이라고 부르고자 한다.

그러므로 '바 미쯔바'의 행사를 마치면 그 아이는 계명이라는 뜻으로 즉, 이 성인식을 통해서 이제부터 '계명에 따라 사는 아들'이 되었다는 의미로 이 행사를 마치면 종교적으로 완전한 성인이 된다. 말씀의 아들 선포식이 끝나면 그가 비록 13세일지라도 그는 종교적인 성인으로 책임을 다하는 나이가 되었기 때문에, 이제부터는 자기 스스로 말씀을 배우고 다른 사람에게 가르치는 단계로 자신을 훈련하는 노력을 해야 한다. 따라서 선포식이 끝나면 성인으로의 의무와 책임을 다하고 회당의 종교적인 일원이 되어 회당의 공식예배에 참석하는 특권이 주어진다. 유대 아이들은 '바 미쯔바'를 하지 않으면 공식적으로 회당예배에 참석할 수 없다. 그 아이들은 어머니들만 참석하는 의식과 어린 여자들과 함께 부모와 함께 회당에 갈 수 있을 뿐이다. 저자가 생각하기에 이런 히브리인들의 전통을 따라서 기독교에서 유아세례를 받은 아이들이 13세가 되면 입교식을 하는 기준을 삼은 것으로 보인다.

이렇듯 유대 아이들에게 바 미쯔바 의식이 중요하기 때문에 그들은 보통 3년 전부터 바 미쯔바를 준비한다. 부모의 지도를 따라 기도방법을 배우고 테필린을 이마에 붙이고 아침마다 기도하는 훈련을 통해서 바 미쯔바 의식을 마친 후에 혼자서 신앙적인 모든 일을 할 수 있도록 준비하는 것이다. 또한 유대 소년들은 '바 미쯔바' 당일에 회당에서 읽고 설명할 토라(율법)를 미리 공부하고 연습한다. 물론 이 토라는 히브리어로 기록되어 있다. 유대인들은 어떤 나라에 살든지 히브리어와 그 나라 언어를 같이 배우는 것이 공통적인 현상이다.

바 미쯔바 예식은 먼저 찬양과 기도로 시작한다. 예식을 진행하는 랍비는 3대를 강단으로 불러 세운 후 지성소에 있는 두루마리를 양가 조부모에게 준다. 그러면 조부모는 부모에게 주고 부모는 예식을 하는 자녀에게 준다. 이는 3대가 말씀의 대를 잇고 자손 대대로 말씀을 전수하다는 것을 의미한다. 이 광경을 지켜보며 제일 감격하면서 우는 사람은 바로 조부모인 할아버지이다. 자신이 열조에게서 전해 받은 말씀을 아들에게 전해 주었는데, 이제 그 아들이 손자에게 전수하는 모습을 보고 감격해서 우는 것이다. 그리고 계속해서 모든 순서를 진행하는 랍비는 다음과 같이 선포한다.

> "이제 ○○○는 아브라함 때부터 ○○○대 동안 여호와의 말씀이 대를 이어 전수되었음을 선포하노라"

그 직후 바 미쯔바를 마친 주인공은 두루마리에 입맞춤하고 두루마리를 껴안고 한 바퀴 돌고 회중은 일어서서 하나님을 찬양한다. 그런 다음 참석하고 있는 모든 회중들이 함께 찬양하므로 예식을 끝낸다.[29)] 이런 예식은 예수 믿는 유대인들도 자신의 자녀들에게 유대교 때 거행한 예식을 그대로 한다는 사실이다. 그들의 설명인즉 유대인들도 바 미쯔바의 예식을 거행하는데, 우리는 비교할 수 없는 영적 신분을 얻은 복음의 자녀들이 더 말씀 맡은 자가 되도록 바 미쯔바 예식을 더 잘해야 된다는 설명이었다. 정말 그렇다. 예수 믿는 자가 말씀을 대대로 전수하는 바 미쯔바의 예식의 필요는 오늘에 더욱 필요하다고 생각한다.

오늘 우리가 말씀을 받은 자로 자손에게 대대로 전수하는 것은 생명을 걸고 실행해야 하는 책임이 있다. 우리가 자녀들에게 대대로 말씀의 전수에 실패하면 또 다시 복음이 지나가서 영적으로 황폐한 길을 걸어온 수천 년의 실패를 거듭 반복하는 우를 범하게 되고 말 것이다. 말씀을 대대로 전수하는 것은 하나님께서 우리에게 주신 은혜이며 가장 큰 사명이다.

---

29. 현용수, 《유대인의 천재교육》 조선일보사, 2000. p.287

이날 이후 바 미쯔바의 예식을 마친 아이는 홀로 말씀의 아들로 살아가는 길을 걷는다. 이때부터 모든 말씀의 책임이 예식을 끝낸 자신에게 있다. 부모도 그 아이의 삶에 간섭하지 않고 조언자로 남을 뿐이다. 모든 문제는 스스로 해결하고 스스로 말씀에 비추어 결정하고 책임져야 한다. 그는 이제부터 토라를 외우고 그 말씀을 따라 기도하고 선한 삶을 살아간다. 이런 모든 일을 스스로 알아서 하는 나이가 바 미쯔바의 예식을 거행한 후부터이다. 그는 이제부터 하나님 앞에서 책임지는 말씀의 사람이 된 것이다. 그 아이들은 어린 시절부터 히브리어를 배우고 성인식 이후에는 계속해서 테필린 안에 있는 말씀들로 대표되는 토라를 가지고 대중 앞에서 부모로부터 배운 토라를 설명하고 토론한다. 이로 인해 유대인들은 토론과 발표에 천부적인 소질이 몸에 배이고 익히기 때문에 법조계에서는 유대인 변호사를 능가할 사람이 없다. 유대인과 재판에서 이기는 것은 하늘에서 별 따기보다 어렵다고 대부분의 사람들이 생각한다. 그러므로 재판에서 이기려면 유대인 변호사를 사지 않으면 불가능하다고 대부분의 미국에서 공식화된 사실이다.

한편 바 미쯔바 예식은 결혼식과 마찬가지로 부모의 형제, 친척, 지인, 친구 등 많은 사람이 모여 축하를 해준다. 뉴욕 인근 유대인들이 많이 사는 중학교에는 1년 내내 성인식 행사기 있기 때문에 학교에서 행사 날짜가 겹치지 않도록 사전에 조정해 주기도 한다. 바 미쯔바의 예식은 유대인의 회당에서 종교 행사를 마치면 연회장이나 대형 식당을 빌려 축하 모임을 갖는다. 특이한 것은 이 날 행사에 참석한 사람들은 결혼식 때와 마찬가지로 축하금을 낸다는 것이다. 친구들은 물론 가족들도 대부분 현금으로 축하를 한다. 부모나 가까운 친척들은 이때 유산을 물려준다는 생각으로 많은 돈을 아이 앞에 주기도 한다.

디아스포라 뮤지엄에 있는 바 미쯔바 선포식

　이때 주는 축하금은 일인당 평균 200불정도 낸다. 이런 축하객이 200명 정도 평균적으로 참석하기 때문에 모두 4만 불 정도의 돈이 아이 몫으로 들어오게 된다. 그리고 친척들과 부모들은 좀 더 많이 내기 때문에 미국의 중산층의 성인식에 평균 5만 불 정도가 들어온다고 한다. 이 날 들어온 돈은 모두 성인이 되는 아이의 몫이다. 대체로 아이의 부모들은 이날 들어온 돈을 아이의 이름으로 예금을 하거나 채권을 사서 투자해 둔다. 이 돈은 이들이 대학을 졸업하고 약 10년이 지난 후에 사회생활을 시작할 때 되면 적어도 두 배 이상 불어나 있다. 우리나라 돈으로 환산하면 약 1억 원 정도의 돈이 이 아이의 몫으로 사회생활의 첫 시작을 하게 된다. 그래서 사회생활을 시작하는 유대인 청년들의 고민은 당장 먹고 살기 위해 돈을 버는 것이 아니라, 이 돈을 불리기 위해 어디에 투자를 해야 하는가가 사회생활의 첫 걸음이 된다. 똑똑한 유대인들은 젊은 시절에 창업으로 진로를 잡거나, 그 돈을 가지고 쌈지 돈으로 굴려 늘릴 수 있는 금융업종에 투자하는 것으로 사회생활을 시작한다. 그들은 시작부터 투자하는 여유와 돈을 버는 방법에 눈을 돌려 이 돈을 어떻게 활용하고 쓸 것인가를 배우게 된다.

따라서 유대인의 자녀교육의 방법은 삶에 구체적으로 적용할 수 있는 일들로 가득차 있는 것을 알 수 있다. 실제로 유대인 부자들이 세계 부호의 대부분인데 그들은 자선단체에 기부하는 것도 역시 세계 제일의 손이 되어 매스컴에서 매일 접하고 있는 것이 사실이다.

10 tefillin

축복의 현장에는
반드시 유대인

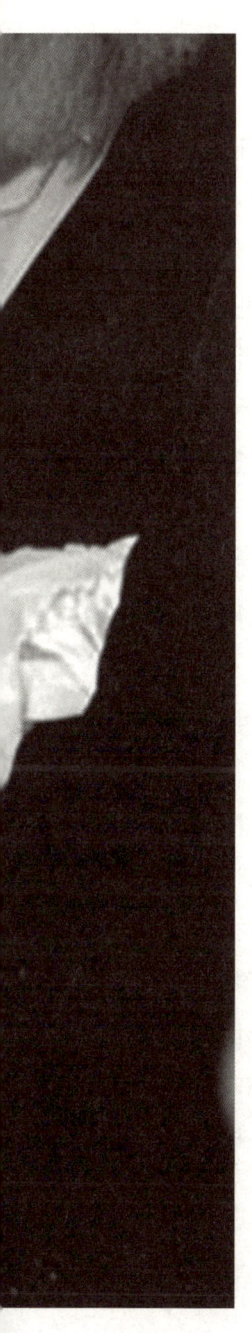

유대인들이 세계에서 주목을 받고 자기 자리에서 주인공이 되는 것은 그들이 테필린을 했기 때문이라는 사실을 아는 사람은 많지 않다. 실제로 그들이 삶의 모든 현장에서 주목을 받는 이유는 하나님의 말씀으로 무장되어 있는 그들에게 하나님은 약속대로 삶의 지혜를 주셔서 하는 일마다 지혜롭게 대처하고 적응하는 능력이 탁월하다. 아들이 축복을 받고 모든 사람들에게 주목을 받는 것은 너무도 당연한 일이다.

저자는 그들이 어떤 분야에서 어떻게 인정을 받고 일하고 있는지에 대한 실제적인 예들을 들어 보길 원한다.

금융업

유대인들은 테필린의 말씀대로 순종하기 때문에 사회에서도 말씀의 축복을 받는다. 대부분의 유대인들이 있는 곳에는 돈이 있다. 예를 들어, 금융업에 종사하는 사람들의 큰손들은 대부분이 유대인이다. 세계적인 금융회사 골드만삭스도 유대인이 창업하고, 유대인이 경영하는 월스트리트에서 가장 유대인적인 회사로 알려져 있다. 실제로 이 회사에서 움직이는 돈은 미국의 경제의 일부를 움직인다고 해도 틀린 말이 아니다. 그러면 유대인들이 어떻게 돈을 버는 일에 강한 사람들이 되었는가? 그것은 하나님께서 말씀대로 살아가는 자들에게 주신 축복의 결과이다. 그들은 하나님의 말씀을 따라 순종하고 말씀대로 살아가기 때문에 하나님은 당연히 약속대로 그들을 축복하신다. 그 결과가 세계 경제를 움직이는 유대인들이라는 사실이 이를 증명한다.

어떤 회사는 유대인이 창업한 회사가 아닐지라도 유대인의 영향력은 거의 독보적인 회사들이 많다. 그 대표적인 회사가 세계 최대 금융회사인 시티금융그룹이다. 이 회사는 유대인이 아닌 사람들에 의해 만들어졌지만, 지금은 유대인의 전문 금융계의 큰손으로 통하는 샌포드 와일 회장이다. 그는 금융업종에서 이익을 내지 못하면 생존이 불가능하다는 경영철학으로 세계의 제일가는 금융그룹을 만든 대표적인 경영자이다. 그는 어린 시절 반유대주의의 시련을 견디고 대학을 졸업하자마자 월스트리트의 금융가에 평사원으로 시작해서 오늘날에는 최고의 금융계의 황제라는 소리를 들으며 세계 경제를 지배하고 있다. 하나님의 축복이 있는 곳에 유대인이 있고 그들이 있는 곳에 돈이 있다.

말씀의 축복으로 창의적인 유대인

유대인들은 자녀를 교육할 때 다른 사람들보다 더 똑똑하고 유능한 사람이 되라고 가르치지 않는다. 단지 유대인 부모들은 자녀들에게 하나님이 주신 달란트를 따라 다른 사람들과 다른 삶을 살라고 주문하고 그렇게 가르친다. 따라서 이런 교육환경에서 자란 아이들은 사람들과 경쟁하기 보다는 다른 아이들과 다른 자기만의 삶을 살기위해 노력한다. 그렇게 살다보면 대부분의 유대인의 아이들은 성장하면서 다른 아이들에 비해 놀랍게 창의적이고 창조적인 일을 하게 된다. 비즈니스에서도 창의적으로 회사를 만들고 성장시킨다. 그들은 어떤 일을 하든지 창의력으로 승부한다. 그렇기 때문에 유대인들이 경영하는 회사는 대부분 다른 회사를 모방하기 보다는 창의적인 자기만의 독자적인 회사를 만들어 간다.

그 대표적인 사람의 하나가 랄프 로렌이다. 그는 패션업계에서 폴로 Polo 브랜드를 만든 20세기의 대표적인 디자이너로 꼽는다. 그가 디자인한 폴로의 옷들은 일시적으로 유행하는 것이 아니라 미국인들의 가장 친근한 생활 브랜드로 평가 받고 있다. 가장 미국적인 스타일을 만들어 낸 랄프는 평범한 유대인의 집안에서 페인트공의 아들로 태어난 토종 뉴요커로 통한다. 등록금도 내기 힘든 가난한 집안에서 자란 어린 시절의 랄프는 경영학을 전공하던 대학도 중도에 포기할 수밖에 없었다. 그 후 장갑회사에 점원으로 취직한 그는 곁눈질로 디자인을 배우고 페인트공인 아버지에게 어린 시절 물려받은 천부적인 색상 감각에 유대인 특유의 상상력을 가미하여 자기의 디자인으로 회사를 만들었다. 얼마 후 회사는 미국에서 만든 폴로 상표 하나로 세계 최대 규모의 고급 의류회사가 되었다.

한편 1850년 동부에서 서부로 몰려든 골드러시 인파에 유대인 리바이 스트라우스도 끼어 있었다. 그는 금을 찾기 위해 서부로 온 것이 아니라 자기 집안 대대로 이어온 포목을 팔러 왔다. 이곳에 옷감을 팔러 왔으나 금을 캐는 사람들이 요청한 것은 천보다는 튼튼한 작업용 바지였다. 유대인 특유의 타고난 장사꾼인 그는 곧바로 그들의 요구를 따라 튼튼하고 찢어지지 않고 땀이 흡수가 잘되어 오래 입어도 되는 청바지 생산에 들어갔다. 그가 만든 청바지는 금을 캐는 사람들 사이에 매우 인기가 좋았다. 그렇게 만들어진 1853년 미국 최초의 의류 브랜드가 바로 리바이스라는 이름의 청바지였다. 그는 번 돈을 사회에 환원하는 일에도 앞장서 캘리포니아가 자랑하는 유대인이 되었다.

대형 할인점과 백화점도 유대인들에 의해 시작되었다. 먹거리도 창의력을 가진 유대인들에 의해서 시작되었다. 예를 들어, 중세 시절이후 상류층의 전유물인 초콜릿을 대중화시킨 밀턴 허쉬는 아주 가난한 유대인 가정에서 태어났다. 그는 극심한 가난으로 인해 초등학교 4학년을 다닌 것이 전부이지만 오늘날의 초콜릿의 대명사가 된 '허쉬 초콜릿'을 만들어 세계적인 먹거리 회사가 되었다. 그는 우유와 초콜릿을 농축시키는 기술을 개발하여 품질 좋은 초콜릿을 대량 생산할 수 있었고 전 세계의 사람들의 입을 즐겁도록 만든 장본인이다.

한편 그는 성공하면 그 축복을 다른 사람들과 나누어야 한다고 생각하는 전형적인 유대인 사고를 가지고 기업에서 벌어들인 돈을 가지고 그 주변의 마을 사람들이 전기를 무료로 사용하고, 학교는 물론 인근 대부분의 이용시설을 무료로 사용할 수 있도록 했다. 이러한 전통은 지금도 허쉬가 세운 학교에 남아 있어 이 회사의 주식의 일부를 학교에 기증하여 1,000여명의 학생들에게 장학금으로 사용되고 있다.

세계 제일의 재벌인 록펠러

　세계 제일의 재벌이면서 석유 왕으로 통하는 록펠러도 대표적인 유대인이다. 그는 자서전에 자신이 하나님의 축복으로 세계 제일의 재벌이 될 수 있었던 세 가지 비결을 공개하였다.

　첫째, 십일조를 하나님께 철저히 드렸다. 그가 십일조를 얼마나 철저히 드렸는가는 너무도 잘 알려진 사실이다. 그의 자서전에 의하면 자신이 경영하는 수십 개의 회사의 이익금의 십일조를 철저히 하기 위해서 42명의 회개사가 정확한 십일조를 위해서 한 달 동안 계산했다는 점이다. 그가 비록 유대인이면서도 예수를 잘 믿는 유대인(메시아닉 쥬라고 부름-옮긴이)으로 그가 평생에 십일조 외에 이익금의 일부로 교회를 9,800개나 건축해서 하나님께 봉헌한 것은 참으로 놀라운 일이 아닐 수 없다. 또한 그가 대학을 25개나 세웠으며 그 대표적인 학교가 시카고 대학교이다. 지금도 록펠러 재단의 많은 헌금이 이 대학의 발전 기금으로 쓰이고 있다. 대학이 세워진 지 약 백년 정도 되어진 이 학교에서 그 어느 대학보다 더 많이 노벨상을 받는 학자가 나왔다는 사실은 결코 우연한 일이 아니다.

　둘째, 그가 하나님의 축복을 받은 비결은 예배 시간에 맨 앞자리에 앉아 하나님의 말씀을 들었다는 점이다. 그의 책에 보면 어느 날 자신의 자리에 다른 사람이 앉아 있어서 지금까지 한 번도 빼앗기지 않았던 자리 대신에 다른 자리에서 예배를 드렸다. 그 후 그는 그 맨 앞자리 자신의 지정된 자리를 빼앗기지 않으려고 한 시간 일찍 예배를 드리러 나온 이야기는 너무도 유명한 일화이다.

셋째, 그가 하나님의 축복을 받은 비결은 목사님의 말씀을 하나님의 말씀으로 알고 한 번도 불순종하지 않았다고 고백했다. 그는 자서전에 "나는 모든 사람이 정직하게 돈을 버는 것과 하나님이 주신 축복의 물질을 사회에 다시 환원하는 것이 하나님이 내게 주신 사명이라고 생각한다"고 했다. 이와 같이 록펠러가 세계 제일의 갑부가 된 것은 결코 우연히 이루어진 일이 아니라, 하나님께 철저히 순종하며 살아간 결과로 축복을 받았다는 사실은 우리에게 많은 도전을 준다.

법과 유대인

유대인들이 이처럼 법률에 강한 이유는 무엇인가? 유대인들의 종교는 바로 법에 근원을 두고 있기 때문이다. 역사적으로 유대인들의 생존의 비밀은 하나님의 법으로 상징하는 테필린의 방에 있는 율법이라고 한 마디로 말할 수 있다. 수천 년간 그들이 나라없이 떠돌면서도 생존할 수 있었던 비결은 바로 하나님의 법이 삶의 목적이요, 기준이 되었기 때문이었다. 영토가 없었던 유대인들을 지켜준 힘은 바로 종교와 이를 구성하는 토라(율법)이었다.

유대 민족은 탄생부터 지금까지 법이 이들의 종교이면서 생활 자체였다. 실제로 유대인들은 하나님의 말씀 곧 법에서 시작되었다. 하나님이 모세를 통해 꼭 지켜야할 가장 기본이 되는 법에 해당하는 십계명을 주셨다. 그리고 하나님과 유대인들 간의 이 율법은 꼭 지켜야 하는 불문율의 법으로 지키면 복이요, 안 지키면 저주가 임하는 살아있는 하나님의 말씀이었다.

통상 유대인들의 법은 모세 5경으로 창세기, 출애굽기, 레위기, 민수기, 신명기에 구체적이고 아주 분명하게 기록하고 있다. 유대인 법학자들은 이를 613개의 법으로 나누어 생활의 기본으로 삼고 있다. 이 가운데 '하라'는 긍정적인 법이 248개요, '하지 마라'는 부정적인 법이 365개로 되어 있다. 이는 예를 들어, 하라는 말씀이 248개인데, 이상하리만큼 동일하게 의학적으로 보면 인간의 뼈가 248개로 우리가 하라는 하나님의 법대로 살면 온 몸이 날아갈 듯이 기쁠 것이 분명하다. 그러나 하라는 말씀대로 하지 않았을 때에는 248개의 뼈마디 마디가 쑤시기 때문에 법을 지키는 일은 사느냐 죽느냐의 문제와 직결되어 있다.

또한 '하지 마라'는 365개의 법을 지키지 않을 때에는 365일의 삶이 피곤하고 힘들 수밖에 없다고 적용하는 것은 결코 무리한 것이 아니다. 실제로 이 613가지 법 안에 오늘날 우리가 살아가는데 법을 제정하고 있는 헌법, 민법, 형법, 상법의 내용이 거의 전부 들어가 있다. 지금 각 나라에서 제정된 법은 대부분이 성경에 있는 것을 모델로 현대에 맞게 좀 더 구체적이고 실제적으로 발전시켜 놓았다고 보면 정확하다.

첨단산업(IT)

세계 첨단산업의 선두에 있는 인텔사의 회장도 유대인이다. 그는 뉴욕에 무일푼으로 헝가리에서 이민와서 제2의 인생을 시작하면서 이름도 앤드루 그로브로 미국식으로 바꿨다. 세계 컴퓨터 마이크로 프로세서 칩의 90% 이상을 생산하는 컴퓨터 업계의 제왕 인텔 회장의 이름이 이렇게 탄생되었다. 그는 "유대인의 창조적인 힘의 원동력은 두려움^{Fear}이라고 밝히면서 편안하게 안주하는 생활에서 벗어나게 해주는 것은 두려움이고, 불가능해 보이는 어렵고 힘든 일을 가능하게 만들어 주는 것은 육체적 고통을 경험한 사람들이 더욱 건강 유지에 노력하는 것과 같은 이치"라고 말했다. 이는 유대인들이 수천 년 동안 고난과 많은 핍박을 당하면서 생겨난 창조적인 아이디어들이 어디서 나오는지를 분명하게 깨닫게 해주는 말이다.

　유대인들의 창조성은 하나님이 창조의 시작이기 때문이다. 그들은 창조적인 일이 아니면 적극적으로 나서고 싶지 않다고 한다. 그러므로 유대인들의 손이 닿으면 그 일은 창조적이고 창의적인 사고로 바뀌어 새롭게 태어난다고 해도 과언이 아니다. 빌 게이츠와 더불어 세계 최대의 소프트웨어 회사인 마이크로소프트를 창업한 스키브 발머도 바로 유대인이다.

　또 모든 사람들의 책상에 개인용 컴퓨터를 판다는 참신한 아이디어 하나로 대학 기숙사에서 창업한 마이클 델도 전형적인 창조적 기업가로 유대인이다. 그들은 시대를 앞서가는 모든 첨단 기업 군단에 무형의 상태에서 아이디어 하나로 세계적인 첨단 산업의 주인공들이 된 것은 결코 우연한 일이 아니라 창의성을 바탕으로 하는 유대인의 테필린의 말씀 교육으로부터 모든 것이 출발한다는 점이다. 이런 모든 결과를 볼 때 테필린 말씀의 비밀을 아는 것은 축복을 여는 입구가 된다.

영화산업

　현 시대의 할리우드의 최고의 영향력 있는 인물로 뽑은 1위가 바로 유대인 영화감독인 스티븐 스필버그이다. 전 세계 영화관에서 상영되는 영화의 85%를 차지하는 할리우드 영화는 세계인의 문화생활과 의식에 가장 절대적인 영향력을 미치는 영화산업의 99%가 유대인의 자본과 기술로 만들어지고 있다. 한 마디로 유대인의 생각으로 만드는 영화로 전 세계 사람들의 사고와 의식을 지배하고 있다는 말이다. 그들이 원하는 것은 무엇이든 영화로 만들어 사람들을 유대적인 마인드로 지배하고 있다는 것이다. '거룩한 나무' Holy Wood 로 성전을 지으면서 세상에 영향을 주려고 했던 아브라함의 후손인 유대인들은 이제는 '할리우드' Hollywood 를 만들어 세상을 지배하고 있다.[30] 그러므로 할리우드라는 단어는 실제로 거룩한 나무숲이라는 단어에서 생겨났다.

유대인과 회당

한편 유대인들이 민족적인 범죄로 인해 나라가 바벨론에 망하고 각 나라에 흩어져 살아 갈 때 테필린의 말씀 밖에 그들이 의지하고 교육할 만한 어떤 도구도 존재하지 않았다. 그 이유는 성경이 귀한 시절에 각 나라에 소수로 흩어져 살아가는 그들에게 두루마리 구약성경의 사본이 없었던 것은 당연했다. 그런 이유로 인해 그들은 자신들의 신앙을 지켜나갈 수 있는 그 어떤 방법을 만들어야 했다.

그래서 그들이 만든 것이 자신들의 공동체적인 삶을 살고 민족성을 깨우기 위해 매일 모여 기도할 수 있는 회당을 만들었다. 그들이 회당을 만든 목적은 그곳을 중심으로 모여 살면서 기회가 되는대로 신앙교육을 하기 위함이었다. 하지만 그들에게는 그 어떤 말씀도 있지 않았다. 오직 그들이 가진 말씀이라고 하면 가나안 땅에서 암송했던 말씀을 기억해서 교육하는 수준이었다. 나라를 잃은 그들이 위기 의식을 느끼고 무엇인

---

30. 육동인, 《유대인처럼 성공하라》 아카넷, 서울 : 2004. 저자는 이 책에서 발췌해서 정리하였다.

모디인 유대인 회당의 랍비와 제사장

가 특별한 교육 방법을 만들지 않으면 선택된 민족으로 생존하는 것에도 심각한 위기가 될 것이라고 예감했다.

　이런 위기 의식 때문에 그들은 하나님께서 말씀하신 것을 그대로 실천하기 위해서 테필린의 함을 만들어 그 안에 말씀을 담아 미간에 붙이고, 손목에 매고, 인방에 붙이고, 바깥문에 부착했다. 그리고 새벽마다 회당에 모여 미간에 붙인 말씀과 손목에 매어 기록된 말씀을 암송하며 기도했다. 놀랍게도 이런 회당의 영적회복이 이스라엘의 민족을 살리고 한 민족의식을 깨우며 하나님께 바로 살아가는 영적 도화선이 되기에 충분했다. 이런 변화를 하나님께서 이스라엘에게 기대하셨기 때문에 나라가 없어지는 고난을 당했다고 보면 틀림없다.

영적부흥, 언어의 기적

유대인들에게 나라가 망한 것은 불행의 시작이기는 했지만 도리어 이런 불행의 시작은 영적 회복의 기폭제가 되기에 충분했다. 고난이 크면 축복도 크다는 하나님의 말씀이 진리로 확인되는 순간이다.

전 세계에 흩어진 유대인들이 회당에서 신앙교육을 시작하는 일로 인해 몇 가지 놀라운 변화가 일어났다. 먼저 소수의 사람들이 각 나라에 흩어져 무리를 지어 살았기 때문에 어떻게 보면 아무런 민족적 정체성이 없이 각 나라의 이방 문화에 동화되어 이스라엘이라는 나라 자체가 지상에서 사라질 수도 있는 위기였다. 하지만 그들은 이러한 위기를 잘 극복하고 자신들이 할 수 있는 선에서 아무리 적은 소수라고 할지라도 한 곳에 모여 살았다. 그리고 최소한의 신앙적인 훈련과 종교적 전통을 지키기 위해 몸부림을 쳤다. 이런 노력으로 인해 회당이 생겨났고 이곳을 민족적인 교류의 장으로 삼았다.

이렇게 회당 중심으로 살면서 자연히 자신들의 히브리어 언어를 가지고 예배를 드리고 기도하고 자녀를 교육하게 되면서 유대인의 정체성을 지킬 수 있었다. 나라가 독립하여 모였을 때 놀랍게도 언어가 모국어로 통일되어 기적을 만드는 주인공이 되었다는 사실이다. 한 언어를 전 세계에 흩어진 사람들이 수천 년을 잃어버리지 않고 전수하고 가르친 것이야 말로 유대인만 할 수 있는 특별한 민족성이다. 그들은 어디 살든지 회당을 중심으로 비록 몇 가정만 그 나라에 산다고 할지라도 한 언어의 원칙을 결코 버리지 않았다. 이런 특별한 그들만의 교육이 지금 전 세계를 지배할 수 있는 유태 정신이 되었다고 볼 수 있다.

또한 그들은 테필린의 말씀으로 한 성경으로 교육하는 원칙을 세워 이를 꾸준히 실천하여 자녀를 교육했다는 것이다. 비록 성경이 회당마다 없었을 지라도 그들은 그런 불리한 조건들을 극복하고 한 성경을 가르칠 수 있는 길을 열었다는 점이 유대인의 우수함을 찾아 볼 수 있다. 당연히 한 성경 말씀을 매일 교육하고 매주 공부하니 한 하나님 아래서 영적 훈련을 강하게 받았다는 것을 알 수 있다.

유대인들은 어디에 살든지 어디에 있든지 한 민족 의식과 한 가족 의식 가운데 살아가고 있다. 한 가족에 대한 생각은 유대인이면 모두 공통적으로 받아들인다. 그래서 그들은 어느 나라를 여행하든지 그 나라에 가면 먼저 자신들의 가족이 있는 회당을 찾는 것을 최우선으로 한다. 그래서 회당에서 길게는 수천 년 동안, 혹은 수백 년, 아니면 몇 년 동안 만나지 못한 형제와 자매들을 만나는 기쁨의 시간을 갖는다. 이런 전통은 지금도 계속되어 어느 나라를 가든지 호텔로 가는 것이 아니라 방문하는 나라의 회당을 찾는다. 그 회당에 가면 처음 보는 유대인 가족이라고 할지라도 아무 상관하지 않고 자기 집에서 편히 묵을 수 있도록 초청한다. 왜냐하면 그들은 서로가 오래 동안 만나지 못했을지라도 아무 상관하지 않고 형제로 생각하고 자신의 집의 귀빈으로 접대한다.

비즈니스 네트워크

유대인 공동체의 또 한 가지 전 세계에 흩어져 살면서 생계유지의 방법으로 자신이 살고 있는 곳에서 각자의 달란트를 따라 장사를 시작했다는 점이다. 이런 장사가 처음에는 동네 구멍가게 수준에서 시작했지만 점점 조직적이고 규모가 커짐에 따라 전 세계를 대상으로 장사하는 유대인들이 많아졌다. 특별히 각 나라에 소규모 집단으로 살면서 장사하는 사람들과 교류를 하면서 서로의 정보를 교환하고 안부도 물어 비즈니스의 규모가 점점 세계적인 네트워크 체제로 커갔다. 여기서 얻은 정보를 가지고 서로 간에 도움을 얻고 또한 영적인 여러 가지 정보도 교환해서 전 세계에 흩어져 살지라도 한 공동체로 묶어주는 촉매제가 되기에 충분했다. 이것이 전 세계에 흩어져 살지라도 한 하나님과 한 성경 그리고 한 가족의 개념으로 살아가는 유대인들의 생존비밀이다. 그들은 어디 있든지 무엇을 하든지 한 가족 개념으로 생활의 기준을 삼았다.

세상이 바뀌는 곳에는 반드시 유대인

테필린의 말씀으로 인해 축복을 받아 세계를 바꾸는 곳에는 반드시 유대인이 있다. 그들은 어떤 상황이나 환경 속에서도 하나님의 말씀을 최우선으로 교육하고 가르친다. 왜냐하면 하나님의 말씀이 환경을 바꾸고 최악의 상황을 바꿀 수 있는 유일한 길이라는 사실을 역사의 실패 속에서 뼈에 사무치게 체험했기 때문이다. 그들은 다시 역사 가운데 실패를 반복하지 않기 위해서 하나님의 말씀대로 살려고 최고의 노력을 기울인다. 이런 결과로 유대인들이 가는 곳에는 세계의 역사와 경제, 그 외에 모든 것들이 다 변화되고 발전된다.

말씀과 기도는 유대인을 강하게 만들어 준다. 현재 인터넷 사이트 중에 가장 많은 사람들이 접속하는 사이트는 유대인들이 만들어 놓은 '통곡의 벽'으로 하루의 방문자가 약 2,500만 명이 매일 접속한다. 구약 시대부터 유대인들은 하루에 세 번씩 예루살렘을 향하여 아침, 점심, 저녁 정해진 시간에 기도했다. 지금도 유대인들은 통곡의 벽을 컴퓨터 인터넷으로 열어 놓고 보면서 하루에 세 번씩 반드시 기도한다. 이를 보면 적어도 800만명 이상의 유대인들이 세 번씩 접속하여 기도하는 삶을 산다는 증거가 된다. 유대인이 강한 것은 바로 말씀과 기도 때문이다. 마찬가지로 현재도 우리가 강해지려면 기본적인 말씀과 기도에 생명을 다할 때 가능하다. 유대인들이 수천 년 동안 말씀과 기도의 삶을 통해서 하나님의 축복을 증명했다.

유대인들의 고난교육

절기마다 반복적으로 민족의 역사와 의미를 교육한다

유대인은 절기마다 자기 민족의 수난과 영광을 기억하면서 교육한다. 이것을 성경은 기념하여 지키라고 말씀하셨다. 그들은 유월절을 지키면서 수천 년을 지난 지금도 무교병을 먹으며 고난의 애굽 종살이에서 구원하신 하나님의 은혜를 기억한다. 따라서 유대인들은 매년 유월절을 기념하는 예식에 가장 큰 역사의 비중을 두고 자녀교육의 교훈으로 삼아 절기로 지킨다. 그러므로 유대인의 모든 삶과 예식은 모두 과거의 사건을 통해서 오늘과 내일의 교육과 교훈의 목적을 가지고 있다고 보면 틀림없다.

특히 유대인들은 결혼식을 할 때 유리컵을 깬다. 그들은 왜 가장 즐겁고 기쁜 날에 유리컵을 깨는가? 이는 두 가지 이유가 있다. 첫째, 그들이 컵을 깨뜨리는 것은 조상들이 하나님의 말씀과 계명을 불순종 했을 때

무너진 성전을 애도함이다. 또 하나는 산산 조각난 유리컵을 원상 복구할 수 없듯이 결혼도 취소할 수 없이 영원하다는 것을 가르치기 위함이다. 이렇듯 유대인들은 수치스런 고난의 모든 역사를 기억하면서 후손들로 하여금 다시 이런 비극의 역사를 반복하지 않도록 하기 위함이다.

역사 현장 답사를 통해서 후손에게 교육한다

유대인이라면 생애 가운데 가장 많이 방문하는 그곳은 틀림없이 맛사다이다. 물론 중고등학교 수학여행의 필수코스도 역시 맛사다이다. 이스라엘의 가장 치욕의 역사는 역시 맛사다에서 나라가 멸망하는 마지막 전쟁터이다. 맛사다는 유대인의 마지막 항전지로 이 전쟁을 끝으로 나라가 망하게 된다. 특히 이곳에서 유대인 960명이 로마의 공격에 마지막으로 항전하다가 자결하여 죽은 곳으로 더 유명한 성지이다. 그들은 자신들이 로마에게 항복하여 노예로 살기보다는 하나님의 백성인 선민으로 민족의 자존심을 마지막까지 지키면서 한꺼번에 자결한 곳이다. 그러므로 이 장소는 이스라엘 모든 백성들이 고난의 역사 교육 현장으로 가장 적합한 곳이기도 하다.

이런 특별한 역사가 있기 때문에 현재에는 이스라엘 육해공군 사관학교 임관식을 하는 장소로 사용한다. 장교로 임관하는 사람들은 임관식 순서 중에 다음과 같이 맹세한다.

"우리에게 맛사다와 같은 비극은 이제 영원히 없을 것이다."

이 맹세는 이곳을 방문하는 모든 사람들도 그렇게 외친다고 한다. 그리고 당시에 로마 군인들이 캠프를 쳤던 세 곳은 모두 유스호스텔로 지어 수학여행 온 학생들의 숙소와 아울러 방문해서 머무는 모든 순례자들의 숙소로 사용한다. 한편 이스라엘은 그곳을 항시 군인들의 훈련 장소로 사용하면서 나라를 빼앗긴 순교정신과 아울러 나라의 소중함을 교육하는 아주 특별한 장소로 기억시키고 있다.

또한 그들은 자녀들을 통곡의 벽에 자주 데려가서 교육의 장소로 사용한다. 통곡의 벽은 예루살렘 성전이 있었던 자리에 유일하게 남아있는 벽이다. 그들은 그곳 벌어진 벽틈에 자신들의 소원과 기도제목을 적어 끼어놓고 통곡을 하면서 자녀와 함께 자신들의 비참하고 고난 받았던 시절들을 기억하면서 다시는 이런 비극적인 역사의 주인공이 되지 않기를 각성하는 자리이다. 특히 통곡의 벽에서 그들은 자신의 조상들의 죄를 회개하며 자신들의 시대에 하나님의 성전이 회복되기를 통곡하면서 간절히 기도한다.

박물관에 방문하여 민족의 고난에 대한 교육을 한다

유대인이 있는 곳에는 언제나 고난의 현장을 경험하고 체험할 수 있는 박물관이 세워진다. 그들은 박물관에 가서 선조들이 당한 고난의 비극적인 역사를 배운다. 유대인이 자녀들과 가장 많이 방문하는 장소는 성지와 함께 박물관이다. 그들은 자기 조상들이 고문당하고 독가스 실에 끌려가 무참히 죽어가는 모습을 사진과 함께 그 수치스런 고문 기구들을 통해 후손들이 생생하게 체험할 수 있도록 돕는다.

독일 나치의 군인들이 자기 조상들을 산채로 비누 만드는 공장에 집어넣어 죽였던 그 시설을 그대로 만들어 놓고 전시한다. 그들은 유대인을 산채로 비누 공장의 틀에 집어넣고 온몸이 으스러지면서 뼈와 살과 기름이 자동으로 분리되어 마침내 기름이 비누 원료가 되어 만들어 지는 전 과정을 그대로 재현해 놓았다. 그리고 방문자들은 그 광경을 보면서 피눈물을 쏟으며 다음과 같이 결심하게 된다.

야드 바셈 뮤지엄-홀로코스트 유대인 학살 명단

"아, 나는 유대인임을 자랑하노라. 아, 나는 유대인으로 살기를 원하노라. 아니, 나는 유대인을 위하여 살기를 결심하노라."

그들은 이론적으로 교실에서만 배우는 것이 아니라 역사의 현장에서 생생하게 살아 움직이는 역사를 배운다.

저자가 워싱턴에 있는 유대인 박물관을 방문하면서 느낀 감동은 그 모든 나라의 박물관에서 느낀 것보다 더 큰 충격을 받았다. 평일 날에 방문했음에도 불구하고 외국인은 우리 밖에 없고 모두 유대인 아이들과 부모들, 유대인 학교에서 단체로 방문한 학생들로 사람들이 끝없이 계속 밀려 들어왔다. 내가 보기에 그 학생들은 처음 방문한 것도 아니고 정기적으로 박물관에 교육적인 목적으로 방문한다는 느낌을 받았다. 아니나 다를까 몇몇의 아이들과 대화하면서 자신들은 이곳에 벌써 수십 번 이상을 방문하고 있다는 사실을 알았다. 그들은 학교의 커리큘럼에 역사 박물관을 정기적으로 방문하여 리포트를 쓰게 하고 이런 모든 과정을 통해 의도적인 역사 체험교육을 한다는 사실을 알았다. 유대인은 이런 일들을 통해서 모든 사건을 역사 교육의 자료로 가장 잘 활용하는 무서운 민족임에 틀림없다.

신본주의 수직 문화와 인본주의의 수평 문화

수직 문화와 수평 문화를 바다의 파도에 비유하면 쉽게 이해할 수 있다. 바닷물에 비유한 경영학 이론 중에 《블루오션전략》이라는 김위찬 교수의 책이 한때 돌풍을 일으켰다. 이는 고요한 바닷물에 폭풍우가 몰아치면 심한 파도가 일기 시작한다. 그 파도에 움직이는 물은 표면에 있는 물에 해당한다. 아무리 파도가 몰아쳐도 바다 속 깊은 곳의 물은 잘 움직이지 않는다. 이렇게 바다 표면에 있는 물이 요동치는 것은 레드오션이고 이는 피 튀기는 경쟁 관계에서 살아 남는 생존 경영 전략에 해당한다. 하지만 블루오션은 가치혁신이라는 아무도 경쟁할 수 없는 부분에 도전해서 성공하는 전략으로 어떤 풍파에도 움직이지 않는 바다 밑의 물에 비유한 이론이다.

인간의 문화도 이것과 동일하게 적용된다. 수평 문화에 젖은 사람은 인생의 외풍이 칠 때 파도에 따라 움직이는 바닷물처럼 자신의 주체 의식이나 신앙이 쉽게 움직이고 변질된다. 여기서 말하는 인생의 외풍이란 이 땅에 있는 모든 문화적인 총체를 말한다. 하지만 수직 문화에 젖은 사람은 인생의 외풍이 아무리 몰아닥쳐도 바다 깊은 곳의 물은 움직이지 않는 것처럼 자신의 주체 의식이나 신앙에 변동이 없다. 다시 말하면 수평 문화에 젖은 사람은 환경의 지배를 쉽게 받지만 수직 문화에 젖은 사람은 환경의 지배에 초연하다. 그러므로 수평 문화를 표면 문화라고 하고 수직 문화를 뿌리 문화라고 한다.

우리에게 심각한 문제는 아이들이 배우는 현대 교육의 환경이나 내용이 모두 수평 문화에 해당한다. 또한 수평 문화의 대표적인 것이 텔레비전이다. 현대 문화의 상징인 텔레비전에서 전달하는 모든 문화적인 요소들이나 드라마, 오락 프로가 모두 수평 문화의 산물이기 때문에 아이들이 많이 시청할수록 더욱 더 말초적인 인간이 되어 간다. 현재 인터넷이나 오락실, 영화, 패션 등이 모두 수평 문화의 주범들이다. 우리 아이들이 이런 것에 노출되면 될수록 부정적인 인간으로 만들어 진다는 비극적인 사실이다.

같은 현대를 살아가면서도 자녀가 학생일 때에는 정통 유대인의 집안에는 거의 텔레비전이나 컴퓨터가 없다. 혹시 있다고 해도 시청하는 일이나 컴퓨터로 인터넷을 하는 경우는 거의 없다고 해도 과언이 아니다. 그들은 신본주의 문화의 이미지를 집중적으로 두뇌에 심어 준다. 이것은 하나님의 말씀을 심기 위한 의도적인 세뇌교육이다. 그들은 방안에 텔레비전 대신에 여호와의 말씀과 눈에 보이는 테필린, 문설주의 메주자, 613개의 율법을 상징하는 옷에 찌찌, 안식일 절기와 예식 그리고 음식으로 총체적인 수직 문화 전수에 생명을 건다.

그들은 아이가 태어나면서부터 초등학교는 물론 중, 고등학교까지 수직 문화에 대한 이미지 교육으로 인해 두뇌와 마음에 뚜렷한 영상으로 남아 종교적 사람이 된다. 이러한 교육에는 신본주의 문화의 교육 환경은 물론 부모의 끊임없는 성경 교육의 철저한 노력이 뒷받침되지 않으면 불가능하다. 유대인들은 자기 자녀들에게 이런 교육을 하기 위해 자신도 역시 자녀와 똑같은 삶을 살고 모범을 보인다. 유대인의 수직 문화는 철저한 자기관리와 성경교육 그리고 삶의 교육으로 모범을 보인 결과로 볼 수 있다.

수평 문화에 물든 사람들

수평 문화에 물든 사람은 자신의 삶의 주체성이 약하기 때문에 남이 하는 대로 따라한다. 그들은 수직적인 가치관에 따른 진리를 따라가는 것이 아니라 유행을 따라간다. 이런 사람은 미래의 희망보다는 지극히 현실적인 인간이 되어 현재의 외형적 출세를 중요시한다. 수평 문화에 물든 사람은 열등감에 사로 잡혀 자신의 고유한 개성보다는 외모에 생명을 걸어 남보다 더 멋지고 잘난 모습에 사로 잡혀 성형수술로 자신의 외모를 감추려고 한다. 이런 사람은 내면의 가치보다는 외면의 가치에 생명을 거는 모습을 볼 수 있다. 이런 사람은 말초적인 삶에만 관심이 크다. 조금만 지루하고 시간이 남으면 못 견딘다. 그래서 무엇인가를 찾아 움직이고 자신을 말초적으로 자극하는 일에 몰두하게 된다.

우리가 잘 알고 있는 것처럼 수평 문화는 1)개인주의 2)물질주의 3)과학만능주의 4)쾌락주의의 노예가 되어 평생을 헤어 나오지 못하고 죽는다. 그들에게는 자신 외에는 그 누구도 관심이 없다. 다른 사람은 자신에게 필요한 도구나 이용 가치의 하나일 뿐이다.

유대인의 자녀개념

자녀는 하나님이 주신 선물

유대인의 부모는 자녀를 어떻게 생각하는가? 유대인은 자녀를 가장 가치 있는 유산이며 축복의 상징으로 여긴다. 세상 사람들은 유산은 물질적 재산을 부모에게 물려 받은 것으로 생각한다. 하지만 유대인들은 재산보다도 자녀가 하나님이 주신 가장 큰 유산이며 재산이라고 생각한다. 유대인의 자녀에 대한 개념은 "자녀는 하나님이 그 부모를 축복하여 값없이 주신 기업"이라고 정의한다. 이런 개념은 자녀의 소유권은 원래 하나님께 있다는 의미이다. 여기서 기업이란 히브리어 '나할라' Nahala인데 이는 재산이나 소유 그리고 유산이라는 의미가 있다. 그러므로 부모는 하나님이 맡긴 자녀를 하나님의 뜻에 따라 하나님의 형상을 닮도록 키워야 할 의무가 있다. 유대인들이 생각하는 이상적인 자녀교육에 대한 의미도 토라 속에서 학식을 갖추도록 자녀들을 교육하는 것이다.[31]

또한 자녀는 하나님의 유산 상속자이다. 여기서 기업이라고 말하는 것은 히브리인들은 주님으로부터 받은 유산이 바로 자식이라는 개념이다. 그러므로 유대인의 자녀 개념은 하나님의 유산 상속자로서 하나님의 기업을 유업으로 물려받은 자들이라고 생각한다.

자녀 생산은 말씀을 맡은 자의 번성

하나님은 왜 사람들에게 자녀를 기업으로 주시는가? 그것은 자녀가 하나님의 말씀을 맡은 자의 기업으로 번성되어야 하기 때문이다. 유대인에게 있어 자녀가 하나님이 부모에게 기업으로 주시는 하나님의 유산

---

31. Cohen, Simcha B. *"Children in Halachan"* Mesorah Publications, 1993. p.164

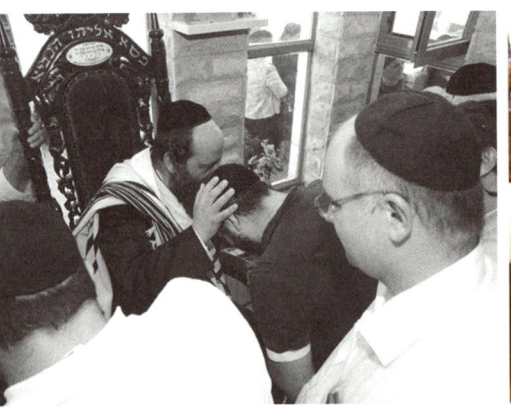
할례시 축복기도하는 아버지

할례를 축하하는 친천과 이웃들

이라고 정의했다. 이는 유산으로서 유대인의 자녀는 두 가지로 구분할 수 있기 때문이다. 하나는 혈통적인 유대인이다. 또 하나는 하나님의 말씀의 유산이다. 두 가지 유산을 모두 갖춘 유대인이 하나님이 바라시는 온전한 유대인이라고 말할 수 있다.

한편 두 가지 유산 중 혈통적 유대인은 하나님이 부모에게 준다고 한다면, 하나님의 말씀의 유산을 전수하는 것은 부모를 통하여 자손에게 전해지기 때문이다. 그러므로 유대인 부모는 하나님의 은혜로 혈통적인 유대인 자녀를 낳은 것으로 끝나는 것이 아니다. 이것은 단지 하나님의 은혜의 시작일 뿐이고 계속해서 조상에게서 받은 하나님의 말씀을 자녀에게 전하는 일이 더 큰 의무이고 사명이다. 자녀를 온전한 하나님의 사람으로 키우는 것이 부모 됨의 가장 큰 이유이다. 그러므로 유대인 부모는 자신의 자녀를 하나님의 말씀으로 양육해서 다음세대에 말씀을 전수해야 부모의 사명을 다한다고 말할 수 있다. 말씀을 전수하는 사명을 다하지 못한 부모는 정작 부모로서의 사명을 다 감당하지 못해 실패한 부모가 되고 만다.

혈통적 유대인은 말씀의 유산을 담는 그릇일 뿐이다. 혹시 유대인 부모가 하나님의 은혜로 혈통적인 자녀를 낳아서 그에게 밥 먹이고 옷 입히고 학교에 보내는 것으로 부모의 사명을 다했다고 한다면 그 부모는 실패한 자녀교육의 대표적인 사람으로 기록될 뿐이다. 그 자녀에게 유대인 부모가 하나님의 말씀을 전하지 않으면 실패한 인생을 살았다고 여기는 것이 히브리 사고를 가진 사람들의 전통이다. 이는 단지 실패한 혈통적 유대인이 이 땅에 한 명이 왔다가 가는 의미 이상이 될 수가 없다.

그러므로 유대인 부모는 자녀에게 하나님의 말씀을 전수하여 가문 대대로 믿음의 가문을 세우는 것이 부모된 자의 사명이다. 그렇다면 하나님은 왜 온전한 유대인을 원하시는가? 만약 혈통적 유대인이 하나님의 말씀으로 무장되지 않는다면 그것은 아무런 의미가 없는 인생이다. 진정한 유대인은 혈통적 유대인이 기본적인 요소이고, 그 다음은 하나님의 말씀을 그에게 담아 하나님이 기뻐하시는 자손 대대로 역사의 주인공이 되는 것을 원하신다.

오늘날 영적 이스라엘인 우리에게 하나님께서 기대하시는 것도 전혀 다르지 않다. 우리가 자녀에게 말씀의 훈련을 시키지 않고 혈통적으로 기독교 집안에서 태어난 것만으로는 아무런 의미가 없다. 혈통적인 것은 기본적인 사항이고 그 다음에는 말씀으로 무장시켜 하나님의 나라를 발전하는 일원이 되도록 만드는 것이 부모의 사명이다. 만약 이렇게 자손들에게 영적인 이스라엘이 되도록 만들지 못하면 그 부모는 이 땅에서 실패의 삶으로 평가 받을 것이다. 우리가 부족한 것이 있다면 대대로 말씀 전수하는데 신약 교회가 실패했기 때문에 복음이 각 나라에서 부흥하다가 지나간 자리만 남는 일이 수천 년간 반복된 것을 보면서 다시 한번 뼈저린 반성이 필요한 시점이다. 이제는 이런한 실패를 반복하지 않고 자손 대대로 복음을 전수하는 부모의 사명을 다해야 할 것이다.

유대인의 가정

　유대인은 가정을 소중히 여기며 그들의 모든 생활 근거지로 출발한다. 그들은 성경 공부, 토론, 오락, 파티 등 모든 일상생활을 가정에서 가족과 이웃을 불러 생활한다. 집에는 음악, 책, 신문 등 모든 활동에 필요한 자료가 준비되어 있다. 하지만 대부분의 정통 유대인 집에는 오락기구나 텔레비전, 그리고 컴퓨터가 없다. 비록 텔레비전이 있다고 해도 전시용이지 시청하는 경우는 거의 없다. 유대인에게 가정에 있는 모든 도구들은 가족을 떨어지게 하는 것이 아니라 도리어 가족을 하나로 결속시켜 주는 도구로만 되어 있다. 이 세상에는 '우리 집 같은 곳이 없다' 여기는 아이들은 이런 가정에 살아가는 것이 가장 큰 복이라고 생각한다.

　유대인의 집에는 손님도 많이 찾아온다. 손님 중에는 아는 사람도 많지만 처음 보는 사람들이 더 많다. 그 이유는 다른 국가나 지방에서 온 유대인이 유숙을 원할 때는 서로 재워주고 유대인의 율법에 의거한 식사를 제공한다. 이것이 바로 '모든 유대인은 가족이다' 라는 히브리 사고에서 나온 공동체 가족의식이다. 유대인은 서로 주 안에서 형제 자매라는 개념을 가지고 있다. 이것은 외국에 사는 사람들이 같은 민족을 만나면 느끼는 민족의식과는 차원이 다르다. 그들은 정말 처음 본 유대인이라고 할지라도 형제와 가족이라는 마음으로 받아들이고 서로 이해한다.
　유대인 부모는 자녀에게 좋은 음식과 좋은 옷을 입히는 것보다 더 중요하게 여기는 것이 있다. 그것은 자신들이 조상 대대로 전수받은 신앙의 유산을 어떻게 자녀들에게 전수할 수 있느냐 하는 책임감이다. 그러므로 유대인에게 좋은 부모란 육적인 만족을 주는 부모보다는 하나님의 말씀을 자녀에게 얼마나 잘 전수했느냐에 따라 평가할 수 있다. 유대인에게는 항상 말씀이 그 중심에 있기 때문에 잘 먹고 잘 사는 문제는 별 관심이 없다. 어떻게 자녀에게 하나님의 말씀으로 양육해서 그 아이가 하나님의 사람으로 잘 살아가야 성공한 사람으로 평가된다. 이런 철저한 유대적인 자녀교육은 우리 신약의 성도들이 배워야 할 좋은 원리라고 생각한다.

유대인 아버지

유대인에게 있어서 아버지는 자녀를 교육하는 가장 중요한 교사이다. 물론 어머니가 자녀교육에 큰 비중을 차지하고 있기는 하지만 아버지보다 일차적으로 볼 때 더 중요한 위치에 있지는 않다. 아버지는 한 가정의 제사장이며 교사이기 때문이다.[32] 유대인은 반드시 율법 교육은 아버지의 몫이다. 그러므로 유대인 자녀들은 당연히 자신의 아버지를 말씀을 가르치는 선생님으로 동시에 모신다. 그러기 때문에 유대인 자녀들은 자신의 아버지를 "우리 아버지인 선생님"으로 부르고 있다.[33]

히브리어로 아버지는 아바^{Abba}인데 이는 히브리어 알파벳의 첫 자와 둘째 글자의 자음으로 형성된 단어이다. 이는 아버지가 얼마나 가정에서 자녀들에게 얼마나 중요한 위치에 있는지를 알려주는 단어임을 설명해 준다. 히브리인에게 있어서 아버지는 네 가지의 사역이 있다고 가르치고 있다. 먼저 아버지는 일용할 양식을 공급하고(공급자), 자녀를 외부

---

32. Stalnaker, Cecil. "The Examination and Implications of Hebrew Children's Education Through A.D. 70" A Unpublished Th. M. Thesis, Talbot School of Theology, 1977. p.38
33. Shilo, Ruth. "Raise a Child as a Jew" Translated by Hyun Soo Kim, Minjisa, 1993. p.101

의 위험으로부터 보호해 주고(보호자), 자녀를 말씀의 초장으로 인도해 주고(인도자), 자녀를 하나님의 사람으로 양육하고 교육(교육자)하는 자이다.[34] 이는 유대인들은 흔히 하나님을 아버지라 부를 때의 사역적인 개념과 동일하게 받아들인다.

한편 유대인 부모는 함께 자녀를 가르친다. 부모는 자녀들에게 가정의 좋은 교사이다. 부모가 가정의 교사라는 개념은 히브리 단어에서 잘 나타난다. 히브리어로 교사들을 모림 Molim 이라 하고, 부모들을 호림 Holim 이라고 한다. 그러므로 선생과 부모는 똑같은 히브리어 어원을 가지고 있다. 이 단어들은 가르치는 것과 목표물을 향해 쏘는 것을 의미하는 뜻이다. 즉 이것은 부모와 선생은 모두 자기 자녀를 하나님의 말씀을 가지고 그분이 원하시는 목적을 따라 일생을 살 수 있는 사람으로 가르치는 역할을 한다는 뜻이다.[35]

유대인 아버지는 언제 어떻게 성경을 가르치는가?

유대인은 쉐마 본문에 있는 말씀대로 항상 시간을 정해놓고 자녀에게 성경을 가르치기를 힘쓴다. 평상시 저녁 시간에 자녀에게 토라를 가르치지만 주로 안식일과 절기 때의 식사 시간에 집중해서 조상들의 역사와 왜 이런 절기를 가지게 되었는지에 대하여 반복적으로 가르친다. 따라서 유대인은 절기의 행사들은 철저하고 거룩하게 예식을 준비하고 진행한다. 왜 유대인들이 이렇게 절기의 예식을 강조하는가? 그것은 절기 시간

---

34. Brown, Driver & Briggs, *The New BDB Hebrew and English Lexicon*, Hendricson Publishers, 1996, Vol. V. p.81
35. 현용수, 《유대인의 천재교육 II》 p.54

마다 자녀에게 토라를 가르치기 위함이라고 말한다. 그들은 절기 식사 때에 부모와 자녀가 함께 그 절기에 합당한 말씀을 체험 학습을 통해서 가르치고 배운다. 이런 행위는 매년마다 반복되는 교육에 해당한다.[36]

따라서 유대인은 매년 있는 십여 번의 절기를 아주 정성스럽고 귀한 시간으로 여기며 살아간다. 그러므로 그들은 절기 식사 시간은 먹기 위한 시간이라기보다는 먼저 율법을 실천하면서 자녀를 교육하기 위한 것을 목적으로 지낸다. 코헨은 말하기를 "음식이 없는 곳에는 토라도 없고, 토라가 없는 곳에는 음식도 없다"고 했다.[37] 이는 유대인의 식사 시간에는 반드시 여호와 말씀이 있어야 함을 강조하는 말이다. 이런 면에서 보면 유대인들은 가족 중심으로 생활하는 것을 볼 수 있다. 유대인이 왜 강한가? 가정에서부터 하나님의 말씀을 중심으로 하는 인성교육이 철저하기 때문에 그들은 세계가 필요로 하는 주인공으로 쓰임 받는 것이다.

또한 탈무드에도 보면 식탁 시간에 대한 중요한 교훈이 다음과 같이 기록되어 있다. "세 사람이 한 식탁에 둘러 앉아 식사를 할 때에 하나님의 말씀을 한 마디도 하지 않을 때에는 죽은 우상 제물을 먹는 것과 같다." 다시 말하면 세 사람이 식탁에 앉아 식사를 하며 토라에 관하여 의견을 교환하면 그곳은 거룩한 공간으로 변한다. 그러므로 유대인은 몇 사람이 모여 식사를 하는 곳에는 토라에 대한 열띤 토론의 장으로 변하고 만다. 실제로 초대 교회 사람들도 모일 때마다 식사를 하면서 말씀을 배우는 시간을 가졌다.(행 2:42-48) 이런 좋은 전통이 역사가 지나면서 조용히 사라지고 말았다.

---

36. H. H. Donin, "*To be A Jew*" USA, Basic House, 1972. p.67
37. Abraham Cohen, "*Everyone Talmud*" New York, Schocken Books, 1995. p.128

이런 유대인의 전통은 창세기에 나오는 야곱이 그의 어머니 리브가에 의해서 "장막에 거하니"(창 25:27)로 나오는데 이는 원어적인 뜻은 "장막에서 길러진 자"란 의미인데 이것을 근거로 가정교육의 근거를 삼고 있다. 여기서 장막은 성막이라는 단어로도 쓴다. 다시 말하면 야곱이 장막에서 자란 의미는 가정이라고 불리는 성전에서 하나님의 필요한 사람으로 만들어진 것으로 해석할 수 있다. 야곱이 그냥 어머니 품이 좋아 가정에 있었던 것이 아니라 하나님의 사람으로 부모로부터 길러진 자로 성장했다는 말이다. 이는 야곱이 장차 유대인의 아버지로 부르기 때문이다. 따라서 유대인은 가정이라는 성전에서 나면서부터 죽을 때까지 여호와의 말씀으로 길들여진 사람들이다.

유대인 아버지들은 거의 매일 저녁 자녀에게 성경을 가르친다. 특히 안식일 저녁에는 반드시 성경을 아버지로부터 배운다. 유대인들은 자녀와 함께 지내는 일상생활 자체가 성경적인 교육을 위한 터전이라 생각한다. 유대인 아버지들이 자녀를 가르치는 자세도 매우 진지하다. 탈무드에 따르면 누구든지 자녀에게 토라를 가르치는 부모는 자신이 마치 호렙산에서 율법(성경)을 직접 받은 것 같은 감동으로 가르치라고 교훈하고 있다. 유대인 아버지는 안식일에는 자녀에게 적어도 30분 이상 하나님의 말씀을 가르쳐야 한다. 비록 안식일에 손님이 왔다고 해도 자녀에게 성경을 가르치는 시간을 양보하지 않는다. 그들은 손님과 상관없이 자녀에게 부모로서 당연히 가르쳐야 하는 성경 교육의 시간을 누구에게도 양보할 수 없는 가장 귀중한 시간으로 여겨 당당하게 가르친다. 유대인이 세계에서 가장 강한 사람임을 확인할 수 있는 것들이 바로 이런 성경을 가지고 자녀를 가르치는 교육에 있다는 사실을 알 수 있는 시간이다.

특히 유대인 아버지는 손님 때문에 절대로 자신들의 종교적 의무를 미루거나 거르지 않는다. 하나님과의 약속을 지키는데 필요한 예정된 절기 행사 시간은 어떠한 것에도 양보하지 않는다. 그들은 쉐마 본문에 나와 있는 그대로 마음을 다하고 성품을 다하고 힘을 다하여 여호와의 말씀을 자녀에게 전수한다. 이러한 유대인의 관습은 그들로 하여금 하나님의 사람으로 당연한 말씀의 의무를 다하는 것으로 여기기 때문이다. 유대인의 교육 방법은 처음부터 끝까지 거의 질문과 답변으로 이어진다. 좋은 질문이 좋은 답을 이끌어 내기 때문이다. 이러한 귀납법적 교육 방법이 유대인들의 자녀들을 천재로 만드는 일에 크게 공헌했다는 사실이다. 그들의 탈무드 교육 자료들도 대부분 많은 질문을 한 다음에 배우는 자로 하여금 스스로 생각해서 좋은 답을 이끌어 내는 방법으로 편집되어 있다.

그래서 유대인 부모들은 자녀들에게 더 많은 것을 생각하고 많은 가능성을 찾을 수 있도록 답을 찾을 때까지 가이드를 할뿐 직접적으로 답을 가르쳐 주는 경우는 거의 없다. 그리고 왜 이 답이 틀리는가에 대하여 서로 대답하며 토론하면서 스스로 답을 찾도록 유도하는 것이 유대인 교육의 탁월한 방법이다. 이런 교육 방법으로 인해 그들은 어려서부터 고도의 분석적인 사고방식과 분별력 및 창의력을 갖게 된다. 그들은 유대인 부모가 자녀에게 가르치는 내용도 성경이고 가르치는 방법도 성경에서 가르쳐준 천재 교육의 방법을 조상 대대로 전수해 왔다.

질문 교육

유대인 부모는 어린 시절부터 질문을 통한 토론 훈련을 수없이 받고 자란다. 유대인의 교육 내용도 성경 즉, 하나님의 말씀이며 교육 방법은 질문과 답변을 통한 토론 교육이다. 이것이 유대인의 이 땅의 특별한 아이로 교육시키는 하나님의 말씀을 통한 특수 교육이다. 유대인 부모들이 자녀에게 교육을 위한 질문과 답변을 위한 토론도 수준에 따라 그 내용을 달리한다. 특히 유대인은 자녀를 가르칠 때에도 일방적으로 가르치는 것이 아니라 지혜를 써서 스스로 따라오도록 가르친다.

유대인과 공부

유대인이 공부하는 목적은 분명하다. 그들은 세상에서 출세하기 위해 세상지식을 공부하는 것이 아니다. 하나님께서 귀중한 생명을 주신 분이기 때문에 자신이 생명이 붙어 있는 한 쉬지 않고 하나님의 진리를 찾아 인류에 공헌해야 한다는 목적을 분명히 가지고 살아간다. 이런 목적 때문에 인류에 빛나는 학문적 업적을 가진 특별한 사람에게 수여하는 노벨상의 삼분의 일을 유대인이 받은 것은 당연한 일이다. 요즈음 한국에도 공부해서 다른 사람에게 주자는 목적으로 강연하고 설교하는 분들이 많이 있는 것을 보면서 유대인의 교육이 얼마나 탁월했는가를 알게 되었다.

실제로 랍비에게 유대인이 어떻게 우수한 두뇌를 가지게 되었는지에 대하여 질문하면 그들은 다음과 같이 대답을 한다. "유대인 중 역사적으로 더 우수한 천재는 세상 학문을 연구하는 유대인보다 성경을 연구하는 랍비 중에 훨씬 더 많다." 정말 유명한 랍비 중에는 구약 성경을 모두 외울 뿐만 아니라 탈무드까지 암송하고 전체를 통달한 사람도 많다. 유대인 중에 똑똑한 사람들이 주로 하나님의 말씀을 연구하고 가르치는 일을 한다면, 신앙이 조금 부족한 사람들이 세상 학문을 하면서 많은 사람들에게 유익을 나누어 주는 삶을 살아간다는 것이다.

한편 유대인 가운데 세상 공부에 몰두한 사람들 중에는 유대교 신앙에 신실한 사람들보다는 조금 세상에 치우친 사람들이 더 많다고 한다. 그 이유는 그들이 점점 더 세상 학문에 몰두하다보면 자신도 모르는 사이에 하나님을 멀리하는 일이 다반사라는 주장이다. 이런 사람은 정신만 유대인이지 종교적으로는 유대인다운 삶을 제대로 살지 못한다는 것이다. 신실한 유대인 그룹들은 세상학문과 세상적인 출세보다는 영적인 하나님의 말씀대로 살아가는 것을 더 큰 영광이라고 생각한다.

철저한 성경 교육이 유대인을 진정한 한 시대의 주인공으로 만들어간다는 이론을 뒷받침하는 좋은 예가 바로 미국의 16대 대통령으로 세계인의 가장 존경을 받는 아브라함 링컨이다. 그는 실제로 초등학교 밖에 나오지 못했지만 어려서부터 가정에서 성경을 배우고 암송하고 하나님의 말씀이 그의 삶의 중심이었다. 이런 성경적인 삶으로 무장되어 있는 링컨은 지혜가 남달랐고 결국은 하나님이 기뻐하는 역사의 주인공이 될 수 있었다는 사실이다. 이제 우리도 하나님의 말씀에 대한 교육의 회복으로 우리의 자녀들이 한 시대의 주인공으로 쓰임 받을 수 있도록 교육해야 한다. 이것보다 더 중요한 일은 없다.

아버지가 자녀를 교육할 때 다섯 가지 유익함에 대하여 현용수 목사는 다음과 같이 주장하고 있다.[38] 저자는 그분의 주장을 좀 더 현실화하고 현대에 맞게 고쳐 다시 적용하여 쓴다.

1. 부모가 자녀를 충분히 이해할 수 있다.
2. 매 안식일마다 교육으로 영적인 아버지의 역할까지 겸하게 된다.
3. 자녀가 하나님께서 필요로 하는 사람으로, 시대가 필요한 사람으로

---

38. 현용수, 《유대인의 천재교육 II》 p.99-100

성장한다.
4. 아버지의 신앙과 삶에 직접적인 영향을 받아 살아간다.
5. 아버지처럼 자신도 후에 자녀교육의 사명으로 알고 대대로 말씀 전수자가 된다.

토라란 무엇인가?

유대인들은 어떻게 자녀를 교육하는가? 유대인 자녀들은 태어날 때부터 유대인으로 만들어진 존재가 아니라 부모의 교육에 의하여 만들어진 존재라는 사실이다. 유대인이라면 부모는 선조에게서 물려받은 율법을 절대로 가감하지 말고 그 내용을 그대로 자녀에게 유산으로 물려주어야 한다. 실제로 유대인들이 교육하는 율법은 시간과 공간이 수천 년을 뛰어넘어도 모세 때부터 현재까지 변하지 않았다. 이런 한결같은 유대인들의 말씀교육은 몇 년 단위로 자주 바뀌는 현대 교육과는 좋은 대조를 이룬다. 정작 하나님의 말씀은 변하지 않지만, 그 교육하는 방법은 바뀌는 것이 당연하다. 문제는 하나님의 말씀까지 변질시키는 것이 더 큰 일이 아닐 수 없다.

유대인의 특징은 수천 년의 역사 속에서 하나님의 말씀을 대대로 전수한 것이라 말할 수 있다. 유대인들의 수천 년간 변하지 않는 영원한 교재는 토라와 탈무드이다. 유대인이 말하는 토라는 다음과 같은 뜻이 있다. 먼저 좁은 의미에서 모세오경, 즉 창세기, 출애굽기, 레위기, 민수기, 신명기 등 다섯 권을 말한다. 그 다음은 구약 성경 전체를 말한다. 마지막으로 넓은 의미에서 탈무드를 포함하는 유대인 전체 교육을 말한다.[39]

유대인들의 구전으로 내려오는 랍비 오노마노스^{Oenomaos}의 이야기가 있다. 어떤 이교도들이 유대인들을 이기기 위한 방법이 무엇인가를 물었다. 그는 다음과 같이 대답했다.

"유대인들의 학교에서 학생들이 토라를 읽는 글소리가 우렁차게 들리면 그들을 결코 당할 수 없습니다. 왜냐하면 그들의 족장인 이삭이 말하기를 '목소리는 야곱인데 손은 에서의 손이구나' 라고 말했기 때문입니다. 이 말의 뜻은 야곱의 큰 목소리가 사람들에게 들리면 에서의 손에 힘이 빠진다는 뜻입니다. 이는 유대인에게 하나님의 말씀으로 큰 소리가 나는 순간에 하나님의 도우심이 강하게 있기 때문에 이방인들의 손에 힘이 빠져버리기에 유대인을 절대로 이길 수 없다는 말입니다."[40]

유대인들은 야곱을 말할 때 선민의 상징으로, 에서는 이방인의 상징으로 이해한다. 이는 선민인 야곱의 자녀들이 여호와 하나님의 말씀을 읽는 소리가 높고 하나님을 의지할 때는 이방인으로 상징되는 에서의 육적인 자손들의 손에 힘이 빠져서 맥을 못 춘다는 의미이다. 역사적으로 볼 때도 유대인들이 하나님의 말씀대로 살고 순종할 때는 세계의 주인공이 되었다. 하지만 유대인들이 하나님의 말씀을 버리고 우상을 섬기며 타락했을 때는 어김없이 이방인의 힘이 강하여 유대인들은 그들의 종이나 노예처럼 살았던 것을 역사는 증명하고 있다. 이런 사실을 유대인들은 하나님의 말씀을 자손 대대로 전수하는 방법만이 유일하다는 사실을 잘 알았다.

---

39. Alfred J. Kolatch, "*This is the Torah*" NY, Jonathan David Publishers, 1988, p.109
40. Cohen, "*Everymans Talmud*" p.138

그러므로 유대인 부모는 자녀에게 세 살 때부터 히브리 알파벳을 가르친다. 계속해서 기도문을 읽게 하고 그 다음에 성경을 읽게 한다. 유대인들이 글을 배우는 이유는 조상 대대로 내려온 여호와의 말씀을 읽고 배우기 위함이다. 단지 세상의 지식을 배우기 위해 언어를 배우지 않는다. 유대인의 모든 부모는 자기 자녀들이 나이에 따라 어떤 공부를 해야 하는지에 잘 알고 있다. 연령에 따르는 공부를 살펴보면 5세에는 성경을 읽어야 하고, 10세에는 미쉬나 연구를, 13세에는 계명의 아들로 살아가기 위한 율법 연구를, 15세에는 탈무드를 연구하도록 규정해 놓고 있다. 그 후 유대인들은 자신의 자녀가 평생 하나님의 말씀을 공부할 수 있는 토대를 마련해 주어야 성공한 교육이라고 말할 수 있다.

그러면 유대인은 책을 어떻게 생각하고 있는가? 저자가 유대인의 책방에 자주 가서 보면 유대인들에게는 헌책방이 거의 없는 것을 발견했다. 그리고 그들에게 왜 유대인들에게 헌책방이 없는지를 물었을 때 책방 주인은 이렇게 대답했던 기억이 난다. "유대인은 일생동안 책을 너무 사랑하고 가까이 하기 때문에 헌책방이 없습니다. 어떤 유대인이든지 자신이 읽은 책은 자식에게 물려주고 이런 행동이 대대로 이어지기 때문에 헌책이 책방에 있는 것은 거의 불가능합니다." 도리어 유대인들은 식량을 구하기 위해 옷과 책이 있다면 옷을 팔아 양식을 구하지 책을 파는 경우는 거의 없다고 한다.

유대인에게 책을 읽는 습관은 평생의 사명에 해당한다. 유대인들은 사람이 하나님을 평생 배우고 공부하도록 만들어진 존재라고 인정하는 것이 유대인 교육의 기본적인 철학이다. 실제로 유대인들이 가장 즐겨 찾는 곳이 회당에 있는 도서관이다. 그들은 각 가정마다 도서관이 따로 있을 정도로 책을 많이 읽고 평생 배움을 목적으로 살아간다.

유대인이 지혜가 많은 민족

유대인이 이 땅의 어떤 민족보다 지혜가 많은 이유는 무엇인가? 유대인 부모들은 언제나 아이들에게 머리를 쓰면서 살라고 강조한다. 그 이유는 어린 아이가 몸보다 머리를 쓰는 순간 순간마다 지혜가 생기기 때문이다. 그래서 유대인들은 어린 아이를 때릴 때 절대로 머리는 때리지 않는다. 그 이유는 머리를 때릴 때 충격을 받아 머리에 세포가 문제가 생길 수 있기 때문이다.

유대인들은 그들의 삶에서 왜 지혜를 특별히 더 강조하는가? 그 이유는 유대인의 역사에서부터 찾는 것이 가장 지혜로운 접근이라고 생각한다. 실제로 유대인의 역사는 마음 놓고 살 수 있는 상황이 아니었다. 수천 년 동안 유대인은 하루 아침에 재산을 빼앗길 수 있었던 삶에서 그 재산을 지킬 수 있는 방법이 무엇인가를 날마다 생각했다. 그러다가 나라 없이 살아가던 유대인들이 믿을 수 있는 것은 작으면서 값이 비싸고 이동하기 쉬운 보석이나 유가증권에 해당하는 돈이나 금도 그들의 깊은 관심이었다. 하지만 그것들도 살던 곳에서 정치적인 문제로 빨리 이동하려고 하면 문제가 심각했다. 그렇기 때문에 그들은 어떤 물질적인 것보다는 물질이 아닌 정신적인 자산에 관심을 갖기 시작했다. 이런 정신적인 자산 중에 가장 큰 것이 지혜라는 사실을 알았다.

그들은 이 세상을 이기는 지혜는 하나님의 말씀에서 온다는 사실을 깨닫고 자녀들에게 지혜를 가지는 교육에 최선의 노력을 기울였다. 하나님의 말씀에 생명을 걸고 생활한 것은 외부에 있는 재물은 다른 사람들이 빼앗아 갈 수 있지만 머리에 들어 있는 지혜는 어떤 방법으로도 가져 갈 수 없다는 사실을 알았기 때문이다. 유대인들은 이때부터 세상적인 재물보다는 언제 어디서나 다시 재기해서 재물을 가질 수 있는 축복의 내용보다는 축복의 근원인 하나님을 붙잡고 살았던 것이다. 그러므로 유대인 부모는 외부의 환경이나 전쟁으로 전 재산을 잃었을 때에도 빼앗기지 못할 것이 지식과 지혜라고 자녀에게 가르친다.[41]

그리고 유대인들이 지혜를 구할 수밖에 없었던 또 다른 이유는 이 땅의 대부분의 사람들이 유대인을 적으로 생각하고 있던 시절에 적은 소수의 사람들이 믿을 수 있는 것은 머리 밖에 없었다. 유대인들이 가지고 있는 수많은 악조건 속에서도 살아 나갈 수 있는 방법은 오직 지혜를 구하는 방법 밖에는 없었기 때문이다. 유대인에게 지혜는 언제나 하나님 혹은 하나님의 말씀에서 온다고 믿었다. 하나님의 선민은 하나님의 지혜로 세상을 이길 수 있다고 보았다. 유대인은 회당에서 처음으로 배우는 성경 말씀이 바로 "여호와를 경외하는 것이 지혜의 근본"(잠 1:7)이라는 말씀이다.

한편 유대인들은 다른 사람을 이기기보다는 다른 사람과는 다른 사람이 되라고 가르친다. 그 이유는 유대인은 하나님의 선민으로 이방인과는 다르게 구별된 삶을 살라는 의미에서 나왔기 때문이다. 그들의 사고방식은 남들과는 다른 개개인의 창의성을 가져오게 했다. 유대인의 이러한 생활방식과 사고방식은 역사 속에서 너무도 엄청난 발견과 학문의 혁명적인 변화를 가져오게 하였다. 서양의 발전사는 유대인들이 발견하고 발전시킨 학문의 발전사라고 해도 과언이 아니다. 따라서 유대인 부모는 각 자녀들의 지능지수에 상관하지 않고 도리어 그들만이 각각 가지고 있는 개인적인 재능에 더 큰 의미를 부여한다. 그리고 자녀들에게 하나님이 자신에게 주신 각각의 재능을 따라 하나님의 자녀가 다른 사람들과 다르게 살 것을 주문한다.

---

41. Victor M. Solomon, "*Jewish Life Style*" 1992, p.150

유대인의 공동체 의식

모든 유대인은 한 가족으로서의 공동체이다. 유대인들은 가기 민족 중에 한 사람이 고통을 당하면 모든 유대인은 함께 고통을 느끼는 의식은 바로 한 가족 의식의 공동체라고 여기기 때문이다. 모든 유대인이 한 가족이라는 질문이 탈무드에 나온다.

"만일 몸은 하나인데 머리가 둘 있는 아이가 태어났다면, 그 아이는 한 사람인가 아니면 두 사람인가? 탈무드는 대답하기를 뜨거운 물을 한쪽 머리에 부을 때 두 머리가 동시에 소리를 지르면 한 사람이지만 뜨거운 물이 닿은 쪽만 소리를 지르면 이는 한 사람이다."

이는 유대인 하나가 고통을 당하면 모든 유대인이 함께 고통을 당한다는 특유의 공동체 의식을 설명하기 위한 예화이다. 이런 공동체 의식이 있기 때문에 어떤 유대인이 재난을 당하면 어떤 방법으로라도 그가 재난에서 벗어날 수 있도록 힘쓴다. 예를 들어, 유대인 중에 어떤 한 사람이 이방인에게 포로로 잡히면 어떤 대가를 치르고라도 그를 구출하는 일을 한다. 이런 갑작스런 상황을 위하여 미리 준비해 놓은 자금을 '피드온 쉐부임 Pidyon Shevuyim 자금' 이라고 부른다. 히브리어로 사용된 이 말은 "어떤 유대인이 사로잡힌 자가 있다면 돈을 주고라도 사온다"는 뜻이다. 유대인들은 평소에 이 자금을 미리 준비하고 있는데 혹시 비축된 자금을 다 썼다고 한다면, 이 자금을 마련하기 위해서 가장 귀한 하나님의 말씀인 토라까지 팔아도 좋다고 허락한다고 한다.[42]

---

42. 김형종, 《유대인의 천재교육 II》 p.167

유대인 부모의 직업 전수 방법

탈무드에 보면 유대인 부모는 자녀에게 어떤 기술이라도 직업을 가질 수 있도록 가르치지 않으면 이는 자식을 강도로 키우는 것과 같다고 말하고 있다. 이런 이유로 어떤 유대인이든지 생활력이 강하다는 사실이다. 유대인은 세계 어떤 나라와 지역에서 살든지 간에 확고한 생활 기반을 다지고 있다. 유대인은 종교교육 뿐만 아니라 생활교육도 함께 시킨다. 그 이유는 하나님의 말씀대로 생활에 적용되어 살도록 가르치기 때문이다. 이런 생활방식이 있기 때문에 말씀만 가르치고 끝나는 것이 아니라 부모는 자식이 생활에 말씀을 적용하여 그대로 살 수 있도록 아이의 적성에 맞는 직업까지 전수해야 부모의 사명을 다한다고 여긴다.

유대인들은 노동이 하나님의 일이며 신성하기까지 하다고 가르친다. 그리고 이 땅에서 일하는 직업은 세상 일이 아니고 천국 확장을 위한 하나님의 사업이라고 말한다.[43] 유대인의 생활 지침서로 사용하는 《선조들의 교훈》이라는 책에 랍비 엘레저Elazer는 말하기를 "빵이 없는 곳에 토라가 없고, 토라가 없는 곳에 빵이 없다"고 했다.[44] 이는 유대인에게 생업을 위한 직업의 중요성이 얼마나 중요한 가를 단적으로 고백한 말이다.

실제로 수천 년 전의 유대인의 아버지는 자녀에게 토라와 함께 양치는 법, 전투하는 법, 노래 부르는 법, 악기 다루는 법 등을 가르쳤다.[45]

---

42. 김형종, 《유대인의 천재교육 II》 p.167
43. Hayim H. Donin, "*To Raise a Jewish Child*" USA, Basic Books, 1977. p.53
44. Joseph H. Hertz, "*Saying of the Fathers(Ethics of the Fathers)*" USA, Behrman House, 1945. p.63
45. Cecil Stalnaker, "*The Examination and Implication of Hebrew Children's Education Through AD 70*" Biola University, 1977. p.55

토라는 유대인의 생명

오늘날도 유대인들은 자녀가 학교에 갔다 오면 자신의 상점에 나와 도 우도록 해서 자신의 직업이나 사업을 계승하는 것을 당연하게 여긴다. 이런 직업의식은 그들의 생활 근거가 불안하기 때문에 언제 어디서든지 밥 벌어 먹을 수 있는 직업을 한두 가지씩 준비하는 것이 그들의 생활습관이 되었다.

유대인이 자녀를 가르치는 목적은 하나님 나라를 위함이다. 이는 자녀로 하여금 하나님이 창조하신 자연을 더 발전시키고 유지시키는 일이 바로 교육의 목적이라고 생각하기 때문이다. 한편 교육이란 히브리어로 히누크Hinuk인데 이는 '하나님께 가르치고 배워서 봉헌한다.' 는 뜻을 가지고 있다. 이런 교육이란 의미의 사상이 교육하는 목적이 되었다. 먼저 유대인은 학문을 배워서 하나님과 인류에 공헌할 수 있는 인재를 양성하는 일이다. 또 하나는 부모가 자식을 하나님의 뜻에 맞게 가르쳐서 하나님과 이 세상에 드리는 것을 의미한다. 이는 자녀로 하여금 타인에게 의존하지 않고 배운 것을 가지고 하나님의 나라와 사회에 자신을 희생하여 봉헌하도록 가르친다.[46]

이와 같은 교육을 받은 유대인은 철저한 직업의식을 가지고 하나님과 사람 앞에 부끄러움 없는 삶을 산다. 그들은 교육의 목적이 자신의 안일과 영광을 위하여 배우지 않고 하나님과 사회의 환원을 가장 영광으로 생각하여 그대로 실천하는 삶을 산다. 따라서 그들은 어떤 분야에서든지 최선의 노력을 하기 때문에 그 대가로 노벨상을 수상하는 것은 당연히 돌아오는 열매라고 보면 된다. 마찬가지로 현재 우리의 직업도 나 자신의 욕구를 채우는 직업이 아니라 하나님께 영광을 돌리기 위한 도구로 사용될 때만이 그 가치가 있다. 유대인처럼 자신의 직업에 최선을 다하다보면 그것 자체가 하나님께 영광이 되고, 자신에게 자연스럽게 또 다른 열매가 찾아오는 것이다.

그러므로 유대인은 가정교육에서부터 보통 사람들의 교육과는 크게 차이가 있다. 특히 현대인은 학교교육에 자녀교육의 대부분을 맡겨 버린다. 이렇게 우리가 학교교육에 자녀를 맡기는 순간 그 아이는 경쟁교육의 희생자로 버리게 된다. 하지만 유대인은 자녀교육을 부모가 50%에 할애하고, 학교교육에 50%를 책임진다. 특별히 유대인의 학교는 세상 지식보다는 토라와 하나님의 말씀을 교육하는데 60%의 시간을 할애하기 때문에 하나님의 사람으로 무장하는 일에 아주 탁월하다. 또한 유대

---

46. Dejima, Yuro, *"Jewish Thinking Way"* 1988, p.117

인들은 자녀교육에 하나님의 말씀으로 인한 지혜로운 사람이 될 수 있도록 가르친다. 이렇게 유대인들의 학교교육과 가정교육의 핵심은 바로 테필린 말씀 안에 있는 쉐마 교육에 있다.

부모공경은 하나님공경

유대인은 부모공경을 어떻게 가르치는가? 유대인은 하나님공경은 바로 부모공경이라고 가르친다. 왜냐하면 부모공경이 십계명에 나타나는데 하나님의 계명에 관한 첫 번째 돌판에 부모공경이 써있는 이유를 설명하므로 근거를 주장하고 있다. 이는 유대인 자녀가 자기 부로를 공경했을 때 다섯째 계명을 잘 지킨 것으로 하나님에 관한 돌판과 인간에 관한 돌판이 연결되어 두 돌판이 하나가 된다는 뜻으로 가르친다. 혹시 유대인 가정에 부모공경의 계명이 성취되지 않는다면 말씀이 자녀에게 전수되지 않았기 때문에 하나님에 관한 돌판과 인간에 관한 돌판이 떨어질 수밖에 없다. 즉 부모공경이 없으면 하나님과 인간은 상관없는 존재가 되어버린다는 뜻이다. 그러므로 제 오 계명의 부모공경은 십계명의 두 돌판을 잇는 연결 고리가 된다.

우리가 히브리 사고를 말할 때 히브리어로 '공경하다' 는 단어는 카바드Kabad이다. 이 단어는 원래 카보드Kabod라는 어근에서 나온 말로 이는 '하나님께 영광 돌리다' 라는 의미이다. 따라서 이 단어가 하나님께 영광 돌리기 위해서는 바로 하나님공경과 부모공경이 하나라는 의미로 해석할 수 있기 때문이다. 또 히브리어로 다의적인 뜻을 가진 이 단어는 인간의 '간' 이라는 의미와 함께 '무겁다' 는 의미가 있다. 이것을 발전시켜 유대인 랍비들은 종종 이 단어를 가지고 "한 인간의 영적 도덕적 무게"

라는 뜻으로도 받아들인다. 그러므로 유대인은 인간의 가치를 평가할 때 한 인간이 얼마나 하나님을 공경하고 부모를 공경하느냐에 따라 영적이고 도덕적인 무게가 올라가고 내려간다고 여긴다.[47] 분명히 부모공경은 한 인간의 인격적 성숙과도 깊은 관계가 있다.

따라서 히브리인들이 부모공경이란 다섯째 계명을 한 인간이 인격적으로 얼마나 성숙한가를 재는 잣대로 사용한다. 유대인은 부모를 공경하지 않으면서 다른 사람을 사랑하고 하나님을 사랑한다는 것은 거짓으로 본다. 유대인에게 있어서 부모공경이야 말로 인간다운 인간이 되는 첫 출발이 되는 시작으로 본다. 즉 유대인 부모로서 자녀가 공경하지 않도록 교육한 것은 하나님을 공경하는 것까지 대대로 신앙교육을 실패한 가정의 샘플이 된다는 의미도 된다.

유대인에게 있어서 어머니

유대인에게 있어서 어머니는 아버지의 의미만큼 중요하다. 히브리어의 어머니는 '엠' Em이다. 어머니에게 해당하는 엠이란 히브리어 단어는 유대인이 사용하는 단어 가운데 대단히 중요한 세 단어의 어원이 되었다. 첫째 믿음이라는 뜻하는 '에무나' Emuna이고, 둘째는 진리를 의미하는 '에메트' Emeth이다. 그리고 셋째는 우리도 항상 사용하는 하나님을 전적으로 의지하다는 뜻의 '아멘' Amen이란 단어이다.[48] 이상의 세 단어

---

47. Samson. R. Hirsch, "*Collected Writings of Rabbi Samson Raphael Hirsch*" Jerusalem, Feldheim Publishers, 1989, p.274
48. Maurice. Lamm, "*Living Torah in America*" NY, Behrman House, 1993, p.146

가 모두 어머니에게 해당하는 엠으로 시작하기 때문이다. 다시 말하면 히브리어의 어머니란 의미가 바로 히브리인들이 생각하는 가장 중요한 하나님께 대한 믿음의 기초요, 하나님의 말씀인 진리요, 마지막으로 하나님의 말씀을 신뢰하는 아멘 등이 모두 어머니라는 단어를 기초로 한다는 사실은 너무도 중요한 의미가 내포되어 있다.

한편 유대인들은 아멘이란 단어를 축복의 말씀을 받을 때나 혹은 기도한 후 그 내용에 대한 확인이나 동의를 표하는 마침의 의미로 아멘을 화답한다. 이는 유대인에게 어머니가 어떤 의미이며 어떤 존재인가를 확인해 주는 단어이다. 또한 첫 번째 어머니인 하와란 단어에 어머니가 어떤 존재인지를 잘 가르쳐 주고 있다. 하와란 히브리어 단어는 '생명을 주는 자' 란 뜻을 가지고 있다. 그러므로 유대인들은 어머니를 육신적인 생명을 주는 자로 이해한다. 유대인 정통파 랍비 허쉬Hirsch는 어머니란 히브리어를 발전시켜 "어머니는 자녀에게 육신적인 생명만 주는 것이 아니고, 영적 생명인 신앙을 전수하는 사명도 갖고 있다"고 설명했다.[49] 바울도 이점에 대해서 디모데의 어머니와 외할머니에 대한 신앙의 전수를 설명하고 있다(딤후 1:5).

유대인의 자선

유대인은 왜 돈을 악착같이 버는가? 그것은 가난한 사람을 불쌍히 여기고 도와 주기 위해서 돈을 번다. 유대인의 이러한 사랑의 마음을 실천

---

49. Hirsch, 1989. p.123

하는 의로운 선행을 '체다카' Chedaka라고 한다. 여기 히브리어 체다카라는 단어는 의라는 단어와 선행이라는 단어가 그 어원이 된다. 그리고 탈무드는 유대인이 자선을 행하는데 필요한 금액을 하나님께 드리는 십일조와 같이 개인 소득의 십분의 일을 드리도록 규정화했다. 따라서 유대인에게 체다카는 자신의 수입 중에서 하나님 앞에서 말씀대로 실천해야 하는 일종의 자선에 해당하는 의무금이라고 할 수 있다.[50]

유대인이 자선을 행하는 방법도 탈무드에 자세히 규정하고 있다. 탈무드에 보면 자선의 등급은 8등급으로 나와 있지만 다음과 같은 원리로 하면 된다. 먼저 억지로 하는 것보다는 기쁨으로 하는 것이 낫다. 또 남이 알게 하는 것보다는 아무도 모르게 하는 것이 낫다. 마지막으로 조금 하는 것보다는 많이 하는 것이 낫다고 규정하고 있는데 이런 원리로 유대인들은 실천하고 있다. 유대인의 어머니는 자식이 자신을 위한 삶보다는 남을 위한 삶을 살도록 어린 시절부터 습관적인 삶이 되도록 훈련한다. 보통 자녀가 있는 유대인의 가정에는 조그마한 저금통이 있다. 그들은 이 저금통의 이름을 체다카라고 부른다. 유대인 어머니는 금요일 오후 안식일 촛불을 켜기 전에 나이 어린 자녀들 앞에서 먼저 이 저금통에 자선금으로 돈을 넣는다. 그런 다음 자녀들도 자신들이 각각 준비한 동전을 넣는다. 이렇게 모아진 자선금은 불우한 이웃이나 혹은 유대 민족의 복지 기금으로 아이들의 이름으로 보낸다. 도움이 필요한 곳에 직접 찾아갈 때에는 대부분 아이들을 데리고 가서 그 동안 모은 자선금을 아이들이 직접 내도록 교육적 효과를 극대화한다.

---

50. Joseph Telushkin, "*Jewish Literacy*" NY, William Morrow Company, 1991, p.512

유대인의 음식 문화

유대인은 음식을 먹는 것조차 율법에 규정에 따라 먹고 마신다. 이런 유대인들의 독특한 음식 문화를 보고 까다로운 민족이라고 평가해 버린다. 하지만 유대인이 이렇게 음식에 조차 철저한 것은 그들이 하나님의 말씀대로 순종하는 민족임을 보여주는 대표적인 모습이라고 할 수 있다. 성경에는 하나님의 사람이 먹어야할 음식과 먹지 말아야할 음식을 규정하고 있다. 이렇게 정결한 음식과 부정한 음식에 대한 율법의 규정은 모세가 시내 산에서 하나님께 직접 받은 말씀에 있다(레 11장).

한편 유대인이 먹는 정결한 음식을 '코셔'라고 한다. 그리고 코셔 음식은 카도쉬Kadosh라고 부르는 거룩한 것들과 관계가 있다. 여호와 하나님께서 선민인 유대인에게 정결한 음식만 구별하여 먹으라는 율법을 주시면서 "내가 거룩하니 너희도 거룩하라"(레 11:45)고 말씀하셨다. 이는 하나님께서 유대인을 선민으로 구별하실 때 음식에 대한 규정도 분명히 구별하여 거룩한 성도가 식생활에서 조차 이방인들과 다르게 먹을 것을 말씀하셨기 때문이다. 그러므로 유대인이 음식의 계율을 지켜야만 거룩한 삶을 살 수 있는 것이다. 유대인들이 삶에서 청결하고 전염병에 잘 걸리지 않는 것조차 이렇게 먹는 것까지 구별하여 청결성을 유지하기 때문이다.

유대인이 수천 년의 역사 속에서 지금까지 존재하는 이유는 그들만의 특별한 교육 방법에 있다. 그들의 교육의 중심은 언제나 가정이었다. 또한 랍비들은 유대인 부모들이 가정에서 자녀를 잘 가르칠 수 있도록 지도한다. 물론 그들은 회당에서 유대인 전체를 대상으로 하나님의 말씀인 토라와 탈무드를 가르친다. 유대인의 자녀교육의 모든 핵심은 선민사상에 있다. 그들이 하나님의 말씀을 자자손손 전수하기 위한 테필린

안식일의 거룩한 식사 - 샤바트 밀

의 말씀 교육이 있다.

유대인은 선민사상 교육을 효과적으로 하기 위해 그들의 가정을 교육의 중심으로 한다. 그러므로 하나님께서 유대인에게 율법을 주신 이유는 자손 대대로 말씀으로 살고 또 계속해서 자손에게 계승해서 선택된 민족으로 살아가라고 주신 것이기 때문이다.

— 맺는 말

　대한민국은 온 나라가 조기 해외유학과 자녀교육에 생명을 걸었다고 해도 과언이 아닐 사회구조가 되었다. 부요한 가정의 전유물이었던 해외유학이 아빠는 돈을 벌고 엄마는 자녀와 함께 해외에 나가 공부하는 기러기 가정이 생겨났다. 이제 보통 가정에서도 두 부모가 죽도록 직장이나 사업장에서 돈을 벌어 어린 자녀만 유학을 보내는 가정이 수십만 명에 이르고 있다. 기러기 가정은 자녀교육이라는 명분아래 수천 가정이 오랜 기간이 지나면서 문제가 생기고 깨지는 가정도 많은 것이 사실이다. 또한 어린 자녀만 해외에 유학을 보낸 가정은 더 심각한 문제들이 메인 뉴스에 등장하는 것은 더 이상 충격적인 내용이 아니다. 이제 과연 어떻게 하는 것이 해결책이 되는지도 모른 상황에서 심각한 사회 문제가 되고 말았다.
　정말 자녀교육의 정도正道는 없는 것인가를 이제 심각하게 고민할 때가 되었다. 하지만 아무리 머리를 쥐어짜고 고민해도 해답이 없는 것이 더 큰 문제가 아닌가 생각한다. 이제 저자는 이 책을 통해서 한국 사회와 한국 교회 더 나아가 세계에 그 대안을 제시하고자 한다. 그동안 저자는 유대인 사회에서 그들과 함께 살고 그들의 가정을 가까이 보고 유대인의 영적교육의 중심에 있는 저자의 스승인 코헨 박사의 강의와 긴 시간의 대화를 통해서 그 해답을 찾아 이 책에 구체적인 내용을 소개하고 있다. 우리가 무엇인가 그 대안을 기다리고 있는 것을 아는 것처럼 유대인들은 수천 년 동안 자신의 자녀에게 어떻게 하나님에 대한 신앙을 전수할 것인가를 고민하다가 찾은 답이고 그대로 순종할 때 나타난 임상된 결과이기 때문에 우리가 그들처럼 적용하면 실패를 답습할 필요가 없는 우리가 그동안 찾았던 바로 그 방법이다.

저자는 코헨 박사로부터 직접 그 수천 년의 말씀 전수의 비밀을 전수받은 첫 번째의 이방인 목회자가 된 것이 자랑스럽다. 그러므로 저자는 이 책에서 그에게 배운 모든 것들을 공개하고 있는 것이다. 여러분이 이 책을 그대로 믿고 순종하여 자녀교육에 적용하면 그 아이는 반드시 이 시대에 가장 귀하게 쓰임 받는 하나님의 사람이 될 것이 분명하다. 이것이 이 책이 가지는 가치라고 본다. 당신이 이 책을 손에 들었다는 것은 바로 다음세대에 주인공을 만들 수 있는 구체적이고 성경적인 방법을 배우는 다음세대의 축복의 주인공이 될 것은 너무도 분명하다.

저자가 코헨 박사를 몰랐다면 이 책은 세상에 나오기 힘들었을 것이다. 그렇지만 하나님은 저자로 하여금 코헨 박사를 만나게 하셨고, 그분에게서 이 모든 것을 배우는 특별한 은혜를 받았기에 가능한 것임을 모든 독자에게 밝히고 싶다.

저자가 다시 한 번 말하지만 초대교회와 수천 년의 기독교 공동체는 신앙 전수에 실패했다. 유대인의 가장 큰 성공은 자녀로 하여금 하나님의 백성으로 살아 갈 수 있도록 하나님의 말씀을 반복으로 가르쳐 신앙의 전수에 있다. 그들은 나라를 잃어버리고 가진 모든 것을 빼앗겼다고 할지라도 자녀에게 하나님의 말씀을 전수하는 것을 성공했기 때문에 결국 유대인들은 역사의 주인공이 될 수 있었다.

하지만 유대인들의 가장 큰 실패는 하나님께 버림을 받았다는 사실이다. 비록 그들이 신앙을 물려주는 일에 성공했다고 할 수는 있지만, 정작 중요한 하나님의 의도와 목적을 잃어버린 결과로 하나님께 버림을 받을 수밖에 없었다. 하나님이 그들에게 기대한 것은 자신들끼리 잘 먹고 잘 사는 일이 아니었다. 하나님은 유대인을 택하셔서 그들로 하여금 세상의 빛이 되고 선교하는 민족이 되어 열방을 구원하는 일을 원하셨다. 그러나 그들은 하나님을 자신의 민족만을 위한 신으로 한정하고 이방인에게 복음을 전파하는 일에는 관심을 갖지 않았다. 그 결과 하나님은 유대인들을 버리게 만들었다.

유대인들에게 세계 선교는 처음부터 자신들만이 선민사상에 물들어 있었기 때문에 불가능한 것이었다. 다른 이방인들은 사람이 아니라 개나 짐승으로 여기는 것을 당연하게 믿고 살았다. 그러니 이방인을 구원하기 위하여 선교한다는 일은 처음부터 불가능한 사건이었다. 하나님은 아브라함을 택하실 때부터 열국의 아비라는 칭호를 받아 선교하는 민족이 되길 기대하셨으나 처음부터 선교는 불가능한 일이었다. 그들은 자녀를 대대로 신앙으로 교육하고 전수하는 것만 이 땅에 온 사명이라고 여기며 살았다. 그러기 때문에 하나님도 그들을 결국은 버리셨다.

이에 반해 초대교회는 선교하는 일에는 생명을 다해 사역을 했지만, 자녀에게 신앙을 대대로 전수하는 일에는 실패했다. 이런 일로 인해 기독교의 역사는 계속해서 복음이 서쪽으로 옮겨가는 일이 계속되었다. 두 가지를 다 잡고 가야 하는데 유대인들의 강점은 버리고 신약시대의 강점인 선교하는 일에 전부를 거는 과오를 범하고 말았다.

대대로 복음을 전수하는 것은 부모의 사명

하나님께서 우리에게 자녀를 주신 목적은 그 아이들로 하여금 대대로 복음을 전수하여 하나님의 백성으로 살아 이 땅에 하나님의 나라를 세우는데 있다. 성공한 삶을 살아가는 부모가 되려면 최소한 복음을 자녀에게 전수하여 대대로 하나님의 자녀로 살아가게 하는 일이다. 요엘서 1:3절에 테필린의 성경암송의 중요성을 다음과 같이 기록하고 있다.

"너희는 이 일(하나님의 말씀을 전수하는 신앙)을 너희 자녀에게 고하고 너희 자녀는 자기 자녀에게 고하고 그 자녀는 후시대에 전할 것이니라"

결국 하나님은 유대인 부모 세대가 자녀에게 복음을 전수하는 것이 이 땅에 살아가는 가장 큰 사명과 목적 중에 하나임을 말씀하신다. 이 말씀은 유대인에게만 해당되는 것이 아니라, 구약과 신약을 믿는 모든 하나님의 백성들에게 그대로 적용되는 말씀이다. 하나님의 백성이 마땅히 구약과 신약의 하나님의 말씀을 순종하는 것이 하나님의 뜻인데, 구약의 백성은 자녀에게 성경암송하는 것으로 대대손손에게 말씀전수 하는 일에 성공하여 신앙의 명맥을 유지했으나 이방인을 선교하는 일에 실패하여 하나님으로부터 버림을 받게 되었다. 하지만 신약 시대의 사람들은 이방 민족에게 복음 전하는 일은 순종해서 땅 끝까지 복음은 전해졌지만, 유대인들처럼 말씀전수 하는 일에 실패하여 대대손손이 하나님을 믿는 일에 실패했던 교훈을 이제 우리가 뼈에 새겨 똑같은 실수를 반복하는 일은 멈추어야 한다. 테필린의 성경암송은 하나님이 우리에게 직접 가르쳐준 가장 중요한 명령으로 순종할 때 대대손손이 영적인 축복의 자리에 있게 되는 유일한 길이다.

하나님의 백성이 자녀에게 복음을 전수하지 못하는 것은 부모의 책임을 다하지 못하는 죄가 더해진다. 기독교인의 부모의 사명은 반드시 자녀로 하여금 하나님을 잘 믿는 백성으로 대대로 복음을 전수하는 일에 생명을 걸어야 한다. 그렇지 않으면 그 부모는 하나님 앞에서 실패한 인생을 살았다고 보면 된다. 유대인들은 실패의 역사 속에서 나라 없이 2000년을 방황하며 살면서도 자녀에게 대대로 유대인의 신앙을 물려 준 것은 가장 큰 교훈을 주는 장면이다. 하지만 기독교 2000년 역사 가운데 복음이 한 나라를 변화시킨 후 계속해서 복음의 민족으로 살아가지 못했다. 이것이 신약교회가 실패한 가장 큰 이유이다. 복음은 수천 년 동안 계속해서 서진하며 복음이 지나간 자리만 있고 성도가 없는 악순환이 계속되었다. 이제는 이런 악순환의 고리를 우리 세대에 끊어야 한다.

부모가 된다는 것은 자녀에게 하나님의 말씀을 전수해야 하는 가정의 교사의 역할까지 감당해야 된다는 말이다. 부모가 자녀의 교사가 되어야 하는 개념은 히브리 원어에서도 잘 알 수 있다. 히브리어로 '교사들'이 '모림' Molim이고, '부모들'은 '호림' Holim이라고 한다. 이는 히브리어에서 교사와 부모라는 단어가 뿌리가 같다는 말이다. 이 두 단어는 모두 '가르치다' 라는 의미의 어원을 가지고 있다. 이 말은 부모와 선생이 모두 하나님의 말씀을 다음세대의 가르침의 책임을 가지고 있다는 말이다. 이에 대하여 유대인 부모들은 나라 없이 살아가는 고난을 통하여 자녀에게 말씀의 대들 있도록 하는데 최선을 다했다.[51] 하지만 기독교 부모들은 자기 자손들에게 대대로 신앙 교육을 하는데 실패하고 말았다. 우리 부모 세대부터 수천 년의 신앙의 선배들이 실패를 교훈으로 대대로 하나님의 말씀을 전수하여 유대인의 삶을 능가하는 자녀로 만들어야 한다.

교사로서의 역할을 하는 아버지가 하나님의 말씀을 자녀에게 가르치는 목적은 무엇인가? 이는 히브리어의 '가르치다' 와 '배우다' 는 단어가 라마드Ramad로 같은 단어를 쓴다. 결국 성경적 입장으로 보면 가르치는 일과 배우는 일이 하나이다. 즉 부모나 교사가 말씀을 가르쳤는데 자녀가 배움으로 변화되지 않았다면 이는 진정으로 가르친 것도 배운 것도 아닌 것이 된다. 그러므로 가르침과 배움이라는 두 가지 의미를 가지고 있는 히브리 단어 '라마드' 는 가르침과 배움을 통해서 인간으로 하여금 하나님의 보좌에 연결된 존재라는 것을 알도록 하는 것이 목적이다. 결론적으로 부모는 자녀를 하나님의 나라의 일원으로 교육해야할 의무와 책임이 있는 존재로 살아야 한다. 신약 시대의 부모들이 자녀를 하나님의 자녀로 훈련시키는 사역을 감당하도록 만드는 것이 이 책을 쓰는 목적이기도 하다.

유대인들은 부모의 교육을 통해서 하나님과 연결되도록 하기 위하여 새벽이면 회당으로 나가 아버지와 아들이 함께 하루에 세 번씩 하나님의 말씀을 상징하는 테필린을 이마와 팔목에 묶고 기도한다. 이런 습관적인 행위까지도 부모로서 자녀를 교육시키는 수단이 된다. 그리고 식사할 때마다 유대인 부모들은 자녀들에게 하나님의 말씀을 가르친다.

---

51. Lamm Maurice, "*Living Torah in America*" NY, Behrman House Inc. 1993. p.118

유대인 부모가 하는 역할을 우리 기독교 부모들이 배워 그대로 삶에서 실천해야 한다.

그렇다고 저자가 우리의 자녀를 유대인으로 만들자는 것은 결코 아니다. 아니 추호도 그런 마음이 없다. 이 책을 잘못 오해하여 그런 생각을 가지고 있다면 이 시간 버리길 바란다. 그 이유는 저자가 볼 때 구원을 받지도 못하는 사람이 하나님의 말씀을 암송하여 하나님이 주시는 지혜로 저 정도의 사회적 영향력을 주었다면, 구원 받은 우리의 자녀가 그들처럼 하나님의 말씀을 암송한다면 그들보다 100배, 아니 우리의 수치로 말할 수 없는 엄청난 일을 하는 역사의 주인공이 되는 것이 당연한 것이 아닌가 하고 믿기 때문이다.

이 책은 결코 이론적인 글로 그치는 것이 아니라, 도리어 저자의 강의를 듣고 너무나 많은 곳에서 순종하여 서서히 그들의 활약이 기대될 날이 몇 년 안에 일어날 것을 기대하고 있다.

저자의 생각에 한국교회가 위기를 맞은 이때가 가장 적절한 기회라고 믿고 있다. 우리 자녀들이 유대인을 넘어 세계 각 분야의 주인공이 될 수 있는 하나님이 직접 가르쳐준 방법을 모두 공개하는 이 책을 통해서 만들어 내는 주인공이 되길 기대한다. 저자는 이런 구체적인 방법을 몰랐을 때는 너무 답답하고 절망적인 때도 많았지만, 이제는 이 책으로 하나님의 사람으로 훈련시키는 모든 것을 알게 되었다. 그것 하나만 가지고도 저자는 사명을 다했다고 생각한다. 이제 나머지 구체적인 적용을 통해서 하나님의 사람을 만들어 내는 것은 독자의 몫이라고 감히 말하고 싶다. 그 이유는 저자는 또 다른 하나님의 사람을 만들어 내는 구체적인 말씀들을 연구하고 더 많은 것들을 이 책의 독자들에게 공개하고 싶기 때문이다.

탈무드에 나오는 다음 이야기를 통해서 저자는 결론적인 제안을 하고 싶다.

"역사를 바꾸는 하나님의 사람은 그냥 태어나는 것이 아니라, 철저한 교육과 훈련에 의하여 만들어 진다."

우리가 어디까지 자녀를 교육할 것인가? 저자는 사도 바울이 그리스도를 본받아 살아간 도전 중에서 대안을 제시하고자 한다. 그 내용은 사도 바울이 고린도전서 11:1절에서 "내가 그리스도를 본받은 것처럼 너희는 나를 본 받으라"고 했다. 여기서 '본'이라는 헬라어 단어가 미메테스Mimetes인데 이 단어는 다음과 같은 네 가지 뜻을 가지고 있다.

1. 무작정 따라하라 / 무작정 따라하기
2. 똑같이 흉내내라 / 똑 같아질 때까지 흉내내기
3. 비슷하거나 똑같이 되어라 / 비슷하거나 같아질 때가지 행하기
4. 그들을 뛰어 넘어 그리스도처럼 되어라 / 결국은 유대인 뛰어 넘기

우리가 그리스도를 본받기 위해서 사도 바울을 본받아 살다보면 어느 사이에 그리스도의 사람이 된 것처럼, 유대인의 부모가 수천 년간 신앙교육에 성공한 모델을 따라서 네 단계로 본받아 살다보면, 어느 순간 우리도 유대인을 뛰어 넘는 신앙교육의 성공자의 모델이 될 수 있으리라 확신한다. 이것이 저자가 한국의 성도들에게 대안을 제시하는 다음세대의 신앙교육 모델이다.

한국교회의 유일한 대안, 검증된 유대인 성경암송으로 다시 시작

　우리가 다시 새로운 것을 만들어 신앙교육의 혁명을 이루자는 것이 결코 아니다. 전혀 새로운 것이 아니라 이미 수천 년간 검증되어 결과가 나타난 유대인 신앙 전수 교육으로 다시 시작해야 한다. 그러면 우리는 얼마가지 않아서 유대인을 따라하고 흉내 내다가 결국은 똑같아 지거나 그들을 뛰어 넘어 다음 시대의 하나님 나라의 주인공으로 주님 오시는 날까지 멋지게 살아갈 수 있다. 이런 구체적인 자료가 유대인들에게서 검증되어 있다는 사실이 얼마나 고무적인 일인가? 우리는 새로 시작하여 실패하고 또 다시 수정하는 시행착오를 벗어나 짧은 시간 안에 새로운 시대를 열수 있기 때문이다.

　유대인이 교육이 잘되어 시대의 주인공이 된다고 해도 그들과 영적 유대인인 우리와는 게임이 되지 않는다. 그들은 성공한 자 같으나 실패한 자요, 우리는 실패한 자 같으나 이미 성공을 보장 받고 시작하는 존재이기 때문이다. 하나님은 구원받지 못한 유대인들에게 기대하시는 것이 아니라 오늘과 내일의 주인공으로 여기시고 함께할 하나님의 자녀들에게 기대하신다. 우리는 이미 검증된 유대인 프로그램에 복음적 기초 위에서 다시 시작하면 된다. 비록 2000년이 늦을지는 몰라도 이제 시작해도 단기간에 따라잡고 그들을 뛰어 넘을 수 있다.

　이 책으로 당신이 테필린의 사역을 시작하는 주인공이 되길 바란다. 그러면 당신은 10년 후에는 역사의 주인공의 한 사람이 될 것이다. 이제 당신의 교회부터 시작하라. 지금 당신의 가정부터 시작하라. 머지않아 이 일을 시작한 교회의 아이들부터 준비된 하나님 나라의 강력한 일꾼으로 만들어질 것이다. 이 일을 시작한 당신의 가정의 아이들이 역사를 움직이는 하나님의 사람이 되어 있을 것이다. 한국 교회와 기독교 교육에 유대인의 자녀교육을 적용할 때 한국의 미래가 소망이 있다. 지금부터 한국의 작은 토양에서 시작된 테필린 신앙교육 운동이 이 땅을 변화시키고 세계를 변화시키는 주인공들이 다음세대에는 구름떼처럼 많아질 것을 기대한다.